现代礼仪教程

（第2版）

张岩松　孙小杰　主编

清华大学出版社
北京

内容简介

本书作为反映职业教育教学改革最新理念的新型实用教材，是项目课程开发的有益尝试。本书内容体系根据企事业单位日常交际活动所涉及的各方面礼仪而设定，具体分为个人形象礼仪、日常交际礼仪、交际活动礼仪三个项目，每个项目都提出了课程思政要求，并设若干个工作任务（总计 10 个工作任务），每项任务作为一个礼仪活动训练单元，由任务目标、情境导入、任务分析、知识储备、能力开发（案例讨论、实训项目）和课后练习等构成。全书体例新颖，内容翔实，实训项目设计科学得当，让学生在做中学，在学中练，提高其礼仪各项技能的应用能力，展现出良好的职业素养和职业形象。

本书可作为应用型本科院校、职业教育本科院校以及高职高专院校各专业学生的礼仪教材，还可作为各界人士提高礼仪素养和交际能力的优秀读物及自我训练手册，同时也是各企事业单位进行礼仪岗位培训的创新型实用教材。

本书封面贴有清华大学出版社防伪标签，无标签者不得销售。

版权所有，侵权必究。举报：010-62782989，beiqinquan@tup.tsinghua.edu.cn。

图书在版编目（CIP）数据

现代礼仪教程/张岩松，孙小杰主编. —2 版. —北京：清华大学出版社，2021.6（2025.1 重印）
ISBN 978-7-302-56683-0

Ⅰ. ①现…　Ⅱ. ①张…　②孙…　Ⅲ. ①礼仪—高等职业教育—教材　Ⅳ. ①K891.26

中国版本图书馆 CIP 数据核字（2020）第 203612 号

责任编辑：张龙卿
封面设计：范春燕
责任校对：李　梅
责任印制：沈　露

出版发行：清华大学出版社
　网　　址：https://www.tup.com.cn，https://www.wqxuetang.com
　地　　址：北京清华大学学研大厦 A 座　　**邮　　编**：100084
　社 总 机：010-83470000　　**邮　　购**：010-62786544
　投稿与读者服务：010-62776969，c-service@tup.tsinghua.edu.cn
　质量反馈：010-62772015，zhiliang@tup.tsinghua.edu.cn
　课件下载：https://www.tup.com.cn，010-83470410
印 装 者：三河市龙大印装有限公司
经　　销：全国新华书店
开　　本：185mm×260mm　　**印　　张**：13　　**字　　数**：298 千字
版　　次：2015 年 11 月第 1 版　2021 年 6 月第 2 版　　**印　　次**：2025 年 1 月第 5 次印刷
定　　价：45.00 元

产品编号：090057-02

第2版前言

习近平总书记在党的二十大报告中指出：教育、科技、人才是全面建设社会主义现代化国家的基础性、战略性支撑；必须坚持科技是第一生产力、人才是第一资源、创新是第一动力；深入实施科教兴国战略、人才强国战略、创新驱动发展战略，这三大战略共同服务于创新型国家的建设。新时代要求广大教师在教学的全过程中一定要深入贯彻党的二十大精神，落实党的二十大报告的各项要求，不断强化课程思政，对学生进行社会主义核心价值观教育，强化学生顾全大局意识、责任担当意识、团队合作意识和诚信守法意识，不断提高学生的道德水准和职业素养，促进学生全面发展。

“国尚礼则国昌，家尚礼则家大，身尚礼则身正，心尚礼则心泰。”当今社会，现代礼仪的重要性更是日益显现，它是衡量人类文明程度的准绳，是个人交际技巧和应变能力的反映，也是现代人际交往的润滑剂。礼仪课也成为高校学生塑造自我形象、提升自身修养与素质的一个主要途径。基于此，编写了本教程。

《现代礼仪教程》自 2015 年出版以来，受到普遍欢迎，先后 5 次印刷，发行万余册。本次在第 1 版的基础上进行了修订，更新了部分内容，增加了最新案例，每个项目都提出了课程思政要求。与国内同类教材相比，全书内容更加凝练，案例更加鲜活，特色也更加鲜明，更富有指导性、趣味性和可读性。

本书是“现代交际礼仪”国家精品课程建设成果之一，由张岩松、孙小杰主编，具体分工如下：张岩松编写绪论、任务 9 和任务 10；孙小杰编写任务 1～任务 8。屈剑、赵祖迪、张楠、刘晓燕负责礼仪图片的拍摄和制作工作，孙小杰制作了 PPT 课件和课后练习答案等教学资源。全书由孙小杰统稿。

本书在编写过程中，集采众家之说，参考颇多，限于篇幅仅列出了主要参考书目，在此，向各位专家学者深表谢意。有些资料是参考互联网上发布或转发的信息，在此也向各位原作者付出的辛勤劳动表示衷心的感谢。因时间、条件所限，书中的不足之处，敬请读者批评指正。

英国著名哲学家培根说“礼节乃是一封通行四方的推荐书。”愿本书可以助朋友们事业兴旺发达，有“礼”纵横天下！

编　者

2023 年 1 月

目　　录

项目2 日常交际礼仪

项目3 交际活动礼仪

绪 论

人有礼则安，无礼则危。故曰：礼者不可不学也。

——《礼记·曲礼》

在人与人的交往中，礼仪越周到越保险。

——[英]托·卡莱尔

美国的成人教育家卡耐基认为，一个人事业上的成功，15%是因为他的专业技术，另外的85%要靠人际关系、处世技巧。卡耐基对人际交往的重视程度基于他对人生的深刻理解和领悟。尽管今天我们无法测定卡耐基的量化数值的精确程度，但是，几乎没有人否定交际在人生、家庭、事业中的重要性，而现代礼仪正是以更好地实现人们之间的相互交际为目的的。

1. 现代礼仪的含义及其历史沿革

所谓现代礼仪，是指人们在交际中约定俗成的各种行为规范及其实施程序。现代礼仪无论是在内容还是在形式上都纷然杂陈。从见面时的握手礼、鞠躬礼、拥抱礼、亲吻礼、合十礼、脱帽礼、作揖礼、介绍礼、称呼礼到交谈告辞时的礼貌用语；从仪容仪表到举止谈吐；从成年仪式、结婚仪式到丧葬仪式；从家庭礼仪到社会礼仪；从官方规定的礼宾程序到形形色色的风俗礼仪，可以说，现代礼仪无处不在。人们在交际中稍不注意，就容易进入交际的误区，从而导致交际障碍，使自己处于交际困境。

有人对现代礼仪不以为然，认为那无非是摆摆样子，装腔作势。其实不然，一个人在交际中是否懂礼仪，能否自然而然地运用现代礼仪，这绝不仅是个表象问题，还是一个人内在素养的体现。现代礼仪的自觉运用，涉及人的性格特征、知识程度、价值观念、心理因素等诸多要素，它体现着一个人的文化修养和内在气质。同时，讲究礼仪既是尊重别人，也是尊重自己，有利于形成良好的社会道德观、伦理观和社会风气，对社会的物质文明建设和精神文明建设，尤其是对于提高人的素养起着积极的作用。

2. 现代礼仪的内容

随着时代的变迁、社会的进步,人们的文明程度也在不断地提高,现代礼仪在对我国古代礼仪扬弃的基础上,不断推陈出新,内容更完善、更合理、更丰富多彩。

(1) 礼节。礼节是人们在交际过程中逐渐形成的、约定俗成的和惯用的各种行为规范的总和。礼节是社会外在文明的组成部分,具有严格的礼仪性质。它反映了一定的道德原则的内容,体现了对人对己的尊重,是人们心灵美的外化。在阶级社会,由于不同阶级的人在利益上的根本冲突,礼节多流于形式。在现代社会中,由于人与人之间地位平等,其礼节从形式到内容都体现出了人与人之间相互平等、相互尊重和相互关心的特点。现代礼节主要包括介绍的礼节、握手的礼节、打招呼的礼节、鞠躬的礼节、拥抱的礼节、亲吻的礼节、举手的礼节、脱帽的礼节、致意的礼节、作揖的礼节、使用名片的礼节、使用电话的礼节、约会的礼节、聚会的礼节、舞会的礼节、宴会的礼节等。

当今世界是个多元化的世界。不同国家、不同民族、不同地区的人们在各自的生存环境中形成了各自不同的价值观、世界观和风俗习惯,其礼节从形式到内容都不尽相同。

(2) 礼貌。礼貌是指人们在社会交往过程中的良好言谈和行为,它主要包括口头语言的礼貌、书面语言的礼貌、态度和行为举止的礼貌。礼貌是人的道德品质修养的最简单、最直接的体现,也是人类文明行为最基本的要求。在现代社会应注意使用礼貌用语,对他人要态度和蔼、举止适度、彬彬有礼,尊重他人应成为自己日常的行为规范。

(3) 仪表。仪表是指人的外表,包括仪容、服饰、体态等。仪表属于美的外在因素,反映了人的精神状态。仪表美是一个人心灵美与外在美的和谐统一,美好纯正的仪表来自高尚的道德品质,它和人的精神境界融为一体。端庄的仪表既是对他人的一种尊重,也是自尊、自重、自爱的一种表现。

(4) 仪式。仪式是指行礼的具体过程或程序,它是现代礼仪的具体表现形式。仪式是一种比较正规、隆重的礼仪形式。人们在社会交往过程中或是组织在开展各项专题活动过程中常常要举办各种仪式,以体现出对某人或某事的重视,或是为了纪念等。常见的仪式包括成人仪式、结婚仪式、安葬仪式、凭吊仪式、告别仪式、开业或开幕仪式、闭幕仪式、欢迎仪式、升旗仪式、入场仪式、签字仪式、剪彩仪式、揭匾挂牌仪式、颁奖授勋仪式、宣誓就职仪式、交接仪式、奠基仪式、洗礼仪式、捐赠仪式等。仪式往往具有程序化的特点,这种程序有些是人为地约定俗成的。在现代礼仪中,仪式中有些程序是必要的,有些则是可以简化的,因此,仪式也有越来越简化的趋势。但是,有些仪式的程序是不可省略的,否则就是非礼。

(5) 礼俗。礼俗即民俗礼仪,它是指各种风俗习惯,是现代礼仪的一种特殊形式。礼俗是由历史形成的,普及于社会和群体之中并根植于人们心中,是在一定的环境中经常重复出现的行为方式。不同国家、不同民族、不同地区在长期的社会实践中形成了各具特色的风俗习惯。“十里不同风,百里不同俗”,甚至一个地区中相邻的小小村落都可能形成自己的风俗习惯。

3. 现代礼仪的特性

现代礼仪是人们在漫长的社会实践中逐步地形成、演变和发展的。现代礼仪是在一番脱胎换骨之后形成的，它具有文明性、共通性、多样性、变化性和规范性。

(1) 文明性。现代礼仪是人类文明的结晶，是现代文明的重要组成部分。人类从降世那天起就开始了对文明的追求，亚当、夏娃用树叶遮身便是文明之举。人类从茹毛饮血到共享狩猎成果，从盲目迷信、敬畏鬼神到崇尚科学、论证无神，从战争到和平，尤其是文字发明后，人类就能运用语言文字来表达文明、宣传文明、建设文明。文明的宗旨是尊重，既是对人也是对己的尊重，这种尊重总是同人们的生活方式有机地、自然地、和谐地融合在一起，成为人们日常生活、工作的行为规范。这种行为规范包含着个人的文明素养，比如待人接物热情周到、彬彬有礼；人们彼此间互帮互助、彼此尊重、和睦相处，体现出人们日常生活中的文明、友好；注重个人卫生，穿着适时得体，见人总是微笑着问候致意，礼貌交谈，文明用语，这也体现出人们的品行、修养。总之，现代礼仪是人们内心文明与外在文明的综合体现。

(2) 共通性。现代礼仪是人们在社会交往过程中形成并得到共同认可的行为规范。我们今天生活的世界可谓千姿百态，人们尽管居住在五大洲、四大洋的不同角落，但是，许多礼仪都是世界通用的，例如，问候、打招呼、礼貌用语、各种庆典仪式、签字仪式等。虽然由于各国家、各地区、各民族形成了许多特有的风俗习惯，但就现代礼仪本身的内涵和作用来说，仍具有共通性。正是由于现代礼仪拥有共通性，才形成了涉外交往礼仪。

(3) 多样性。世界是丰富多彩的，所以现代礼仪也是五花八门、绚烂多姿的。世界各地民俗礼仪千奇百怪，几乎没有人能说清楚世界上到底有多少种礼仪形式。从语言的表达礼仪到文字的使用礼仪，从举止礼仪到规范化礼仪，从服饰礼仪到仪表礼仪，从风俗礼仪到宗教礼仪等，在不同的国家、不同的场合，礼仪的表达方式也有所不同。比如在人们常见的国际交往礼仪中，仅见面礼节就有握手礼、点头礼、亲吻礼、鞠躬礼、合十礼、拱手礼、脱帽礼、问候礼等。礼仪可谓多种多样，纷繁复杂。有些礼仪所表达的方式和内容，在不同国家或地区可能截然相反。

(4) 变化性。礼仪并不存在僵死不变的永恒模式，随着时间的推移，现代礼仪会发生巨大的变化。可以说，每一种礼仪都有其产生、形成、演变、发展的过程。礼仪在运用时也应具有灵活性，一般来说，在非正式场合，有些礼仪可不必拘于约定俗成的规范，可增可减，随意性较大；而在正式场合，讲究礼仪规范是十分必要的，但如果双方已非常熟悉，即使是较正式的场合，有时也不必过于讲究礼仪规范。

(5) 规范性。礼仪指的就是人们在交际场合待人接物时必须遵守的行为规范。这种规范性，不仅约束着人们在一切交际场合的言谈话语、行为举止，使之合乎礼仪，而且也是人们在一切交际场合必须采用的一种“通用语言”，是衡量他人、判断自己是否自律、敬人的一种尺度。中国 WTO 首席谈判代表龙永图曾讲了一个耐人寻味的故事。

一次在瑞士，龙永图与几个朋友去公园散步，上厕所时，听到隔壁的卫生间里“砰砰”地响，他有点纳闷。出来之后，一位女士很着急地问他有没有看到她的孩子，她的小孩进厕所十多分钟了,还没有出来,她又不能进去找。龙永图想起了隔壁厕所的响声,便进去打开厕所门,看到一个七八岁的小孩正在修抽水马桶,怎么弄都抽不出水来,急得满头大汗,因为这个小孩觉得他上厕所不冲水是违背礼仪规范的。

这位儿童自觉遵守礼仪规范的精神是很值得我们学习的。礼仪是约定俗成的一种自尊、敬人的惯用形式,任何人要想在交际场合表现得合乎礼仪、彬彬有礼,都必须对现代礼仪无条件地加以遵守。另起炉灶、自搞一套或是只遵守个人适应的部分,而不遵守不适应自己的部分,都难以为交往对象所接受、理解。

4. 现代礼仪的原则

人们的各种交际活动自始至终都有一些具有普遍性、共同性、指导性的规律可循,这就是现代礼仪的原则。探讨这些原则,有助于现代礼仪的规范化,增强人们对现代礼仪的认识,进而加强礼仪在社会活动中的指导作用。

(1) 遵守原则。礼仪规范是为维护社会生活稳定而形成和存在的,实际上反映了人们的共同利益要求。社会上的每个成员无论身份高低、职位大小、财富多寡,都有自觉遵守、应用礼仪的义务,都要以礼仪去规范自己的一言一行、一举一动。如果违背了礼仪规范,会受到社会舆论的谴责,交际自然就难以成功。例如,苏联领导人赫鲁晓夫在这方面就是前车之鉴,他在一次联合国会议上为了让人们安静下来,竟然脱下鞋子,并用鞋子敲打会议桌子,他的不雅举止显然违背了礼仪规范,更有损他本人及苏联这个国家的国际形象,在这次会议上联合国做出决定,对苏联代表团罚款一万美元,可见违背现代礼仪原则是不行的。从这一原则出发,才能养成好的礼仪习惯。有这样一个实例:

某省会城市一家三星级饭店的女总经理,衣着得体大方,语言热情适宜,正在宴请北京来的专家。席间,秘书突然过来说有急事,请她暂时离席去送外宾,可是这位女经理迟迟未起身,原来双脚不堪忍受高跟鞋束缚,出来"解放"了一会儿,突然有了情况,一时找不到"归宿",令女经理十分难堪。

造成这种情况的原因恐怕不是不懂礼仪知识,主要还是没有养成良好的习惯,对礼仪规则遵守得不够。

(2) 敬人原则。孔子说:"礼者,敬人也。"敬人是礼仪的一个基本原则,它要求人们在交际活动中互尊互敬,友好相待,对交往对象要重视、恭敬。尊敬是"礼"的本义,是现代礼仪的重点和核心。在对待他人的诸多做法中最重要的一条就是要敬人之心长存,处处不可失敬于人,不可伤害他人的个人尊严,更不能侮辱对方的人格。可以说,掌握了敬人的原则就等于掌握了礼仪的灵魂。尊敬的作用是十分巨大的,有这样一个实例:

日本东芝电器公司曾一度陷入困境,员工士气低落。当士光敏夫出任董事长时,他经常不带秘书一个人来到各工厂与工人聊天,听取工人的意见。更有意思的是,士光敏夫还经常提着一瓶酒去慰劳员工,和他们共饮。他终于赢得了公司上下的支持,员工的士气也高涨起来。于是在短短的三年内,士光敏夫重振了日暮途穷的东芝公司。

士光敏夫的诀窍就是关心、重视、尊重每一个员工,"敬人者,人恒敬之",所以他也赢得了员工的信任与支持。

(3) 宽容原则。一般来说，交往双方的心理总是存在一定的距离，存在不相容的心理状态，这种差异会在交往者之间产生思想隔膜，甚至会使关系僵化，要想缩小这种心理上的差异，求得人与人之间能多一点和谐、多一份信赖，就必须抱着宽容之心。宽容就是要求人们既要严于律己，又要宽以待人，要多容忍他人、多体谅他人、多理解他人，而不能求全责备、斤斤计较、过分苛求、咄咄逼人。唯有宽容才能排除人际交往中的各种障碍，不能宽容他人的人，往往会得理不饶人，使人际间关系恶化。共性是寓于个性之中的，人们应该维护和发展共性，以理解和宽容来增强人们之间的凝聚力。所以，宽容忍让是为人处世的较高境界，易于博得他人的爱戴和敬重。正如孔子所说"宽则得众"。坚持宽容原则要做到如下两点。

第一，要做到宽容待人，就要将心比心，理解他人，体谅他人，不求全责备，不要求对方十全十美，与对方和睦相处。社交中，考虑交往对象的个性，理解其思想，不强求其与自己高度一致(事实上这是不可能的)，多站在对方的角度考虑问题，这是宽容原则的极好体现。正如美国汽车大王亨利·福特(Henry Ford)所说："如果成功有什么秘诀，那就是站在对方的立场上考虑问题。"下面这个例子就是极好的说明。

有家企业的公关人员小刘，说话办事有板有眼，但就是有一个缺点，凡是他看不惯的人，他就不想与之多说，结果得罪了不少客户。公关部经理对他说："我们两人年龄相差二十多岁，性格差异很大，你好动，我好静，但这并不影响我们的合作，你想想这是为什么?"脑子灵活的小刘一听，便知道经理是在批评自己。他悟出一个道理：脾气性情不同的人同样可以做朋友。从那以后，他开始接纳个性特别的客户，并能取其长处，友好往来，很快赢得了客户的好感。

(资料来源：张岩松.公关交际艺术[M].北京：中国社会科学出版社，2006.)

第二，严于律己。人缘好的人，几乎都具有对己严、对人宽的品质。现代人更应注意加强这方面的修养，与他人打交道时不苛求别人，而是以礼待人，遵守诺言。若与别人产生摩擦，首先要从自己身上查找原因。

(4) 平等原则。首先让我们看一个小故事。英国著名戏剧家、诺贝尔文学奖获得者萧伯纳对"平等"二字有很深的体验。一次他访问苏联，漫步在莫斯科街头，遇到一位聪明伶俐的苏联小姑娘，便与她玩了很长时间。分开时，萧伯纳对小姑娘说："回去告诉你妈妈，今天同你玩的是世界有名的萧伯纳。"小姑娘望了萧伯纳一眼，学着大人的口气说："回去告诉你妈妈，今天同你玩的是苏联小姑娘安妮娜。"这使萧伯纳大吃一惊，立刻意识到自己太傲慢了。后来，他常回忆起这件事，并感慨万分地说："一个人无论有多大成就，对任何人都应该平等相待。要永远谦虚，这就是苏联小姑娘给我的教训，我一辈子也忘不了她!"①可见，在交际中坚持平等原则是非常重要的!

平等是人与人之间建立情感的基础，是达到最佳交际效果的诀窍，是建立和保持良好的人际关系的基础之一。心理学研究表明：人都有友爱和受人尊敬的需要，交友和受尊

① http://www.qidian.com/BookReader/1359038,24905571.aspx.

敬的希望都非常强烈。人们渴望自立,成为家庭和社会中真正的一员,平等地同他人进行沟通。可以说凡是正常人,都希望得到别人的平等对待。与人交往只有以平等的姿态出现,不盛气凌人、不高人一等,给别人以充分的尊重,才能形成人与人之间的心理相容,产生愉悦、满足的心境,出现和谐的人际关系。毛泽东同志在这方面做得尤其出色。他作为领导者,在处理与下级的关系时,十分注意坚持平等原则,不摆架子,这种平等是赢得下级理解和支持的重要条件。一位老教授回忆在延安见毛泽东时的情景说:"我去见主席,主席拿出纸烟来招待我,可是不巧纸烟只剩一支了。你想主席怎么办?他自己吸,不请客人吸,当然不好;请客人吸自己不吸,客人肯定不同意。于是,主席将这支烟分成两半,给我半支,他自己半支。"从这件事可以看出主席的随和、诚恳、平等、亲切,这使我很受感动,终生难忘。"

那么,运用现代礼仪开展交际活动,如何做到平等交往呢?

第一,要明确平等的含义,平等是相对的,不是绝对的。平等受自然条件和社会条件的制约,必须注意根据交际对象的不同条件(政治、经济、文体和社会等方面的条件)分别对待。

第二,平等的前提是要尊重交际对象的人格。任何人都有自尊心,要维护独立的人格不受侵犯。在现代社交中,只有尊重对方的人格才能得到对方的理解和尊重,营造出良好的人际关系氛围。那种以势压人、以老大自居、盛气凌人、"看人下菜碟",甚至污辱人的做法都是与平等原则严重相悖,为公众所不齿的。

第三,要掌握平等交往的方法和技巧。例如谈心法,即向对方实实在在地说出心里话,用朋友般的商量口气交换意见、传递信息、讨论问题;求同法,即通过各类活动,特别是富有兴趣的活动,寻求与对方的相互认识、相互理解,"投公众所好",增强其认同感;交友法,即像对待朋友那样平等地对待他人,关心、帮助、体谅、尊重对方,以诚相待,从而赢得交际对象的认同。

(5) 互利原则。互利原则是指人们在人际交往中考虑双方的共同价值和共同利益,满足共同的心理需要,使彼此都能从交往中得到实惠。大多数人的交往是互惠互利的。相互报偿、相互满足是人际交往活动的基本动机。没有需求上的相互满足和相互补取,就不可能有成功的交际。一般来说,预期中的报偿支配着公众人际交往的积极性,因而我们在现代社交中要创造互惠互利型的格局,积极寻找双方的利益共同点,平等相待,真诚合作,而不能一味地追求自身的利益,更不能以邻为壑,坑害对方。

从社会学的角度来说,互惠互利的原则是一种"非零和博弈"原则,它是相对于"我赢你输"的"零和博弈"1+(-1)=0 而言的,也就是说希望出现的结局是"你赢我也赢"。现代人必须明白"投桃报李"的意义,今天的付出意味着明天的收获,此处的投入意味着彼处的产出。

运用现代礼仪,遵循互惠互利原则应注意以下几点。

第一,要明确互惠互利是有前提的。互惠互利是以不损害第三方的利益为前提的,任何以损害第三方的利益来达到互惠互利目的的行为都是不被允许的。

第二,要注意精神上的互惠互利。社会心理学家的研究表明,每个人都渴望得到别人的注意和关心。因此,人际交往中必须考虑他人在精神上的、心理上的需要,关心他人,爱护他人，从而使交往双方得到心理上的满足，这是最不可缺少的互惠互利。

第三，要注意经济上的互惠互利。人们的活动一般都包含着某种利益的目的，驱使人们去交往的动力既有情感因素，也有明显的利益要求。交际活动应使双方受益，如果只想从别人那里捞好处，只考虑自己的需要和利益，就很可能使彼此的关系陷入游离状态，甚至完全终结。

(6) 真诚原则。现代礼仪的运用基于交际主体对他人的态度，如果能抱着诚意与对方交往，那么交际主体的行为自然而然地便显示出对对方的关切与爱心。因为无论用何种语言表达都不如用行为来表达，行为是最好的证明。在通常情况下人们可以用假话来掩饰自己的企图，但却无法用行为来掩饰自己的空虚，因为体态语是无法掩饰虚假的。因此唯有真诚，才能使你的行为举止自然得体。与此相反，倘若仅把运用礼仪作为一种道具和伪装，在具体操作礼仪规范时口是心非、言行不一、弄虚作假、投机取巧，或是当面一个样，背后一个样，有求于人时一个样，被人所求时又一个样，将礼仪等同于"厚黑学"，是违背现代礼仪基本原则的。

(7) 适度原则。俗话说："礼多人不怪。"人们讲究礼仪是基于对对方的尊重，这是无可厚非的，但是，凡事过犹不及，人际交往要因人而异，要考虑时间、地点、环境等条件。如果施礼过度或不足，都是失礼的表现。比如见面时握手时间过长，或是见谁都主动伸手，不讲究主次、长幼、性别；告别时一次次地握手，或是不停地感谢，让人觉得厌烦。礼仪的施行是内心情感的表露，只要内心情感表达出来，就完成了礼仪的使命。如果反复重复，似乎有别人不理解、不领情之嫌，就是画蛇添足，实无必要。

5. 现代礼仪的功能

对于个人来说，现代礼仪是一个人的思想修养、道德水平、文化素质、交际能力的外在表现，对于社会来说，现代礼仪是整个社会的文明习惯、道德风尚和生活习俗的反映。现代礼仪的功能主要体现在以下三个方面。

(1) 弘扬礼仪传统。文明古老的中华民族以聪颖的才智和勤奋的力量创造了人类历史上最灿烂的文化。中华民族素以"礼仪之邦"著称于世。几千年来，各族人民创造了独具特色的礼节、仪式、风尚、习俗、节令、规章和典制等，并为广大人民所喜爱、所沿袭，这些礼仪习俗反映了我国民族的传统美德与优良品质，勾画了我国民族的历史风貌。

我国古代思想家、教育家们十分重视"礼"的教育。"礼"的内容比较全面地规定为处理、调整当时社会各种关系的准则和规范。春秋末期的孔子就曾指出："不学礼，无以立。"孔子小时常做练习"礼"的游戏。"入太庙，每事问"，后来还专程赴周向老子请教"礼"。他对于"礼"的研究下过不少工夫，认为周礼吸收夏、商两代的经验，并有所发展，是比较完备的，所以他说"吾从周"。孔子选取了士必须学习的礼制十七篇，编辑成《礼》，也就是流传至今的《仪礼》。孔子非常重视对学生在日常行为方面的教育，他要求学生衣冠整齐，走有走的样子，坐有坐的姿势，为人处世要彬彬有礼、温文尔雅。《史记·孔子世家》中就说："孔子以诗、书、礼、乐教弟子盖三千焉，身通六艺者七十有二人。"其中"六艺"指的是以"礼"为首的礼、乐、射、御、书、数。

《仪礼》《周礼》《礼记》合称为"三礼"。"三礼"是我国最早也是最重要的礼仪论著。

《礼记·曲礼》第一句便是“毋不敬”。文中还记载着对父母“出告反面”,意思是出门告诉父母一声,回家要和父母打个照面问候一下。对老师应该是“遭先生于道,趋而进”“从于先生不越路”。书中有关礼仪的内容是十分广泛且具体的。

《三字经》是我国流传时间最长、范围最广、影响最大的一本启蒙教材,相传为南宋学者王应麟所著,它被人们誉为“古今奇书”和“袖里通鉴纲目”。《三字经》已经被翻译成英、法、俄等多种文字在国外流传,还被联合国教科文组织选入《世界儿童道德教育丛书》。书中写道:“为人子,方少时,亲师友,习礼仪。”意思是,做儿女的正当年少时,就要拜师访友,学习礼仪。清代李毓秀撰辑了一本《弟子规》,书中详细规定了学生在言谈举止方面的礼仪规范,其中有尊敬长者方面的要求:“或饮食,或走坐,长者先,幼者后。”有仪表方面的要求:“冠必正,钮必结,袜与履,俱紧切。”有仪态方面的要求:“步从容,立端正,揖深圆,拜恭敬。”有禁酒的要求:“年方少,勿饮酒,饮酒醉,最为丑。”有语言方面的要求:“刻薄语,秽污词,市井气,切戒之。”此书礼仪教育方面的内容是十分丰富、具体的。

在我国的历史上还流传着许多讲究礼仪的佳话,如“廉蔺交欢”(讲究礼让)、“张良纳履”(尊老敬贤)、“程门立雪”(尊敬老师)、“管鲍之交”(交友之道)、“三顾茅庐”(待人以诚),这些脍炙人口、妇孺皆知的故事,对现代人仍有很大的教育意义。

我国近现代历史上有许多的伟大人物在礼仪修养上堪称楷模,其修养十分深厚,他们的作风、态度、处事方式、举手投足都成为我们的典范。如周恩来总理是世界公认的最有风度的领导人和外交家之一,他的一举一动都给世人留下了深刻难忘的印象。人们用“富有魅力”“无与伦比”等优美的词语来赞美他的翩翩风度。在外事活动中周总理十分注重礼节。在他病重时,脚因为过度肿胀而穿不上原来的鞋子,只能穿拖鞋走路。工作人员心疼周总理,让他穿着拖鞋参加外事活动,认为外宾是能够理解的,但周总理不同意,他说:“这不行,要讲个礼貌嘛!”于是,他请工作人员为他特制了一双鞋,留着接见外宾时穿。周总理在外事活动中注重礼节,受到外宾的盛赞,表现出中国传统美德,是我们学习的榜样。

可见,讲究礼仪并按照礼仪要求规范我们的行为,对继承我国礼仪传统、弘扬我国优良的礼仪风范具有十分重要的作用。

(2) 塑造良好形象。形象是一个人或组织对另一个人或组织的总体的评价和看法。这种评价和看法是人们在生活中有意或者无意形成的,礼仪在其中发挥着重要作用,具体表现在以下几个方面。

① 有利于塑造个人形象。先让我们讲一个名为“小节的象征”的礼仪小故事,这个刊登在《故事会》杂志上的“三分钟典藏故事”颇值得回味。

一位先生要雇一个没带任何介绍信的小伙子到他的办公室做事,先生的朋友挺奇怪。先生说:“其实,他带来了不止一封介绍信。你看,他在进门前先蹭掉了脚上的泥土,进门后脱帽,随手关上了门,这说明他很懂礼貌,做事很仔细;当看到那位残疾老人时,他立即起身让座,这表明他心地善良,知道体贴别人;那本书是我故意放在地上的,所有的应试者都不屑一顾,只有他俯身捡起,放在桌上;当我和他交谈时,我发现他衣着整洁,头发梳得整整齐齐,指甲修得干干净净,谈吐温文尔雅,思维十分敏捷。怎么,难道你不认为这些细节是极好的介绍信吗?”

(资料来源:杨友苏,石达平.品礼:中外礼仪故事选评[M].上海:学林出版社,2008.)

无独有偶，美国第25任总统威廉·B.麦金利的好朋友查尔斯·G.道斯曾经讲述过的一件事更能说明问题。

多日来，总统一直为任命一个重要的外交职务而犯难——他要在两个同样有才干的候选人中选出一个，然而始终举棋不定，难以拍板。突然他回忆起一件事，此时竟如此清晰地浮现在眼前：一个风雨交加的夜晚，总统搭乘一辆市内有轨电车，坐在后排的最后一个位子上。电车停在下一站，上来一位老妇人，挽着一个沉重的篮子站在车厢的过道上。老妇人面对着一位穿着比较绅士的男子，但男子举着报纸将脸挡住，故意装作没看见。总统从后排站起来，沿着过道走过去，提起那一篮子沉甸甸的衣物，把老妇人引到自己的座位上坐下。该男子仍然举着报纸低着头，对车厢里发生的一切似乎什么也没有看见。总统朝那男子瞅了一眼，那张脸庞深深地印入了他的脑海。

该男子不正是总统要任命的两位候选人之一吗？总统果断地做出决定：取消该人的任命资格，而另一位则理所当然地成了外交官。

查尔斯·G.道斯说：这位候选人永远不会知道，就是这一点点的自私行为，或者说就是缺少那么一点点的仁慈之心，所以失去了他一生雄心勃勃能实现目标的机会。

（资料来源：陈联，王欢芳.现代公关礼仪[M].长沙：中南大学出版社，2010.）

可见，讲究礼仪对个人的成功是至关重要的，因为它关系到个人的形象。个人形象是指一个人的相貌、身高、体形、服饰、语言、行为举止、气质风度以及文化素质等方面的综合。这其中有先天构成要素，但更多要素是需要我们通过后天不断努力来加以改善和提高的。礼仪在上述各方面都有自己详尽的规范，因此学习礼仪，运用礼仪，无疑将有益于人们更好地、更规范地设计个人形象，维护个人形象，更好地、更充分地展示个人的良好教养与优雅的风度。

首先，遵守交际礼仪可以给人留下良好的第一印象。众所周知，人际交往中存在着"首因效应"，即人们在日常生活中初次接触某人、某物、某事时所产生的第一印象，通常会在对该人、该物、该事的认知方面发挥明显的甚至是举足轻重的作用。对于人际交往而言，这种认知往往直接制约着交往双方的关系。美国推销学会有这样一个统计，在第一次接触时成功与否形象占55%，声音占38%，内容占7%。可见，在现代社交中，可能前30秒、10秒甚至3秒都能决定你工作、交际的成败。充分认识到这一点，我们就不难理解交际礼仪对树立良好的第一印象所起的重要作用，从而在学习和工作当中更好地运用交际礼仪。

其次，遵守交际礼仪可以充分展示个人良好的教养与优雅的风度。可以说礼仪即教养，而有道德才能高尚，有教养才能文明。这也就是说，通过一个人对礼仪运用的程度，可以察知其教养、文明的程度和道德的水准的高低。曾登载在《深圳青年》杂志上的一个故事就颇能说明问题。

有一批应届毕业生共22人，实习时被导师带到北京的国家某部委实验室里参观。全体学生坐在会议室里等待部长的到来，这时有秘书给大家倒水，同学们表情木然地看着她忙活，其中一个还问了句："有绿茶吗？天太热了。"秘书回答说："抱歉，刚刚用完了。"林晖看着有点别扭，心里嘀咕："人家给你倒水还挑三拣四。"轮到他时，他轻声说："谢谢，大热天的,辛苦了。"秘书抬头看了他一眼,满含着惊讶。虽然这是很普通的客气话,却是她今天听到的唯一一句。

门开了,部长走进来和大家打招呼,不知怎么回事,静悄悄的,没有一个人回应。林晖左右看了看,犹犹豫豫地鼓了几下掌,同学们这才稀稀落落地跟着拍手,由于不齐,越发显得零乱起来。部长挥了挥手:"欢迎同学们到这里来参观。平时这些事一般都是由办公室负责接待,因为我和你们的导师是老同学,而且关系非常要好,所以这次我亲自来给大家讲一些有关情况。我看同学们好像都没有带笔记本,这样吧,王秘书,请你去拿一些我们部里印的纪念手册,送给同学们作纪念。"接下来,更尴尬的事情发生了,大家都坐在那里,很随意地用一只手接过部长双手递过来的手册。部长脸色越来越难看,来到林晖面前时,已经快要没有耐心了。就在这时,林晖礼貌地站起来,身体微倾,双手握住手册,恭敬地说了一声:"谢谢您!"部长闻听此言,不觉眼前一亮,伸手拍了拍林晖的肩膀:"你叫什么名字?"林晖照实作答,部长微笑点头,回到自己的座位上。早已汗颜的导师看到此情此景,才微微松了一口气。

两个月后,毕业分配表上,林晖的去向栏里赫然写着国家某部委实验室。有几位颇感不满的同学找到导师:"林晖的学习成绩最多算是中等,凭什么选他而没选我们?"导师看了看这几张尚属稚嫩的脸,笑道:"是人家点名来要的。其实你们的机会是完全一样的,你们的成绩甚至比林晖还要好,但是除了学习之外,你们需要学的东西太多了,而修养是第一课。"

(资料来源:杨友苏,石达平.品礼:中外礼仪故事选评[M].上海:学林出版社,2008.)

可见,"用高尚的精神塑造人",学习礼仪,运用礼仪,能够展示出现代人良好的形象。个人形象说到底是由人的身材、长相、服饰打扮以及姿态、风度构成的,是一个人精神面貌和内在素质的外在表现。身材、长相是天生的,而服饰打扮以及姿态、风度却是可以通过后天培养的。一个人的外在美固然能引人注目,但只有将外在美与内在美结合起来,个人的魅力才能长久不衰。交际礼仪不仅要求现代人注重仪容仪表,更强调现代人要培养良好的语言、行为习惯,遵守社会公德以及法纪法规,符合社会规范。

最后,遵守交际礼仪可以更好地向交往对象表示尊敬、友好之意,赢得对方的好感。"礼仪"中"礼"字就是表示敬意、尊敬、崇敬之意,多用于对他人的尊重,体现着一个人对他人和社会的认知水平、尊重程度,是一个人的学识、修养和价值的外在表现。一个人只有在尊重他人的前提下,才会被他人尊重。人与人之间的和谐关系,也只有在这种互相尊重的过程中,才能逐步建立起来。这是礼仪的重点和核心,是对待他人的诸多做法中最重要的一条。要做到敬人之心常存,处处不可失敬于人,不可伤害他人的尊严,更不能侮辱对方的人格。掌握了这一点,就等于掌握了礼仪的灵魂。

② 有利于塑造组织形象。组织形象是指社会公众心目中对一个组织的总体评价,包括组织的价值观念、组织的行为准则和规范、组织的传统习惯和道德修养、组织的礼仪文化。组织形象是组织最宝贵的无形资产,塑造和树立良好的组织形象是组织生存和发展的根本。因此,名牌企业对自己的组织形象格外重视,如麦当劳的黄色大"M",员工整齐划一的服饰和操作流程;可口可乐使人过目不忘的Coca-Cola的标准字体、白色水线和红色底的图案,常变常新的代言人;"蓝色巨人"IBM统一的服饰打扮……在一个成熟的买

方市场中，消费者绝不会为一两个耀眼的广告、一两句动听的广告语而进行购买。在一个成熟的买方市场中，企业卖的或生产的是什么？是组织形象。礼仪是组织形象的核心内容之一，而礼仪必须通过人来展现。所以现代人的个人形象与组织形象不可避免地、紧密地联系在一起。组织员工是组织形象的代表，他们是组织形象的主要塑造者，是组织连接消费者的桥梁。在职场上，交际礼仪不再仅是个人素质的外在表现，更是组织文化内涵的体现。但凡国际化的大组织，对礼仪都有着极高的要求，原因就在于组织希望通过形式规范的礼仪表现出组织的整体素质，从而获得良好的公众评价。因此，社交礼仪能展示组织的文明程度、管理风格和道德水准，塑造组织形象。

良好的组织形象是任何组织都刻意追求的目标，组织形象的塑造处处都需要礼仪。比如，你想和某一单位联系业务，当你拨打对方办公室电话竟无人接听或铃响五六声之后才有人接听时，你会对该单位产生一种印象——工作效率不高、制度不健全或员工素质差等。反之，当你一拨通电话，听到对方和蔼可亲的问候、得体的称谓、礼貌的语言、简洁干练的回答、热情的接待，你立即会有一种亲切之感。

组织形象常常是在不经意间体现并塑造出来的。整洁优雅的环境，宽敞明亮、井然有序的办公室，独具个性、富有哲理的价值观，色彩柔和的服饰，彬彬有礼的员工，富于特色的广告等，都会给公众留下深刻的印象。礼仪则是通过组织员工的仪容仪表、言谈举止、礼貌礼节、仪式及活动过程表现出来的，它是塑造组织形象的基础工程。任何不讲究礼仪的组织，都不可能获得良好的社会形象。

组织通过各种规范化的礼仪，还可以激发员工对组织的自豪感，增强组织的凝聚力和向心力。如日本松下公司创作了自己的“松下之歌”“松下社训”，每天早晨八点钟，遍布各地的松下公司组织员工一起高唱松下歌曲，使每一名员工都以自己是松下的员工而感到自豪。目前，我国的许多组织通过统一组织标识、统一组织服装、统一色彩等，塑造组织统一的社会形象，也使组织的员工自觉地维护组织的形象；还有许多组织通过开业庆典、周年纪念、表彰大会等仪式，激发员工对本组织的了解、爱戴，加深感情，增强组织的凝聚力和向心力。可见，社交礼仪在塑造组织形象中的作用是十分巨大的。

③ 有利于塑造职业形象。职业形象是行业或组织的精神及文化理念与从业人员个体形象的有机融合，是个性化和规范化的统一。不同的行业和组织都有各自不同的文化和理念，这就要求其从业人员的个人形象必须服从于组织形象，其个性的凸显必须在符合企业要求的前提之下。因此，职业形象必须是个体形象与组织形象的完美结合，不同行业的从业人员，其个体形象必须符合某类特定职业角色的要求。每一个现代人，都应该树立起与之相适应的职业理想、职业道德、职业信念，都应该具备与行业要求相吻合的职业素质、职业气质和职业仪表。

著名的形象顾问 Frank 曾经说过：“你在职场中的威信，有五成来自别人如何看待你。”面对竞争激烈的现代商业社会，现代人想要在职场中脱颖而出，必须与各种各样的人打交道，这就必须学会与人相处。交际礼仪的本质就是按照规范与人交往。你的服饰打扮不符合要求，别人会拒绝与你为伍；你的举止谈吐粗俗，别人将对你敬而远之；你不尊重他人的宗教习俗，它会令你功败垂成。而良好的礼仪可以更好地向对方展示自己的长处和优势，它往往决定了机会能否降临。为他人服务不是件简单而容易的事情。要赢得社会的认同和尊重,就必须不断地学习,提高自己的素质,树立良好的职业形象,这些非常重要。

④ 有利于塑造国家形象。一个国家的实力由软实力和硬实力构成。硬实力是指国家的GDP、科技实力、军事实力等。软实力就是指文化、文明礼仪以及修养水平等精神要素。哈佛大学肯尼迪政府学院前院长约瑟夫·奈(Joseph Nye)教授认为,可以将软实力表述为一国的文化、价值观念、社会制度、发展模式的国际影响力与感召力。如果软实力做得好,国家的文化就容易被别人吸收,文化辐射力就强,国家的政策也就容易被别人理解,对外交往遇到的障碍就相对少得多。随着改革开放的深入,以及中国国力的增强,世界对中国的关注也加大了,可以说整个世界都在分析和关注中国。所以,当我们的公民走出国门的时候,我们的公司走出国门的时候,就要严格遵循道德和文明礼仪规范,因为这涉及中国的形象问题。

一个国家的公民道德素质和文明礼仪涉及国家对外的信用,影响整个民族、整个国家的对外形象。随着我国融入世界经济贸易大循环,对外开放进一步扩大,这就意味着我国与世界各国的交往日益增多,各类人员涉外服务也随之增加。我们的一言一行、一举一动,无不代表着国家的形象。

(3) 提高道德水平。道德是一定社会调整人们之间,以及个人和社会之间关系的行为规范的总和。道德可分为社会公德、职业道德、伦理道德三个方面。道德以善和恶、正义与非正义、公正与偏私、诚实与伪善等概念来规范着人们的各种行为,调整人们之间的关系。道德通过各种形式的教育、说服、诱导,以及社会舆论的力量,使人们逐渐形成一定的信念、习惯、传统而发生作用。礼仪与道德有着密切的联系,礼仪是人类社会为了维系社会的正常生活而共同遵守的最起码的道德行为规范。讲究交际礼仪对提高道德水平具有重要的作用。

① 遵守社会公德。社会公德是指一个社会中全体成员都必须遵守的借以维护社会正常生活秩序的各种行为规范的总和,它是人们最起码的公共生活准则,是人类生活、人际关系中的一个基本问题。

社会公德也是社会文明程度的重要标志。它是人类世世代代调整公共生活中人与社会关系的经验的结晶,是人们通过长期社会实践形成的,为了共同利益而代代相传和不断完善的优良传统。它最突出的特点是,在许多不同的国家、地区里,社会公德是相同的。它反映了人类追求文明与进步的共同需求。

社会公德的内容十分丰富,它涉及人类社会生活的各个方面。总结起来,主要包括以下三个方面:一是反映人们共同利益的道德规范,如我国的"五爱"公德,即爱祖国、爱人民、爱劳动、爱科学、爱社会主义;二是人道主义精神,诸如尊重国家主权、领土完整,尊重人权,保护妇女、儿童、老人、伤残人的合法权益,维护世界和平,支持人类进步事业,实行人道主义救援等;三是人类共同行为准则,如相互尊重、礼貌待人,诚实守信、言行一致,遵守公共秩序和公共安全规则,举止文明,爱护公物,保护环境,维护公共卫生,遵纪守法,见义勇为,等等。

社会公德就像一个道德天平,时时刻刻都在衡量着社会中的真、善、美,假、恶、丑。美国著名社会学家A.英格尔斯(Ingaus)认为:一个国家,只有当它的人民是现代人,它的国民心理和行为上都转变为现代的人格，它的现代政治、经济和文化管理中的工作人员都获得了某种与现代化发展相适应的现代性，这样的国家方可真正称为现代化的国家。公民意识和公德水平是人的现代化素质的核心内容。目前，我国正处于由传统向现代转变的社会时期，社会过程的顺利实现，最终依赖于人的素养的现代化，依赖最具有现代化素养的人，所以应请每个人把自己的道德水平与民族的利益联系起来，这样就会产生一种使命感，就会充分认识到培养提高自身公民意识的意义，主动追求道德水平的提升。

时下有一种时髦的提法，叫作给道德"补钙"。请每个人对照上述行为自我解剖一下，看看自己的公德在哪些方面还有不足，给自己出一些"补钙"的"药方"。在此笔者出两个"方子"作为参考：一是治本之方，提高和强化自己的公民意识；二是治标之术，从身边的小事做起，时时处处讲究礼仪。

② 遵守职业道德。每一种职业都有其特殊性，都有该职业从业者所必须了解、掌握并身体力行的各种行为规范。所谓职业道德就是指各类职员在从事职业活动中所必须遵守的各种行为规范的总和。

职业道德与社会公德息息相关，从某种意义上说，职业道德属于社会公德的有机组成部分，两者在内容上有着许多相同之处。在各种职业道德中都包含着社会公德的因素，如热情周到、以礼相待、诚实待人等，既是职业道德的要求，也是社会公德的内容。

职业道德是人们在长期的职业活动中逐渐地总结积累起来的，它对于协调社会组织与职员之间的关系，约束和规范职业工作者的思想观念和行为，乃至调整职业之间的关系，都起着重要作用。它也是提高社会文明程度的一个重要因素。尤其是工作范围的不断扩大，使得当今社会各行各业的工作者产生了许多背离职业标准的不文明行为。在发展社会主义市场经济的今天，市场竞争日趋激烈，人们的价值观念发生了很大变化，在名誉、金钱和物欲的面前，许多人的道德天平出现了倾斜，这样，一方面亵渎了职业的尊严和荣誉；另一方面又丧失了自身的人格，而且还污染了社会风气。比如，医务工作者收受患者的红包，国家公务人员收受贿赂、以权谋私，教师体罚学生，运动员服用兴奋剂，商人弄虚作假、以次充好等，都是违反职业道德的行为。

良好的礼仪能体现人的高尚的道德修养，从而获得人们的尊敬和好感。实际上，只有具有良好道德修养的人，才会具备得体的礼仪形式和可人的仪表风度。《北京青年报》曾报道北京百货大楼已故全国劳动模范张秉贵的感人事迹，就充分说明了这一点。

张秉贵 1955 年 11 月到百货大楼站柜台，在之后三十多年的时间里接待顾客 400 万人，没有跟顾客红过一次脸、吵过一次嘴，没有怠慢过任何一个人。他把为人民服务的信念与本职工作密切联系起来，他认为："站柜台不单是经济工作，也是政治工作；不但是买与卖的关系，还是相互服务的关系。""一个营业员服务态度不好，外地人会说你那个城市服务态度不好，港澳台地区同胞会感到祖国不温暖，外国人会说中华人民共和国不文明。我们真是工作平凡，岗位光荣，责任重大！"

从为国家争光、为人民服务的政治信念出发，他练就了"一抓准"和"一口清"的过硬本领，通过眼神、语言、动作、表情、步伐、姿态等调动各个器官的功能，几乎成了那个时代商业领域的服务规范，商业服务业的简单操作，被他升华为艺术境界。

在北京，传统的"燕京八景"名扬天下，而张秉贵的售货艺术被人们誉为"第九景"。

张秉贵不仅技术过硬,而且注重仪表,天天服装整洁,容光焕发。他认为:“站柜台就得有个干净利落的精神劲,顾客见了才会高兴地买我们的东西。特别是我们卖食品的,如果不干不净,顾客看了我们就先倒了胃口,谁还会再买我们的东西啊!”他坚持每周理发,每天刮胡子、换衬衣、擦皮鞋。

张秉贵一进柜台,就像战士进入阵地。普通售货员一般早晨精神饱满,服务态度较好;下午人疲倦了,就不太爱说话,也懒得动,对顾客就容易冷漠。张秉贵却不然,从清晨开门接待第一个顾客,到晚上送走最后一个顾客,自始至终都能春风满面、笑容可掬。他到了退休年龄后,体力明显不济,但是一站在柜台内还是生龙活虎,到了下班时,他却往往步履蹒跚。同志们说他是“上班三步并作一步走,下班一步变为三步迈”。

看张秉贵工作,也成了许多人的享受。有一位拄着拐杖的老人,经常来欣赏他卖货。这位老人对他说:“我是因病休息的人,每天来看看您站柜台的精神劲儿,我的病也仿佛好了许多。”一位音乐家看完他售货后说:“你的动作优美,富有节奏感,如果配上音乐,将会是非常动人的旋律。”

(资料来源:曹彦志,张秉贵.京八景添一景[N].北京青年报,2001-06-21(10).)

道德与礼仪是相辅相成的,讲究礼仪是高尚道德的体现,礼仪不是做作的、僵硬的模式,它的原动力来自高尚的道德。

职业道德的内容因职业不同而有所差异,但其内容是相似的。无论从事何种职业,都必须忠于职守、爱岗敬业、热情服务、诚实待人、讲究信誉、尊重人权、无私奉献、不谋私利、作风端正、态度和蔼、廉洁奉公、遵纪守法、文明礼貌、互敬互助、谦虚谨慎、仪容整洁等。目前,我国各行各业都规定了相应的职业道德规范,比如,教师职业道德规范、全国职工守则、医生职业道德规范、公务员职业道德规范、科技工作者职业道德规范、商业工作者职业道德规范、新闻工作者职业道德规范、服务行业职业道德规范、外事工作者职业道德规范、学生守则、城市市民守则,等等。从中我们不难看出,讲究礼仪是职业道德的基本要求,只有掌握一定的礼仪规范,才能提高职业道德修养。

③ 遵守伦理道德。人们在长期的社会交往中,约定俗成地遵守一套大家所公认的行为准则与规范,这些行为准则和规范就是我国的礼仪制度和礼仪内容。在漫长的社会发展进程中,它们有的是统治者以礼制的形式固定下来的,有的是人民群众从自身的生存和发展需求出发而逐步形成的道德观念、道德规范。尽管如此,传统礼制与农业民族的文化心理、文化性格、政治信仰、宗教信仰等,仍存在着千丝万缕的联系,人们的伦理道德规范和道德标准无不打上了阶级和时代的烙印。

中国传统礼制中的伦理道德主要体现在三个方面:一是提倡尊长爱幼;二是忠君孝亲、尊卑贵贱的等级制度;三是维护人伦关系。中国传统的伦理道德有其消极的因素,同时也有其积极进步的因素。至今,这些伦理道德观念仍然对中国产生着深远的影响。例如,战国时期,孟子提出这样一种道德:“老吾老,以及人之老;幼吾幼,以及人之幼。”他要求人们既要尊敬自己的长辈和爱抚自己的后人,同时,还要像尊敬自己的长辈和爱抚自己的后人那样去尊敬别人的长辈、爱抚别人的后人。人们之间应相互尊重、相敬如宾、和睦相处。直到现在传统伦理道德仍然在我们的生活中根深蒂固,比如,人们仍然以各种礼仪方式祭奠亡灵,人们对婚外恋情和乱伦深恶痛绝,等级观念仍然不绝于世。

在日常生活中，我们应汲取传统伦理道德中的合理成分，提倡人人平等、尊老爱幼、弘扬家庭美德等。家庭美德的核心就是尊老爱幼，礼仪就是表达一个人家庭美德的窗口。下面这个真实的故事就是一个有力的佐证。

李娟大学毕业后到一个日本独资企业应聘，面试经理问：

“你在家里对你的父母说过谢谢吗？”

李娟回答：“没有。”

面试经理说：“你今天回去跟你的父母说声‘谢谢’，明天你就可以来上班了。否则，你就别再来了。”

李娟回到了家，父亲正在厨房做饭，她悄悄走进自己的房间，面对着镜子反复练习：

“爸爸，您辛苦了，谢谢您！”

其实，李娟早就想对父亲说这句话了，因为她看到了父亲是多么不容易：自己两岁时母亲去世，父亲为了不使她受委屈，没有再娶妻子，小心翼翼地呵护着自己长大成人。心里一直想说“谢谢”，但就是张不开嘴。李娟暗下决心：今天是个机会，必须说出来！就在此时，父亲喊道：

“娟子，吃饭啦！”

李娟坐在饭桌前低着头，脸憋得通红，半天才轻声地说出：

“爸爸，您辛苦了，谢谢您。”

李娟说完之后，父亲没有反应，屋内一片寂静。李娟纳闷，偷偷抬眼一看，她的父亲泪流满面！这是欣喜之泪，这是慰藉之泪，这是期盼了 20 年的话所带给他的感动之泪。此时，李娟才意识到：自己这句话说得太迟了。

第二天，李娟高高兴兴地上班去了。经理看到李娟轻松的神情，知道她已经体会到了该体会的东西，没有问就把李娟带到了工作岗位上。

（资料来源：鲍日新. 社交礼仪，让你的形象更美好：献给大学生朋友[M]. 上海：上海教育出版社，2005.）

行为心表，言为心声。讲究礼仪是人们在社会交往中互相尊重、联络感情、增进友谊的行为，也是加强道德修养的需要，它是人们道德修养的外在表现。只有加强道德修养，才能使“礼仪”这种“行为”更加持久、更加规范、更加深入人心。俗话说，治标先治本，知书才能达礼。一方面，我们要通过不断学习，提高自身的文化知识素养，做有道德、有修养、有文化、有知识的现代人；另一方面，我们还要通过各种形式，营造一个文明的生活环境、社会环境，使人们生活在整洁幽雅、文明健康的社会中，培养并提高人们的文明意识。

6. 现代礼仪的修养

现代礼仪修养是指一个人在社会交往实践活动中，根据一定的现代礼仪原则和规范自觉地进行学习和训练，以使自己养成一种时时事事按礼仪要求待人接物的行为习惯的过程。现代礼仪的修养不仅指对礼仪的学习、练习，还包括将所习之礼培养成一种习性或者说是品性的过程，非一朝一夕可练就。一般来说，应着重于知、情、意、行的统一，并注重运用以下方法。

(1) 树立学习礼仪的意识。在明确礼仪重要性的基础上,最要紧的就是必须树立长久的"习礼意识",处处留心,时时经意。礼仪是一个社会文化沉淀的外显方式。经历了传承、变异的过程,它的形成首先便是个体的"社会化"的过程。也就是说,大量的礼仪是靠传统,靠有意无意地模仿,靠周围环境地影响,靠在交际实践中不断地学习、摸索,逐渐地总结经验教训而形成的。同时,就社会方面而言,为适应现代市场经济发展的需要,可开办一些礼仪的学校或短期培训班,也可通过电视、广播等传播媒介开办专题系列讲座,发挥大众传媒的示范作用,这些都是人们学习礼仪的良好方法。

(2) 学会尊重他人的情感。在礼仪教育过程中,情感是由知到行的一个桥梁。陶冶情感就是要使受教育者产生一种尊重他人的真挚的感情,能够时时处处替他人着想,对人始终抱有一种热情友好的态度。我们大约都有这样的体验,在交际活动中如果遇到一个对人热情诚恳的人,那么就能与其建立起一种良好的关系;相反,如果碰到的是一个冷漠无情或虚情假意的人,则难以产生一种融洽交流的气氛。一个人可以很快就了解一些礼仪方面的知识,但若缺少对他人的情感,那么他就无法使这些礼仪形式完满地表现出来,这些形式也就成了没有灵魂的、僵死的躯壳。因此可以看出,情感比认识具有更大的保守性,改变情感比改变认识要困难得多。

(3) 磨炼履行礼仪的意志。要使礼仪规范变成自觉的行为,没有坚忍不拔的意志是办不到的。意志坚强的人能有效地控制自己的言行,特别是在不顺利的情况下也能不畏困难,始终坚贞不渝地按照自己的信念待人处世。要有意识地摒弃不合礼仪的旧习惯,养成遵守礼仪的新习性。

习性是一个人行为方式的自动化,是不需要多加思考和努力就可以表现出来的行为方式,它受人的性格核心层和中介层的支配与制约。一个人的行为习惯是其观念、态度下意识的表现。习性一旦形成后,具有一定的稳固性,但通过努力可以使之改变。因此,不该以"习惯成自然"为由姑息迁就那些不合礼仪的坏习惯,而应从思想观念上重视、加强"礼仪意识",牢记坚强的意志是保证实现礼仪规范的精神力量。

(4) 培养遵从礼仪的行为。礼仪教育的综合结果就在于使人们养成良好的礼仪行为,也就是使人们在交际活动中对于礼仪原则和规范的遵从变成为一种习惯的行为。衡量礼仪教育的效果如何,主要不是看受教育者了解了多少有关礼仪的书本知识,而是看他在交际活动中的行为是否符合礼仪规范的要求,是否能够促进交际活动顺利地进行。因此,在礼仪教育中,要认真组织和指导受教育者的行为演练,通过严格的训练掌握调节行为的能力,从而养成良好的行为习惯。从一件件具体、琐碎的小事做起,从点滴开始养成;大处着眼,小处着手;寓礼仪于细微之中,逐渐养成习惯。

在礼仪教育过程中,知、情、意、行是相互联系、相互渗透、相互促进、缺一不可的。没有知,情就失去了理性指导,意和行就会是盲目的;没有情,就难以形成意,知就无法转化为行;没有意,行即缺乏巨大的力量,知和情也就无法落到实处;没有行,知、情、意都没有具体的表现,也就都变成了空谈。因此,在礼仪教育的过程中,要坚持晓之以理、动之以情、炼之以意、守之以行。

项目1

个人形象礼仪

课程思政要求

- 进行社会主义核心价值观教育；
- 进行爱国主义教育；
- 开展诚信教育、法律意识教育和道德意识教育；
- 塑造职业理想，提高职业素养；
- 促进学生全面发展。

任务1

仪　容

人以美的规律去创造世界、创造美，就是对他自己的一种自然形态，他也不是听其自然，而是有意识地加以改变。

——[德]黑格尔

任务目标

- 结合自身特点，修饰、美化自己的仪容。
- 结合自身特点选择适合的发型。
- 熟练地进行得体的化妆。
- 科学地护肤。

情境导入

1960 年 9 月，尼克松和肯尼迪在全美的电视观众面前，举行他们竞选总统的第一次辩论。当时，这两个人的名望和才能大体相当，可以说是棋逢对手。但大多数评论员预料，尼克松素以经验丰富的“电视演员”著称，可以击败比他缺乏电视演讲经验的肯尼迪。但事实并非如此，为什么呢？肯尼迪事先进行了练习和彩排，还专门跑到海滩晒太阳来养精蓄锐。结果，他在屏幕上出现时精神焕发、满面红光、挥洒自如。而尼克松没听从电视导演的规劝，加之那一阵十分劳累，更失策的是面部化妆用了深色的粉，因此在屏幕上显得精神疲惫、表情痛苦、声嘶力竭。正如一位历史学家所形容：“让全世界看来，他好像是一个不爱刮胡子和出汗过多的人，在带着忧郁感等待着电视广告告诉他怎么不要失礼。”

（资料来源：http://www.loveliyi.com/society/gerenliyi/yirong.html.）

任务分析

仪容是指讲究容貌上的美化和修饰，包括美容与美发。对于社交中的女性来说，化妆则是一项主要的内容。也许有人认为化妆是一种人工美，不够自然，或者认为在上班时不用化妆。其实就如同有客人来家中拜访时你一定会把家里打扫干净一样,在与人交往时或工作时间,你也应以和悦的面容来接待客人。美好的仪容,既反映了个人爱美的意识,又体现了对他人的一种礼貌;既振奋了自己的精神,又表现了个人的敬业。因此,社交中不可忽视仪容。

从"情境导入"中的案例可以看出,正是仪容仪表上有差异和对比,才帮助肯尼迪取胜,竞选的结果当然也就出人意料了,所以,在交际中仪容对每个人的形象塑造是非常重要的。那么,怎样进行自身的容貌修饰呢?应掌握哪些容貌修饰的基本技能?怎样化妆?应设计怎样的发型?等等,对于这些基本而又重要的问题我们是不能含糊的。

1.1 知识储备

1.1.1 仪容的基本要求

1. 美观

漂亮、美丽、端庄的外观仪容是形成优美良好的社交形象的基本要素之一。人们都希望自己在社交场合中变得更美丽,这是无疑的,但事实上,有些人认为把发胶、摩丝喷在头上,把各种色彩涂抹在脸的相应部位就美了。因此,我们经常可以看到"横眉冷对""血盆大口""油头粉面"。这不是美,而是丑了。美观是从效果来说的。要使仪容达到美观的效果,首先必须了解自己的脸型及脸的各部位特点,孰优孰劣要心中有数;其次要清楚怎样化妆、美发和矫正才能使自己扬长避短,变拙陋为俏丽,使容貌更迷人。这些,是要在把握脸部各部位特征和正确的审美观的指导下进行的。

2. 自然

自然是美化仪容的最高境界,它使人看起来真实、生动,而不是似乎戴着一张呆板、生硬的面具。失去自然的效果,那就是假,假的东西就无生命力和美了。有位化妆师说过:"最高明的化妆术,是经过非常考究的化妆,让人家看起来好像没有化过妆一样,并且化出来的妆与主人的身份匹配,能自然表现出那个人的个性与气质。次级的化妆是把人凸显出来,让她醒目,引起众人的注意。拙劣的化妆是一站出来别人就发现她化了很浓的妆,而这层妆是为了掩盖自己的缺点或年龄。最坏的一种化妆,是化妆后扭曲了自己的个性,又失去了五官的协调,例如小眼睛的人竟化了浓眉,大脸蛋的人竟化了白脸,阔嘴的人竟化了红唇……"可见化妆的最高境界是无妆、自然。因此美好仪容要依赖正确的技巧,合适的化妆品;要一丝不苟、井井有条;要讲究过渡、体现层次;要点面到位、浓淡相宜。这样才能使人感到自然、真实。

3. 协调

美化仪容的协调包括:第一,妆面协调。指化妆部位色彩搭配、浓淡协调,所化的妆针对脸部个性特点,整体设计协调。第二,全身协调。指脸部化妆、发型与服饰协调,力求取得完美的整体效果。第三,角色协调。指针对自己在社交中扮演的不同角色,采用不同的化妆手法和化妆品。如作为职业人员,应注意化妆后体现端庄稳重的气质;如作为专门从事公关、礼仪、接待、服务等的人员,出头露面的机会多,要表现出一定的人际吸引魅力,就应浓淡相宜,青春妩媚,适合人们共同的爱美之心。第四,场合协调。指化妆、发型要与所去的场合气氛要求一致。日常办公应略施淡妆;出入舞会、宴会,可化浓妆;参加追悼会应素衣淡妆。不同的场合配以不同的妆容、发型,不仅会使化妆者内心保持平衡,也会使周围的人心理融洽。

1.1.2 化妆

1. 妆前准备

(1) 束发。用宽发带、毛巾等将头发束起或包起,最好再在肩上披块围巾,防止化妆时弄脏头发和衣服,也可避免散发妨碍化妆。这样会使脸部轮廓更加清晰明净,以便有针对性地化妆。

(2) 洁肤。用清洁霜、洗面奶或洗面皂清洁面部的污垢及油脂,有条件的还可用洁肤水清除枯死细胞形成的皮屑,然后结合按摩涂上有营养的化妆水。

(3) 护肤。选择膏霜类,如日霜、晚霜、润肤霜、乳液等涂在脸上,令肌肤柔滑,并可防止化妆品与皮肤直接接触,起到保护皮肤的作用。

(4) 修眉。用眉钳、小剪修整眉形并拔除多余的眉毛,使之更加清秀。

2. 施妆过程

(1) 抹粉底。选择与肤色较接近的粉底,用海绵块或手指从鼻子处向外均匀涂抹,尤其不要忽视细小的部位,在头与脖子衔接处要渐淡下去。粉底不要太厚,以免像戴上一个面具。粉底抹完后要达到调整肤色、掩盖瑕疵,使皮肤细腻光洁的目的。

(2) 画眉毛。首先用眉刷自下而上将眉毛梳理整齐。然后用眉笔顺眉毛生长方向描画,眉毛从眉头起至2/3处为眉峰,描至眉峰处应以自然弧度描至眉尾,眉尾处渐淡。最后用眉刷顺眉毛生长方向刷几遍,使眉道自然、圆滑。

(3) 画眼影。眼影用什么颜色,用多少种颜色,如何画,是因人、因事而异的。一般深色眼影刷在最贴近上睫毛处,中间色刷在稍高处向眼尾处晕染,浅色刷在眉骨下。

(4) 画眼线。眼线要贴着睫毛根画,浓妆时可稍宽一些,淡妆时可稍细一些。上眼线内眼角方向应淡且细,外眼角方向则应加重,至外眼角时要向上挑一点,把眼角向上提,显得眼角上翘。

(5) 刷睫毛。先将睫毛用睫毛夹子夹得由内向外翻卷。然后用睫毛刷从睫毛根到睫毛尖刷上睫毛液,为了使睫毛显得长些、浓些,可在睫毛液干后再刷第二遍、第三遍。最后再用眉刷上的小梳子将粘在一起的睫毛梳开。

(6) 抹腮红。腮红应抹在微笑时面部形成的最高点,然后向耳朵上缘方向抹一条,将边缘晕开。可用腮红和阴影粉做脸形的矫正。如在宽鼻梁两侧抹浅咖啡色,鼻梁正中抹上白色，增强鼻子的立体感。

(7) 定妆。用粉扑蘸上干粉轻轻地、均匀地扑到妆面上，只需薄薄一层，以起到定妆作用，使妆面柔和，吸收粉底过多的光泽。扑好粉后，用大粉刷将妆面上的浮粉扫掉。

(8) 画口红。先用唇线笔画好唇廓，再用唇膏涂在唇廓内，可用唇刷涂，也可用棒式唇膏直接涂。口红的颜色应与服装及妆面相协调。为了使口红色彩持久，可用纸巾轻抿一下口红，然后扑上透明粉饼，再抹一次唇膏。

3. 妆后检查

(1) 检查左右是否对称。眼、眉、腮、唇、鼻侧等的两边形状、长短、大小、弧度是否对称，色彩浓淡是否一致。

(2) 检查过渡是否自然。脸与脖子，鼻梁与鼻侧，腮红与脸色，眼影、阴影层次等过渡是否自然。

(3) 检查整体与局部是否协调。各局部是否缺漏、碰坏，要符合整体要求，该浓该淡是否达到应有效果。整个妆面是否协调统一。

(4) 检查整体是否完美。化妆要忌“手镜效果”，即把镜子贴近脸部检查，虽然这样会看清细小的部分，但一般人只是在1米之外的距离与你面谈或招呼，所以要在镜前50厘米处审视自己，对脸部整体的平衡做出正确的判断。

4. 化妆的禁忌

(1) 切忌在公共场合化妆。在众目睽睽之下化妆是非常失礼的，这样做有碍于别人，也不尊重自己。

(2) 女士不能当着男士化妆。如何让自己更加妩媚，应是每个女性的私人问题，即便是丈夫或男朋友，这点距离也是要有的，从某种意义上来说“距离”就是美。

(3) 不能非议他人的妆容。由于个人文化修养、皮肤及种族的差异，每个人对化妆的要求及审美观是不一样的，不要总认为只有自己的妆容才是最好的。在和他人交往的过程中，即便是好朋友，也不要主动去为别人化妆、改妆及修饰，这样做就是强人所难或热情过度。

(4) 不要借用别人的化妆品。如确实忘了带化妆盒而又需要化妆，在这种情况下除非别人主动给你提供方便，否则千万不要用人家的化妆品，因为这是极不卫生的，也是很不礼貌的。

(5) 男士使用化妆品不宜过多。目前，虽然男士化妆品越来越多，但男女有别。男士不能使用过多的化妆品，否则会给人带来不良的印象，不要让人感到你化妆后有“男扮女装”的感觉。

5. 正确使用香水

使用香水应注意两方面的问题。首先是选择香型问题。一般来说应选择香味淡雅清香的香水。如果香味浓烈刺鼻，四周的人会很难忍受；在探望病人时，香水的味道更不能刺鼻，否则会造成病人的不适。其次是按正确部位喷洒或搽香水。搽香水的正确部位一般是耳后根、胸前、手肘、手腕内侧及膝盖关节后面；也可将香水直接喷洒在空中，让香水粒子自然掉落在身上。千万不能全身各部位都搽上香水，这样不仅不能帮助你塑造整体形象，反而会使人对你敬而远之。

6. 不同脸形的化妆[①]

脸部化妆一方面要突出面部五官最美的部分，使其更加美丽；另一方面要掩盖或矫正缺陷或不足的部分。经过化妆品修饰的美有两种：一种是趋于自然的美；另一种是艳丽的美。前者是通过恰当的淡妆来实现的，它给人以大方、悦目、清新的感觉，最适合在家或平时上班时使用。后者是通过浓妆来实现的，它给人以庄重、高贵的印象，可用在晚宴、演出等特殊的社交场合。无论是淡妆还是浓妆，都要利用各种技术恰当使用化妆品，通过一定的艺术处理，才能达到美化形象的目的。

(1) 椭圆形脸化妆。椭圆形脸可谓是公认的理想脸形，化妆时宜注意保持其自然形状，突出其可爱之处，不必通过化妆去改变脸形。

涂胭脂时，应涂在颊部颧骨的最高处，再向上、向外涂抹开。

涂唇膏时，除嘴唇唇形有缺陷外，尽量按自然唇形涂抹。

修眉毛时，可顺着眼睛的轮廓修成弧形，眉头应与内眼角齐，眉尾可稍长于外眼角。

正因为椭圆形脸无须太多修饰，所以化妆时一定要找出脸部最动人、最美丽的部位予以突出，以免给人平平淡淡、毫无特点的印象。

(2) 长形脸化妆。长形脸的人在化妆时力求达到的效果应是增加面部的宽度。

涂胭脂时，应注意离鼻子稍远些，在视觉上拉宽面部。涂抹时，可沿颧骨的最高处与太阳穴下方所构成的曲线部位，向外、向上涂抹开。

涂唇膏时，依自己的唇形涂成最自然的样子，修改不宜过大。

施粉底时，若双颊下陷或者额部窄小，应在双颊和额部涂以浅色调的粉底，造成光影，使之变得丰满一些。

修眉毛时，应令其成弧形，切不可有棱有角的。眉毛的位置不宜太高，眉毛尾部切忌高翘。

(3) 圆形脸化妆。圆形脸予人可爱、玲珑之感，若要修正为椭圆形并不十分困难。

涂胭脂时，可从颧骨起始涂至下颌部，注意不能简单地在颧骨突出部位涂成圆形。

涂唇膏时，可在上嘴唇涂成浅浅的弓形，不能涂成圆形的小嘴状，以免有圆上加圆的感觉。

施粉底时，可在两颊造阴影，使圆形脸瘦一点。选用暗色调粉底，沿额头靠近发际处起向下涂抹，至颧骨下可加宽涂抹的面积，造成脸部亮度自颧骨以下逐步集中于鼻子、嘴唇、下巴附近部位。

修眉毛时，可修成自然的弧形，可做少许弯曲，不可太平直或有棱角，也不可过于弯曲。

(4) 方形脸化妆。方形脸的人以双颊骨突出为特点，因而在化妆时要设法加以掩蔽，

---

① 佚名. 不同脸形的化妆技巧[EB/OL]. [2018-08-02]. https://www.jd.com/phb/zhishi/38933222217ea27e.html.

增加柔和感。

涂胭脂时，宜涂抹得与眼部平行，切忌涂在颧骨最突出处。可抹在颧骨稍下处并往外揉开。

涂唇膏时，可涂得丰满一些，强调柔和感。

施粉底时，可用暗色调在颧骨最宽处造成阴影，令其方正感减弱。下颚部宜用大面积的暗色调粉底造成阴影，以改变面部轮廓。

修眉毛时，应修得稍宽一些，眉形可稍带弯曲，不宜有角。

(5) 三角形脸化妆。三角形脸的特点是额部较窄而两腮较阔，整个脸部呈上小下宽状。化妆时应将下部宽角“削”去，把脸形变为椭圆状。

涂胭脂时，可由外眼角处起，向下涂抹，令脸部上半部分宽一些。

涂唇膏时，注意使唇角稍向上翘，唇形可适当外阔。

施粉底时，可用较深色调的粉底在两腮部位涂抹、掩饰。

修眉毛时，宜保持自然状态，不可太平直或太弯曲。

(6) 倒三角形脸化妆。倒三角形脸的特点是额部较宽大而两腮较窄小，呈上阔下窄状。人们常说的“瓜子脸”“心形脸”即指这种脸形。化妆时，掌握的诀窍与三角形脸相似，需要修饰部分则正好相反。

涂胭脂时，应涂在颧骨最突出处，而后向上、向外抹开。

涂唇膏时，宜用稍亮些的唇膏以加强柔和感，唇形宜稍宽厚些。

施粉底时，可用较深色调的粉底涂在过宽的额头两侧，而用较浅的粉底涂抹在两腮及下巴处，造成掩饰上部、突出下部的效果。

修眉毛时，应顺着眼部轮廓修成自然的眉形，眉尾不可上翘，描眉时从眉心到眉尾宜由深渐浅。

1.1.3 饰发

美的发型，使人在社交中增强自我的自信心，陶冶人们的情操，领略对生活的热爱。不同的发型，能带给人整洁、庄重、洒脱、文雅、活泼的不同感觉，因而不同的气质、爱好、脸形、发质、年龄的人要针对自身情况，扬长避短，选择和修饰适合自己的发型。图 1-1 所示（选自 http://www.chdia.net.cn）是影星赫本的经典发型。饰发主要应注意如下几方面。

图 1-1 影星赫本的经典发型

1. 保持头发的清洁和健康

中国人一般认为头发健康的标准就是具有光泽、发色乌黑、清洁滋润、无头皮屑。当然这离不开平日均衡的营养、适当的运动、充分的休息与头发的护理,另外也离不开定期清洁与修剪。至于洗头的次数可以因人而异,如发质较油腻的人,或是运动量多且易流汗的人,还是天天洗较理想。而活动量少或头皮较干燥的人可两三天洗一次头。清洁是保持美丽头发最重要的一项。还要勤梳理修剪,如头发像堆稻草,毫不修整,就会给人邋遢的感觉。

2. 注意发型与脸形的配合

饰发的目的也是为了仪容的美观,因此要与脸形相配合才能产生整体美。

(1) 三角形脸。其特点是前额宽而颧骨高,下颚尖小。配上长至肩位松散的发型,使前额看起来较修长。

(2) 长方形脸。其特点是前额宽如颧骨和腮边一般。适合的发型是斜角的刘海或两旁较浓密的发型。这种发型可以使脸庞看起来较为宽阔。

(3) 正方形脸。其特点是具有方形的前额,同颧骨和腮边一样宽,而方形脸有腮骨是显著的特征。适合的发型是一排横过眼眉的小束形刘海。这种发型会弱化脸部的方角感,头发的卷曲和波纹会转移别人对角形边关注的视线。

(4) 圆形脸。其特点是脸面的长与宽几乎均等,而两颧骨之间是最宽的部分。这种脸型,如果将头发向后直梳只会强调出你想遮藏的圆度。若是短发,就在头顶上配上浓密的发型;若是长发,则使颈部的头发浓密起来,以转移别人注意圆度的视线。

(5) 椭圆形脸。其特点是前额宽于下颧骨,颧骨是最受关注的重点,而脸庞则从颧骨位开始适度地修削至微尖的卵形下颌。许多发型都能衬托这样的脸形,关键就在于简单,而不应选蓬松的发型,以免破坏完美的脸形。

3. 兼顾发型的美观与方便

美丽的发型千姿百态,而且随着时代的发展,发型的流行趋势也在千变万化,昨天还流行飘逸的长发,今天又开始流行翻翘式的短发。在选择发型时既要追求美观与时尚,又要兼顾方便易梳。例如在美容院可以梳理出许多漂亮的发型,但若是自己无法整理出此发型,那么最好还是放弃,因为很少有人能天天去美容院。尤其是职业女性,每天要工作又要照顾家庭,最好选择洗发后不必太费时整理的发型。发型的整理每天都必须做,所以以简单方便且易于整理的发型为佳,这样可避免增加不必要的额外负担。如果想使头发长久保持发型,简单易行的方法就是早上吹头发时预先喷些发胶或啫喱水,然后用热风吹干,这样发型就可长久不变,保持一天的美丽与清爽。

1.1.4 护手

社交中要经常与人握手,要做各种手势,所以健康美观的双手和手上的指甲都是不可忽视的一部分。

1. 护理指甲

和保持身体其他部位的健康一样，指甲也必须从护理和营养着手，才可保持其健康。指甲是身体最先表露紧张、疾病或不良饮食习惯症状的部分。如果它们的健康被忽视，便会出现干燥、起薄片和脆裂的现象，因此必须注意日常的营养和定期护理。应定期修剪指甲，将其修剪成椭圆形不仅使之变得美观，而且可保持它们的健康。对手指进行简单的按摩，可促进指尖血液循环，有利于营养和氧气输至指甲。另外，女性可根据不同情况的需要，涂上不同颜色的指甲油来美化指甲。涂指甲油的步骤如下。

(1) 先用沾满洗甲水的棉花彻底抹去原来所有的指甲油。

(2) 将指尖浸在肥皂水中几分钟，会有舒缓作用。

(3) 擦干双手，在每只指甲根部涂上表皮去除剂，两分钟后，用指甲钳轻轻将指甲根部的表皮向后推，直至显现指甲根部的半弯月。

(4) 涂上底层护甲油，以使指甲油更加持久，而且防止深色指甲油渗到指甲的缝隙中。

(5) 涂指甲油时，每只指甲只需涂三下便足够，先是指甲中央，接着是两旁；在第一层指甲油干透后，再涂第二层。

(6) 最后涂上表层护甲油，可在甲尖底部也涂护甲油，这样有助于防止折断、崩裂。

2. 滋润双手

拥有一双美丽的纤纤玉手对女性来说是非常重要的。在招待客人并给对方端茶时，在签字仪式上众目注视时，如果自己的手非常漂亮，不但可展示出自己的魅力，同时也会让他人觉得非常舒服。因此，平时要注意手部的保养。

手部肌肤的油脂腺较少，所以较身体其他部位更易变得干燥，并且又经常需要暴露于空气中，因此应细心呵护双手。要注意以下几点。

(1) 每晚用润手霜按摩双手。

(2) 经常去除手上的死皮。

(3) 做家务或粗活时戴上手套。

(4) 经常运动，使其保持柔软。

(5) 偶尔可敷上一些现成或自制的护手膜。

1.2 能力开发

1.2.1 案例讨论

案例 1

松下幸之助与理发师

日本著名跨国公司“松下电器”的创始人、被称为“经营之神”的松下幸之助，从前不修边幅，企业也不注重形象，因此企业发展缓慢。一次到银座的一家理发室去理发，理发师看到他的形象后，毫不客气地对他说："你对自己的容貌修饰毫不重视，就如同将你的产品弄脏似的。作为公司的代表，如果你不注意形象，产品能打开销路吗？"一句话将松下幸之助问得哑口无言。他将理发师的劝告牢记在心，从此以后对自己的外在形象十分重视，生意也随之兴旺起来，现在，松下电器的产品享誉天下，与松下幸之助长期率先垂范，要求员工懂礼貌、讲礼节是分不开的。

(资料来源：国英.公共关系与现代礼仪案例[M].北京：机械工业出版社，2004.)

思考题：

(1) 为什么要注意仪容美？

(2) 本案例对你有何启示？

案例 2

李霞，你过得好吗？

今天是李霞大学毕业20周年同学聚会的日子。李霞在毕业后就没有见过任何一位同学。对于今天的同学聚会，李霞非常激动。平时不怎么化妆的她觉得应该把自己好好地打扮打扮。于是她涂上厚厚的白粉，抹上深紫色的口红和深蓝色的眼影，兴高采烈地来到聚会地点。当她出现在同学面前时，同学们都大吃一惊，有的同学还走过来关切地问她是否过得不如意，说她看起来脸色不好，充满了沧桑感，她的心情一下就降到了冰点，她很纳闷同学们莫名的惊讶与关心，她觉得自己过得很好。

(资料来源：陈光谊.现代实用社交礼仪[M].北京：清华大学出版社，2009.)

思考题：

(1) 李霞在仪容打扮上存在什么问题？

(2) 本案例对你有哪些启示？

案例 3

一道道奇特的"风景线"

阿美和阿娟同是一所美容学校的学生，初学化妆非常有兴趣，走在大街上，总爱观察别人的妆容，因此发现了一道道奇特的"风景线"。

一位中年妇女没有做其他化妆，只涂了嘴唇，而且是那种很红很艳的唇膏，只突出了一张嘴。一位女士的妆容看起来真的很漂亮，只可惜脸上精彩纷呈，却忽略了脖子，脖子与脸庞轮廓有明显的分界线，像戴了面具一样。再看，还有的女士用粗的黑色眼线将眼睛轮廓包围起来，像个"大括号"，看上去那么的生硬、不自然。一位很漂亮的女士，身穿蓝色调的时装，却涂着橘红色的唇膏……

(资料来源：国英.公共关系与现代礼仪案例[M].北京：机械工业出版社，2004.)

思考题：

(1) 请帮助阿美和阿娟分析一下，针对以上几种情形，自己化妆时应注意哪些问题？

(2) 本案例对你有何启示？

案例 4

气质魅力从头开始

华盛集团公司的卫董事长有一次要接受电视台的采访。为了慎重起见,事前卫董事长特意向公司为自己特聘的个人形象顾问咨询,有无特别需要注意的事项。对方专程赶来之后,仅向卫董事长提了一项建议:换一个较为儒雅而精神的发型,并且一定要剃去鬓角。对方的理由是:发型对一个人的上镜效果至关重要。果然,改变了发型之后的卫董事长在电视上亮相时,形象焕然一新。他的发型使他显得精明强干,他的谈吐使他显得老练稳健。两者相辅相成,令电视观众们纷纷为之倾倒。

(资料来源:张文.礼仪修养与实训教程[M].广州:华南理工大学出版社,2009.)

思考题:

(1) 发型在社交中发挥了怎样的作用?

(2) 本案例对你有哪些启示?

1.2.2 实训项目

项目 1 发型的选择

实训目标:掌握选择发型的基本要领。

实训学时:1 学时。

实训地点:教室。

实训方法:选择若干学员上台展示自己的发型,并说明其理由。台下的学员予以点评并提出具体的建议,评选出三位最佳发型。最后教师总结。

训练手记:通过训练,我的收获是________________________________。

项目 2 皮肤护理

实训目标:了解皮肤类型的自我测试方法;掌握皮肤护理的操作要领。

实训学时:1 学时。

实训地点:实训室。

实训准备:洗脸盆、毛巾、清洁纸巾、洗面奶等。

实训方法:分小组操作,每组针对一种皮肤类型进行护理,每组中一位同学重点操作,其他同学辅助操作。

训练手记:通过训练,我的收获是________________________________。

项目 3 举行"仪容形象设计展示"会

实训目标:综合运用仪容设计的知识和技巧,提高个人仪容设计基本技能。

实训学时:2 学时。

实训地点:实训室。

实训准备:化妆盒、棉球、粉底霜、胭脂、眼影、眉笔、唇彩、香水等化妆用品。

实训方法:

(1) 将全班学生分组,两两一组,要求其根据所学仪容礼仪知识,扬长避短展现出最美丽的妆容。

(2) 在课堂上分组进行形象展示，最好用数码相机进行拍摄，由学生互评，要求从面部化妆、发型设计方面进行重点评价。

(3) 由教师进行总结评价，重点评价各组存在的共性问题。

(4) 由全班评出“最佳表现”妆容。

训练手记：通过训练，我的收获是________________________。

课后练习

1. 请搜集关于皮肤类型的相关资料，分析自己的皮肤是什么类型，在保养方面要注意哪些要点。

2. 请每日按照科学的化妆和护肤方法进行仪容修饰与保养。

3. 你的脸形、发质和职业最适合哪种发型？

4. 作为女士，你能用 5 分钟时间给自己化一个漂亮的工作妆吗？请实际操作，如果结果令你不满意，要继续实践，反复练习，直到取得满意效果为止。

5. 男士如何保持仪容整洁？

6. 请对着镜子检查一下，此刻的你，在个人卫生方面还有哪些地方需要改进？

7. 请思考自己在哪些场合可使用香水？使用哪种类型的香水比较得体？

8. 假如你是一名即将毕业的大学生，准备去参加招聘面试，为了能更好地展示自己良好的形象，能在众多的应聘者中脱颖而出，除了注意服装搭配外，在仪容修饰方面你该如何准备？

任务2

服 饰

服装打造一个人，不修边幅的人在社会上是没有影响力的。

——[美]马克·吐温

任务目标

- 根据自身特点以及交际场合等不同，有针对性地选择合适的服饰。
- 男士能正确地穿着西装，并能熟练地打领带。
- 女士能正确地穿着西装套裙。
- 服装穿着注重和谐以及合理搭配色彩。
- 会得体地佩戴各类饰物。

情境导入

有一家海外知名企业的董事长要来本市访问，有意向寻求合作伙伴。某商务信息公司的王总经理在获悉这一情况后，请有关部门为双方牵线搭桥，让他喜出望外的是，对方也有与之合作的意向，而且希望能尽快见面。到了双方会面的那一天，王总特意在公司挑选了几名漂亮的部门女秘书来做接待工作，并特别指示她们穿紧身的上衣、黑色的皮裙。他认为这种时尚、性感的装束一定会让外商觉得自己对他们的到来格外重视，因此也一定会赢得他们的好感和信任。这时，正在做准备工作的办公室秘书小李惊讶地看着这几位漂亮的姑娘，她皱着眉头，想要说什么却又咽了回去。过了一会儿后她还是忍不住地对王总说："王总，做接待工作是不适合穿这种服装的。"王总惊讶地问道："是吗？为什么？"

（资料来源：王芬.秘书礼仪实务[M].北京：电子工业出版社，2009.）

整洁美观的服饰是人们能用于改变自己或烘托自己的最好、使用最频繁的“武器”之一。早在1972年,世界著名心理学家及演讲大师肯利教授就发现,在高中女孩的交往友谊中,穿衣是最重要的,占留给别人印象的67%之多,在多年以后,我们即便不能回忆起当年的容貌,却对“当时穿什么”印象特别深。其次才是个性;最后是共同的兴趣。因此他发现着装是一个强烈、显著的信号,并告诉了人们一个原则:服装只要运用得当,就是最有利的沟通工具之一,也是最便捷的人际交往“名片”。并且进一步通过实验证实,着装能让我们得到不同的待遇。假如穿戴像一个成功人士,就能在各种场合得到应有的尊敬和善待。肯利教授最后指出,在任何事业上,成功的穿着能帮助我们取得更大的成功。

本任务“情境导入”中的案例说明:着装是要分场合、讲礼仪的。在正式的商务接待中,接待人员是不适宜穿紧身上衣和皮裙的。女性穿紧身上衣只适合于休闲或一般的交际场合,而穿皮裙则更不合适,因为在西方的传统观念中,这种打扮是一些社会地位低微、行为举止轻浮的女性的所爱。

2.1 知识储备

2.1.1 正装的穿着

服饰是指一个人的衣着穿戴。许多人认为“穿衣戴帽各有所好”,不赞同“人靠衣装”这句忽略人真正价值的势利观念,然而现实生活中“以貌取人”却是普遍存在的。心理学家曾做过一个有趣的实验,把10张小姑娘的照片拿给受试者看,其中8人容貌服饰穿着较好,另外两位姑娘长相一般,衣服也很破旧,心理学家告诉受试者,其中1人是小偷,结果有80%的受试者认为后者是小偷。可见,优雅得体、和谐的服饰有着不可忽视的作用。

服饰美能增强自信与自尊、树立良好形象。服饰穿着整洁大方、自然得体,不仅是对别人的尊重,也反映了自身的形象、尊严与素养。

服装根据适用的场合不同,一般可分为功能与特点都不相同的两大类别,即在正式场合中穿着的礼服、职业装等正式服装和在非正式场合中穿着的家居服、休闲服等便装。便装较注重自我感觉,方便、舒适、轻松,而正式服装则较注重社会评价,严谨、规范、时宜。在社交活动中,人们更多的是穿着正式服装,正式服装主要有以下几类。

1. 男士西装

西装是男士通用的职业服装,也是现代社交活动中最得体的服装之一。许多涉外机构,包括国内一些大企业,明文规定职员不能穿短裤、休闲装上班,要求男士必须穿西服打领带。一些剧院也规定了观看者必须穿西服打领带。男士服装的流行式样变化较小,因而应准备几套做工考究的西装,以应付各种社交场合。

男士西服一般分为美式、英式和欧式三类，如图 2-1 所示。男士西装也分为西服套装和西服便装。西服套装有两件套和三件套(外套、马夹、裤子)、双排扣和单排扣、三个扣眼和两个扣眼之分。

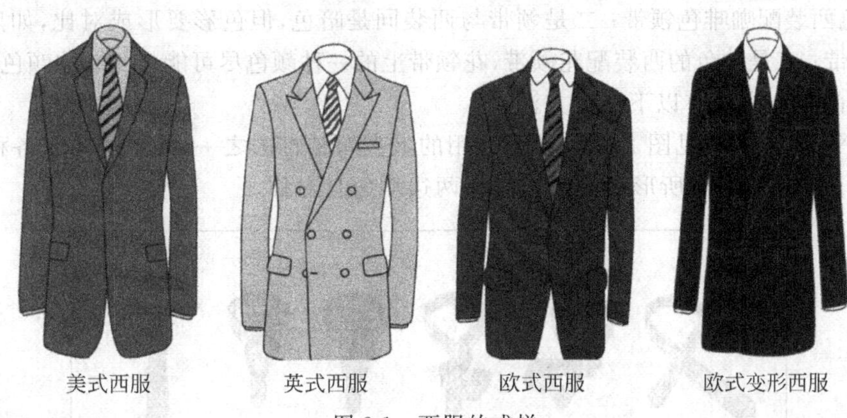

图 2-1　西服的式样

一般男士最好备三套正式西装，应选用较好的毛织品或毛涤混纺织物，采用不鲜艳、没有明显图案的单色。做工要精细，裁剪要合体，式样可趋于保守。为了提高每套西装的利用率，可选择偏暗的色彩，适用于办公室、会议、宴会等多种场合。平时上班或参加不太正式的社交活动，可以不穿马夹，只穿套装。有条件的人士，不妨多备一两套西装，暗色、中性色均有，以便分别用于不同场合。

西装的上衣如果是双排扣，不管在什么场合都应把纽扣全部扣上；单排扣西装则可因场合而定，一般两个扣眼的只扣上面一个；三个扣眼的可扣第二个。如全部扣上则会显得拘谨；只扣第一个或只扣第三个又会显得太随意；在非正式场合全部敞开显得既潇洒自由，又不失礼。但参加宴会、婚礼等正式场合时则必须扣上扣子。

西服套装要与领带、衬衫配套穿。在社交场合，穿西服套装一定要系领带，穿衬衫。在正式场合穿西服套装不仅要配领带与衬衫，而且衬衫领子要挺括、合体，颜色一般为浅色，其中白色衬衫能适应多种色彩的西装。西装衬衫领子的式样分为标准领、立领、宽角领等，如图 2-2 所示。

与西装配套穿的毛衣、毛背心应是 V 形领，领带应放在 V 形领毛衣里面。一身得体的西装，配上一条精致的领带，会使男士尽显风度，领带对西装有烘日托月的妙处，如图 2-3 所示。

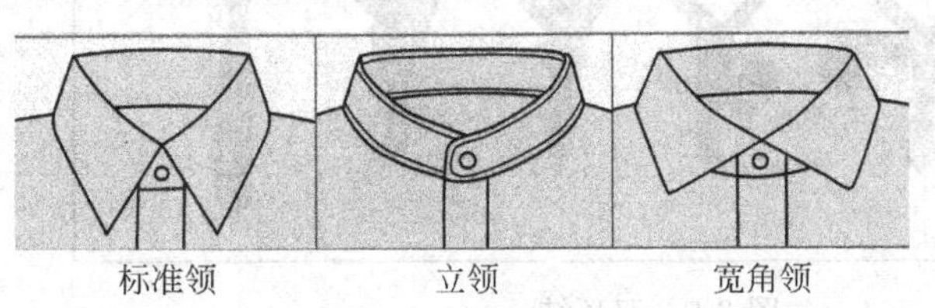

图 2-2　衬衫领子的式样

图 2-3　领带

正式场合的领带以深色为宜；非正式场合的领带以浅色、艳丽为好。领带的颜色一般不宜与服装的颜色完全一样(除参加凭吊活动穿黑西装、系黑领带外)，以免给人以呆板的感觉。具体做法是：一是领带底色可与西装同色系或邻近色，但两者色彩的深浅明暗不同，如米色西装配咖啡色领带；二是领带与西装同是暗色，但色彩要形成对比，如黑西装配暗红色领带；三是一色的西装配花领带，花领带上的一种颜色尽可能与西装的颜色相呼应。

领带的打法主要有以下五种方法[①]。

(1) 平结。平结(见图 2-4)为男士选用的最多领结打法之一，几乎适用于各种材质的领带。要诀：领结下方所形成的凹洞需让两边均匀且对称。

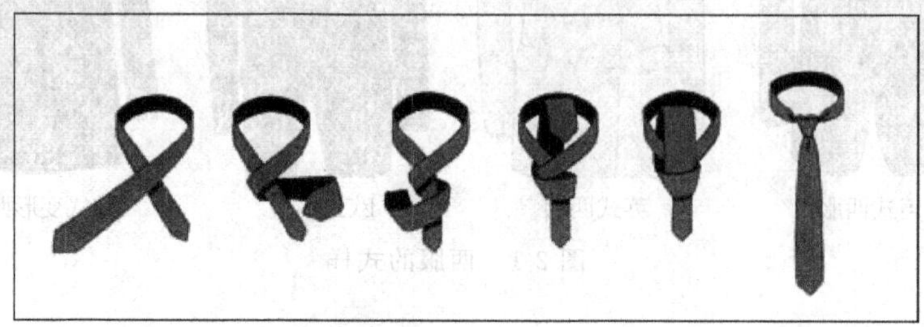

图 2-4　平结

(2) 交叉结。交叉结(见图 2-5)是单色素雅质料且较薄领带适合选用的领结。喜欢展现流行感的男士不妨多加以使用。

图 2-5　交叉结

(3) 双环结。双环结(见图 2-6)能营造时尚感，适合年轻的上班族选用。特色就是第一圈会稍露出于第二圈之外，但别刻意给盖住了。

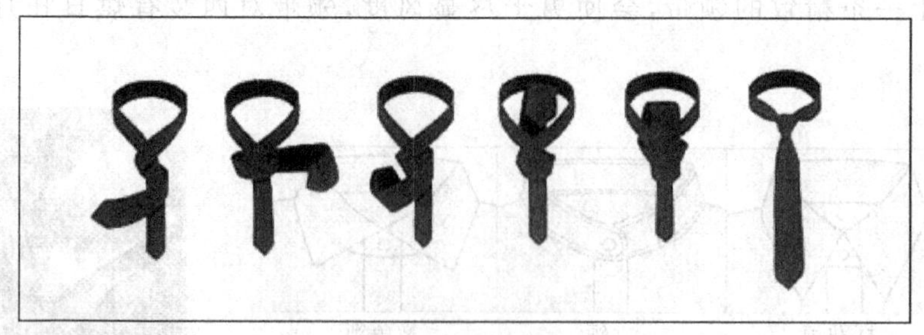

图 2-6　双环结

① 选自 http://www.newstartmba.com

(4) 温莎结。温莎结(见图 2-7)适用于宽角领的衬衫,该领结应多往横向发展,需避免材质过厚的领带,领结也勿打得过大。

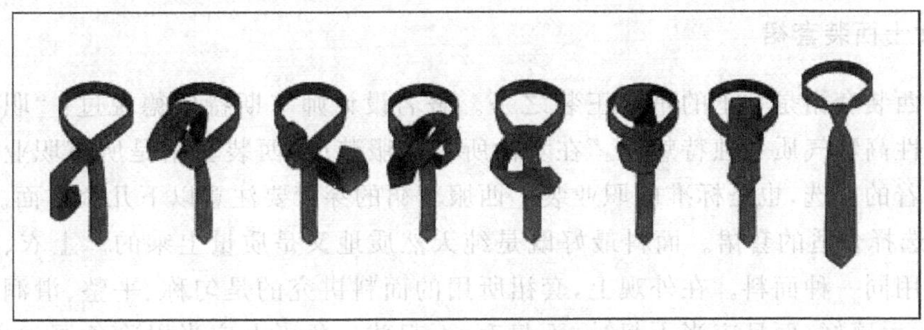

图 2-7　温莎结

(5) 双交叉结。双交叉结(见图 2-8)易让人产生高雅且隆重的感觉,正式活动场合适合选用打该领结。应多运用在素色的丝质领带上,适合搭配大翻领的衬衫且具有尊贵感。

图 2-8　双交叉结

男士在穿着西服套装时应注意:合体的上衣应长过臀部,四周下垂平衡,手臂伸直时上衣的袖子恰好过腕部;领子应紧贴后颈部;衬衫领子稍露出外衣领;衬衫的袖口也应长出外衣袖口 1～2 厘米。领带结需靠在衣领上,但不能勒住脖子,也不能太靠下,显得松松垮垮、不精神。领带系好后,垂下的长度应触及腰带上,超过腰带或不及腰带都不符合要求。领带要用领带夹固定,西装上衣左胸部的装饰袋可插放绢饰,不可用来放钢笔之类的其他东西,钢笔应放在衣服内袋中。西装的裤子要合体,要有裤线,裤长要离脚面 1～2 厘米。西服套装要配穿皮鞋,式样要稍显保守,颜色与衣服相协调。在日常工作及非正式场合的社交活动中,男士可穿西服便装。西服便装上下装不要求严格配套一致,颜色可上浅下深,面料也可上柔下挺。可以穿衬衫、扎领带配西裤,也可以不扎领带。上身可以不穿衬衫,而穿套头衫或毛衣。

此外,男士参加社交活动时也可穿中山装、民族服装或夹克。尤其在国内参加活动时,如出席庆典仪式(包括吊唁活动)、正式宴会、领导人会见国宾等隆重活动,可穿中山装与民族服装,在一些非正式场合也可以穿夹克衫。

男士在社交活动中穿中山装应选择上下同色同质的深色毛料中山装,一般配以黑色皮鞋。中山装衣服要平整、挺括,裤子要有裤线。穿着时要扣好领扣、领钩、裤扣。在非正式社交场合中,男士也可穿夹克衫等便装,但同样应注意服装的清洁与整齐。

男士外出还可准备一件大衣或风衣，在需要室外活动的场合中，大衣或风衣既可保暖挡风，又可增添不少潇洒的风采。

2. 女士西装套裙

女士西装套裙是女士的重要正装之一。著名设计师韦斯特任德说过：“职业套装更能显露女性高雅气质和独特魅力。”在女性所有的服装中，西装套裙是所有职业女性在正式场合穿着的首选，也是标准的职业装。西服套裙的穿着要注意以下几个方面。

(1) 选择合适的套裙。面料最好既是纯天然质地又是质量上乘的。上衣、裙子及背心等应选用同一种面料。在外观上，套裙所用的面料讲究的是匀称、平整、滑润、光洁，不仅有弹性、手感好，而且应当不起皱、不起毛、不起球。色彩上应当以冷色调为主，借以体现出着装者的典雅、端庄与稳重。一套套裙的全部色彩不要超过两种，不然就会显得杂乱无章。按照常规，商界女士在正式场合穿着的套裙，可以不带任何图案。不宜添加过多的点缀。一般而言，以贴布、绣花、花边、金线、彩条、亮片、珍珠、皮革等加点缀或装饰的套裙都不适宜商界女士穿着。上衣不宜过长，下裙不宜过短。裙子下摆恰好到小腿最丰满处，是最为标准、最为理想的裙长。紧身式上衣显得较为正统，松身式上衣则看起来更加时髦一些。H 形上衣较为宽松，裙子多为筒式；X 形上衣多为紧身式，裙子大多为喇叭式；A 形上衣多为紧身式，裙子则为宽松式；Y 形上衣为松身式，裙子多为紧身式，并以筒式为主。套裙款式的变化主要体现在上衣和裙子方面。上衣的变化主要体现在衣领方面，除常见的平驳领、驳领、一字领、圆状领外，青果领、披肩领、燕翼领等并不罕见。裙子的式样常见的有西装裙、一步裙、筒式裙等，显得款式端庄、线条优美；百褶裙、旗袍裙、A 形裙等，显得飘逸洒脱、高雅漂亮。

(2) 选择和套裙配套的衬衫。与套裙配套穿着的衬衫，有不少的讲究。从面料上讲，主要要求轻薄而柔软，如真丝、麻纱、府绸、罗布、涤棉等都可以用作其面料。从色彩上讲，则要求雅致而端庄，不失女性的妩媚。除了作为“基本型”的白色外，其他各式各样的色彩，包括流行在内，只要不是过于鲜艳，并且与所穿的套裙色彩不相互排斥，均可用作衬衫的色彩。不过，还是以单色为最佳之选。同时还要注意，应使衬衫的色彩与所穿的套裙色彩互相般配，要么外深内浅，要么外浅内深，形成两者的深浅对比。

(3) 选择和套裙配套的内衣。一套内衣往往由胸罩、内裤以及腹带、吊袜带、连体衣等构成。它应当柔软贴身，并且起着支撑和烘托女性线条的作用。鉴于此，选择内衣时，最关键的在于大小适当。

内衣所用的面料，以纯棉、真丝等为佳。它的色彩可以是常规的白色、肉色，也可以是粉色、红色、紫色、棕色、蓝色、黑色。不过，一套内衣最好为同一颜色，而且其各个组成部分也应为单色。就图案而言，着装者完全可以根据个人爱好加以选择。

内衣的款式有很多。在进行选择时需要特别关注的是，穿上内衣之后，不应当使它的轮廓一目了然地在套裙之外展现出来。

(4) 选择合适的鞋袜。选择鞋袜时，首先要注意其面料。女士所穿的与套裙配套的鞋子，最好为皮鞋，并且以牛皮鞋为上品。所穿的袜子，则可以是尼龙丝袜或者羊毛线袜。

鞋袜的色彩则有许多特殊的要求。与套裙配套的皮鞋，以黑色最为正统。此外，也可选择与套裙色彩一致的皮鞋。但是鲜红、明黄、艳绿、浅紫的鞋子,则最好不要尝试。穿着套裙时所穿的袜子,可以选择肉色、黑色、浅灰、浅棕等几种常规颜色,只是它们最好为单色。多色袜、彩色袜以及白色、红色、蓝色、绿色、紫色等鲜艳色彩的袜子都是不适宜的。

鞋袜在与套裙搭配穿着时,要注意其款式。与套裙配套的鞋子,宜为高跟、半高跟的船式皮鞋或者盖式皮鞋,系带式皮鞋、丁字式皮鞋、皮靴、皮凉鞋等都不宜采用。高筒袜与连裤袜则是与套裙的标准搭配,中筒袜、低筒袜绝对不宜与套裙同时穿着。

3. 女士连衣裙

连衣裙是上衣和裙子的结合体,它不但能尽显女士特有的恬静与妩媚,而且穿着便捷、舒适。连衣裙也可与西装外套等组合搭配,以提高服装的使用率。连衣裙的造型丰富多彩,有前开襟、后开襟、全开襟和半开襟的;有紧身的、宽松的、喇叭形、三角形、倒三角形的;有无领的、有领的;有方领的、尖领的、圆角领的;有超短的、过膝的、拖地的等,各式各样。它们为各种身材的女士运用于不同场合提供了多种选择。

穿着连衣裙时虽以个人爱好、流行时尚而定,但社交场合的连衣裙还应以大方典雅为宜。单色连衣裙在大多数场合穿着效果都很好,点、条、格等面料的连衣裙图案也要力求简洁。穿连衣裙时要注意避免以下情况:一是受时髦潮流的影响,穿的连衣裙太流行或太趋于怪异,变得俗不可耐或荒诞不经;二是不顾及所处环境,穿着领口过低且过紧的连衣裙,或者其面料过透,使人感到极不雅观。正所谓"酌奇而不失其真,玩华而不坠其实"。

4. 女士旗袍

旗袍被公认为是最能体现女性曲线美的一种服装,其源自满族。我国是一个有着300多年穿着旗袍传统的国度。近年来,旗袍带着一股从未有过的震撼力影响着世界各地女性的穿着,它像一种特殊的世界语言,迅速地被各种族人们所接受,打破了只有东方女性才适合穿着旗袍的传统论断,因而旗袍也可作为社交中的礼服。旗袍作为礼服,一般采用有紧扣的高领、贴身、长度过膝,两旁开衩、斜式开襟、袖口至手腕上方或肘关节上端的款式,面料以高级呢绒绸缎为主,配以高跟鞋或半高跟鞋。

2.1.2 服装的色彩搭配

根据礼仪的需要和自己的特点,选择适当的服装色进行合理的搭配,是穿好服装的前提。我们常说:"没有不美的色彩,只有不美的搭配。"同一套衣服,经过不同人的不同搭配,产生的效果是截然不同的。不乱用颜色,才是善于穿搭的根本。

1. 色彩搭配的基本方法

(1) 统一法。使用同一色系,根据其明暗深浅的不同来搭配,营造一种和谐美。需要注意的一点是:不能衔接得太生硬,应尽量自然过渡。

(2) 对比法。用对比色搭配,如黑与白、红与黑、黄与蓝等。

(3) 调合法。用相近的颜色搭配,如红与橙、绿与蓝,但明度、纯度应该有所差别,可以一种颜色深一些,另一种颜色浅一些。

2. 色彩的主要搭配

(1)"万能色"。色彩中的"黑、白、灰"是"万能色",可与任何颜色搭配。尤其是黑色与白色年年都不会落伍,许多世界著名的时装大师都以黑、白为主题创造了时装的理想世界。

(2)其他色。有些色彩的组合对大多数人来说是非常实用且别致的。如红与黑、白、深蓝的搭配;黄与黑、绿的搭配;蓝与白、黄的搭配等;还有粉红配浅蓝,黄褐配白色,黑色配浅绿等。

(3)色彩组合的基本原则如下。

① 应根据肤色、身材、体型来确定颜色。如中国人是黄种人,应避免穿暗黄色、土黄色、紫色等颜色,因为这些颜色会使黄皮肤看上去衰老、不健康。再如身材肥大的人应尽量避免穿浅色、花色等颜色,宜穿深色服装,因为深颜色会给人以收缩感。

② 要善于调节主色、补色、突出色三者的关系。比如穿西服套装,以西服套装的颜色为主色,以衬衫的颜色为补色,用同色系的颜色搭配,而领带则可用对比色为突出色。这样的配色搭配能使服装显示出和谐而有层次的美。

③ 应根据人的性格特征来选择颜色。色彩会带给人不同的感觉,如蓝色可以说是男性"永恒的颜色",它有高雅、理性、稳重的含义,能让人产生信服感、权威感;灰色象征着信心十足,由于它的色彩属性比较中庸、平和,所以不宜表现出威严感,但却会显得很庄重;红色似火,会使人感到热情奔放。性格活泼的人宜选择暖色、花色面料,性格沉稳的人宜选择深色、素色面料。

④ 应根据不同场合选择颜色。英国女王伊丽莎白二世访问中国期间,走出机舱门第一个亮相,穿的是正黄色西服套裙,戴的是正黄色帽子。这位女王本人喜欢红色和天蓝色,很少穿黄色衣服。但在中国,几千年来黄色一直是皇帝的专用色。女王来中国访问穿正黄色,既表示尊重中国的传统习俗,又显示了她作为一国君主的高贵身份。

⑤ 要善于简化全身的色彩。色彩的组合适用于减法,全身的色彩种类不宜过多,一般情况下不应超过三种,否则会让人感到繁乱、花哨。即便是一些饰品,如丝巾、手套、皮包等,也尽量要与服装配套或一致,以免显得零乱繁杂。对于男士尤其要避免花哨,应严格控制鲜艳明亮的色彩。用于男士服饰上的色彩只能放在令人感到活泼、爽快的一两点上,起到画龙点睛的作用。

总之,色彩的组合对服装的穿着效果十分重要,要巧用色彩,善于配色,才能用不同色彩主调装扮出多姿多彩的自己。

2.1.3 服装的和谐

1. 衣着与自身形象相和谐

这里的自身形象有两方面含义:一是指所从事工作的职业形象;二是指自身的身材

长相。如作为一名公关人员，要经常出入各种重要的社交场合，如新闻发布会、揭幕揭牌仪式、宴会舞会等，接触许多重要的公众人物，上至国家、国际要人，下至平民百姓，应酬活动频繁，工作主题均围绕“形象”二字，所以，自身的穿着形象理应重视。一般来说，选择的衣料要考究，做工要精细，裁剪式样要美观，以表现出稳重、大方、干练、富有涵养的公关人员礼仪形象。另外，着装还与人的身材关系密切，因而应根据自己的特点来选择适宜的服装。俗话说：“三分长相，七分打扮。”把握自己的身材特点，扬长避短，定会让服饰弥补自身缺憾。具体应注意以下几点。

(1) 体形较胖的人，应选用冷色调的、小花形的、质地较软的面料。因为粗呢、厚毛料、宽条绒等会造成增加面积的效果。使胖人看起来更胖，给人一种笨重感。大花形面料有扩张效果，暖色、明亮的颜色也有扩张感，这都是体形较胖者所不宜选择的。

(2) 身材矮小的人，宜穿同色服装，鞋袜最好也是同色。如爱穿花布，可选择清雅的小型花纹为宜，衣领式样可取方领、V形领。裤子宜选用式样简单的传统式西裤，令腿看上去显得更长。女士穿高跟鞋与颜色略深的丝袜，也能使双腿看上去较长，但不宜穿下摆有花纹的裙子。

(3) 腰粗的人，可选择剪裁自然、曲线不明显的款式，或选肩部较宽的衣服。不宜穿紧腰式的裤子，或是把上衣掖在里面，避免使人特别注意你的腰部。不要穿松紧带裙子，以免看起来更胖。

(4) 腿形不佳的人，可选择裙装与宽松的裤子。腿胖的女士可选择有蓬松感的裙子和宽大的裤子，不宜穿对褶裙，以免更显腿粗；腿短的女士，穿裙装时可选择高腰设计并加宽腰带，长裤则与上装同色。O形腿的人，应避免穿紧身裤，可穿质地优良的长裤或八分裤。裙长保持在膝盖以下。

2. 衣着应与出入的场所相和谐

国际上盛行着装的TPO原则。T是时间(time)，P是场所(place)，O是情况(occasion)。即要求所穿服饰与所在的时间、场所、情况因素相一致，从而使你的所到之处，让人感到恰如其分，易被人接受，甚至受到欢迎。人们在从事社会交往中穿着的服饰，要对服装的质地、面料、款式、色彩等方面的文化及含义有所了解，并内化为自我的审美修养，当决定去某种场合时，会用深度文化审美观去选择、搭配服装，对去不同场合穿什么服装做较为细致的划分，从而使人、服装与环境达到较为完美和谐的统一。一般服装的TPO原则如下。

(1) 喜庆欢乐场合。包括庆祝会、联欢会、生日会、结婚日纪念活动、婚礼、聚会等。喜庆欢乐场合的穿着应与人们高兴、快乐、兴奋的情绪相协调，女士可以穿得色彩鲜艳、丰富一些、流行一些，以烘托活跃欢快的气氛；男士可穿浅色西装，配以花色漂亮、醒目的领带，以显示轻松愉快的心情。

(2) 隆重庄严的场合。诸如开幕式、签字仪式、剪彩仪式、出席重要的高层会议、新闻发布会等。这种场合比较正式，需特别注意个人的公众形象和媒介形象，因此，男士在西装穿着上要正规、配套、整齐、一丝不苟；女士应穿上套装、套裙或端庄的连衣裙，从而衬托隆重庄严的气氛。

(3) 华丽高雅的场合。这多半为晚间举办的正式社交活动,如正式宴会、酒会、招待会、舞会、音乐会等。这种场合,女士着装应为大气高贵,因而面料要华丽,质地要优良,色彩要单纯,并最好配以饰物点缀。男士宜穿着深色西装,从头到脚修饰一新,就可以步入华丽高雅的场所了。

(4) 悲伤肃穆的场合。诸如吊唁活动和葬礼。这时服装色彩不能太刺眼,款式不能太引人注目。男士可穿黑色西装或深色中山装,西装配白衬衣、黑领带;女士可穿深色或素色服装,并化上淡妆,使外表的肃穆与内心的沉痛协调起来。

3. 衣着整体要和谐

服饰的穿着与搭配要考虑整体协调性。具体应注意以下几点。

(1) 切忌撞色。配色时要么用柔性搭配,运用同色系或类似色系表现自己的稳重;要么用暗性配色,以对比组合表现个性。如果在正式服装中选用了对立的颜色,如蓝西服、黄衬衫、红领带,就会显得滑稽可笑。

(2) 切忌服装线条不配衬。例如,穿有条纹外衣配搭有条纹衬衫再配有斜条纹领带,形象就会显得不佳。

(3) 切忌质感冲突。如厚重质料的上衣配厚重质料的衬衣,或毛呢上衣配轻柔的裙子,则显得不协调。

(4) 切忌款式配合不当。例如,外衣是传统的,领带却是很新潮的,会让人觉得不伦不类。

可见,服饰的穿着只有把握好自我特点,适应不同环境,并且保持整体的协调一致,才能穿出风采与神韵,显示出个性与风格。

2.1.4 饰物佩戴

1. 饰物的佩戴原则

(1) 锦上添花的原则。在选择饰物的种类及佩戴方法时,首先要做到恰到好处,然后再考虑锦上添花,绝不可画蛇添足。例如,在黑色羊毛衫上面佩戴一枚闪光的彩色胸花,是很别致的。但如果再配上一条项链,就会显得烦琐。

(2) 与全身保持一致的原则。饰物的佩戴要与自身的体形、发型、脸形、肤色及所穿服装的款式、面料、颜色保持协调一致。例如,夏天,穿一身飘逸的连衣裙,背一个精巧的浅色双肩小包的女孩看上去就很协调;如果挎一个黑色皮包就显得不搭调。

(3) 饰物质地与身份及环境相称的原则。现代饰物品种繁多,各种质地的饰品琳琅满目,在选择时首先要考虑自身所处的环境及身份,绝不可乱戴。例如,在上班时,闪闪发光的手链、奇形怪状的戒指与身处的工作环境会很不相配。有一定身份的人,绝不可只图好看而选戴劣质饰品。

(4) 饰物色彩、款式与季节相应的原则。饰物的色彩、款式要与季节相配,这一点多用在皮包、眼镜、领带的选择上。例如,夏季和春季,女士应选择色彩亮、体积小的皮包,男士应选戴以浅色为主的领带；冬季，着装比较厚，皮包相应要大一点才能与穿着相协调。

2. 常见饰物的选择与佩戴

(1) 帽子。帽子是由头巾演变而来的。中国古代人成年时要行"冠礼"，"冠"就是帽子。在现代生活中，帽子不仅有御寒遮阳的作用，还具有装饰功能。在男女衣着中，帽子也占据着举足轻重的地位。戴帽子时，一定要注意帽子的式样、颜色与自身装束、年龄、工作、脸形、肤色相协调。一般来说，圆脸适合戴宽边顶高的帽子，窄脸适合戴窄边的帽子。女士的帽子，种类繁多，不同季节造型和花色也不同。例如，在冬天，女士可戴手工编织的绒线帽；地位较高的女士可选择小呢帽；年轻的姑娘可选择小运动帽。戴帽子的方法也有很多，例如，帽子戴得端端正正显得很正派，稍往前倾一些显得很时髦。另外，戴眼镜的女士不适宜戴有花饰的帽子；身材矮小者，应戴顶稍高的帽子。

戴帽子应注意的一般礼仪是：戴法要规范，该正的不能歪，该偏前的不能偏后；男性在社交场合可以采用脱帽方式向对方表示敬意；在庄重和悲伤的场合，除军人行注目礼外，其余的人应一律脱帽。

(2) 围巾。围巾的花色品种有很多，也与帽子一样，起御寒保暖和美观的作用。巧妙地选戴围巾，效果远远超过不断地更新衣服。围巾的面料有纯毛、纯棉、人造毛织物、真丝绸、涤丝绸等。围巾的色彩及图案名目繁多。男士一般应选用纯毛、人造毛织物制作的围巾，色彩应选用灰色、棕色、深酱色或海军蓝，不能选用丝绸类的围巾。女士对围巾的选择范围极大，可选用丝绸类及色彩多样的三角巾、长巾及方巾等。除可用来围在脖子上取暖外，还可将围巾扎在头发上、围在腰上作为装饰品。如果再配上丝巾扣，围巾围、戴的变化就更多了。对女士来说，无论怎样选戴围巾，都要与年龄、身份和环境相协调，要与所穿衣服的面料、款式、颜色及使用者的肤色相匹配。

(3) 眼镜。对于现代人来说，眼镜常被用来作饰品或时装的搭配物，但在眼镜的选择上要多加注意。首先，眼镜的款式要与体形相协调，同时要考虑自身的发型；镜框的颜色要与肤色相协调，要与自己的脸形相协调；佩戴装饰性眼镜时，要考虑与自己的身份相符。

无论是在室内还是室外，只要是正式场合，都应将装饰性的眼镜摘下。用来作装饰的深色变色镜或墨镜，戴前一定要先将商标摘下。

(4) 戒指。在西方，戒指是无声的语言。一般来说，将戒指戴在左手各手指上有不同的含义：戴在食指上表示未婚或求婚；戴在中指上表示正在热恋中；戴在无名指上，表示已订婚或结婚；戴在小指上则表明"我是独身者"。右手戴戒指纯粹是一种装饰，没什么特别的意义。中国人也戴戒指，但一定不能乱戴。一般情况下，一只手上只戴一枚戒指，戴两枚或两枚以上的戒指是不适宜的。参加较为正规的外事活动，最好佩戴古典式样的戒指。

(5) 项链。项链的粗细应与脖子的粗细成正比，与脖子的长短成反比。从长度上分，项链可分为四种：短项链约 40 厘米，适合搭配低领上衣；中长项链约 50 厘米，可广泛使用；长项链约 60 厘米，适合在社交场合使用；特长项链约 70 厘米，适合用于隆重的社交场合。

(6) 耳环。耳环可分为耳环、耳坠、耳链，在一般情况下为女性所用，并且讲究成对使用。戴耳环时应兼顾脸形，不要选择与脸形相似的形状，以防止同型相斥，使脸形方面的短处被强调夸大。

(7) 皮包。皮包具有实用及装饰性，在现代服饰中起着画龙点睛的作用。皮包的种类千变万化，且不断更新，有肩挂式、手提式、手拿式及双肩背式等。在选购时要考虑它的适用范围。正式场合应选用质地较好、做工精细、外观华丽、体积不宜大、横长形的皮包；平时上班和日常外出使用的皮包不必太华丽，以实用性和耐用性为主；使用皮包要考虑其颜色与季节和着装是否相一致。皮包与使用人的体形也有很大关系，例如，体形小巧的人不能选用太大的皮包；体形矮胖的人不能选用太过秀气的皮包；瘦高的人虽有较大的选择余地，但也不能选用太大或太小的皮包。在参加公务活动时应携带公文包。

(8) 胸花。胸花是为女性特别设计的，专门用于装饰女性的胸、肩、腰、头、领口等部位。胸花有鲜花和人造花两种。相比之下，鲜花佩戴起来更显高雅，但不能持久。选择胸花时，一定要考虑服装的类型、颜色、面料，要考虑所出席的社交活动的人物层次，要考虑自身的体形和脸形条件。例如，个子矮小的女士适合小一点的胸花，佩戴时部位可稍高一些；个子高大的女士可选择大一点的胸花，佩戴时位置可低一些。胸花要注意放置的部位，穿西服时应别在左侧领上，穿无领上衣时应别在左侧胸前。发型偏左时胸针应当居右，发型偏右时胸针应当偏左，其高度应在从上往下数第一粒、第二粒纽扣之间。

(9) 丝袜。丝袜在服装整体搭配中起着举足轻重的作用。在国外，正式场合中如果女性不穿丝袜，就如同不穿内衣一样，十分不雅。丝袜不仅能保护腿、足部的皮肤，掩盖皮肤上的瑕疵，还能与衣服相搭配，使女性更添魅力。

在商务场合穿着裙装及皮鞋时，一定要穿丝袜，而且必须是连裤丝袜，这样可以避免丝袜因质量问题掉落，也不会将袜口露在外面。有的人因为怕热而穿中长袜或短丝袜是不职业的做法。而平时穿连衣裙及凉鞋时，就不要再穿丝袜了。因为凉鞋本来就是为了凉快的，再穿丝袜就显得多此一举了。不过现在有一种前后包脚的凉鞋，是属于较为正式的款式，就必须穿丝袜。穿凉鞋时，要注意脚趾和脚后跟的洁净，不要把黑乎乎的指甲缝和老茧丛生的脚后跟露在外面，平时应注意保养。

丝袜的选穿不能敷衍了事，要根据自身特点和着装风格进行选择，这并不是一件容易的事。你最好知道选穿丝袜的窍门，以下是一些供参考的经验：对于日常忙于上班的职业女性，不妨选一些净色的丝袜，只要记住深色服装配深色丝袜，浅色服装配浅色丝袜这一基本方法就可以了。丝袜和鞋的颜色一定要相衬，而且丝袜的颜色应略浅于皮鞋的颜色(白皮鞋除外)。颜色或款式很出位的丝袜对腿型要求很高，对自己腿形没有自信的女孩不可轻易尝试。品质良好的裤袜要比长筒丝袜令人更有安全感，因为其能够避免袜头松落。白丝袜很容易令人看上去又胖又矮，应尽量避免。上班族更不要穿彩色丝袜，它会令人感到轻浮，缺乏稳重之感。参加盛会穿晚装时，配一双背部起骨的丝袜，会使高雅大方的格调显得分外突出。但穿此类丝袜时，切记不要将背骨线扭歪，否则会影响自身形象。

2.2 能力开发

2.2.1 案例讨论

案例 1

谈判因何未成功

国内一家效益很好的大型企业的总经理王克，经过多方努力和上级有关部门的牵线搭桥，终于使德国一家著名的电气企业董事长同意与自己的企业进行合作。谈判时为了给对方留下精明强干、时尚新潮的好印象，王克上身穿了一件T恤衫，下身穿了一条牛仔裤，脚上穿了一双旅游鞋。当他精神抖擞、兴高采烈地带着秘书出现在对方面前时，对方瞪着不解的眼睛上下打量了他一会儿后，显出不满的神情。这次合作没能成功。

（资料来源：陈光谊.现代实用社交礼仪[M].北京：清华大学出版社，2009.）

思考题：

（1）谈判因何未成功？请分析一下原因。

（2）本案例对你有哪些启示？

案例 2

财税专家应怎样着装

有一位女财税专家，她有很好的学历背景，常能为客户提供宝贵的建议，在公司里的表现一直都很出色。但当她到客户的公司提供服务时，对方主管却不太注重她的建议，她所能发挥才能非常有限。一位时装专家发现这位财税专家在着装方面有着明显的缺陷：她26岁，身高147厘米、体重43千克，看起来非常可爱，喜爱穿童装，像个小女孩一样，其外表与她所从事的工作在形象上相距甚远，所以客户对于她提出的建议缺少安全感、依赖感，因此她难以实现自己的价值。这位时装大师建议她用服装来强调学者专家的气势，用深色的套装，对比色的上衣、丝巾、镶边帽子进行搭配，甚至戴上重黑边的眼镜。女财税专家采纳了时装大师的意见，结果，客户的态度有了较大的转变。很快，她就成为了公司的董事之一。

（资料来源：佚名.仪表礼仪知识[EB/OL].[2010-04-09]. http://www.360doc.com/content/11/0109/09/5433107_85139913.shtml.）

思考题：

（1）时装大师给财税专家的着装建议有哪些？为什么？

（2）本案例对你有哪些启示？

案例 3

小李的尴尬

小李和几个外国朋友相约周末一起聚会娱乐，为了表示对朋友的尊重，星期天一大早,小李就西装革履地打扮好,对着镜子摆正漂亮的领结前去赴约。北京的八月,天气酷热,他们来到一家酒店就餐,边吃边聊天,大家好不开心快乐!可是不一会儿,小李就已汗流浃背,不住地用手帕擦汗。饭后,大家到娱乐厅打保龄球,在球场上,小李不断地为朋友鼓掌叫好,在朋友的强烈要求下,小李勉强站起来整理好服装,拿起球做好投球的准备,当他摆好姿势用力地把球投出去时,只听到"嚓"的一声,上衣的袖子扯开了一个大口子,弄得小李十分尴尬。

(资料来源:陈光谊.现代实用社交礼仪[M].北京:清华大学出版社,2009.)

思考题:

(1) 小李的着装存在哪些问题?

(2) 本案例对你有何启示?

案例4

女明星的麻烦

某女明星去参加一个聚会之前,不小心把中指弄伤了,为了和整体的衣着相搭配,女明星将一直戴在中指的戒指戴在了小拇指上。

第二天,该女星上了各大娱乐报纸的头条,其内容都跟那枚戒指有关:

"××女星情变,谁是第三者?"

"××女星伤心被抛!"

"明星情又变!"

……

这位无辜的女明星由于不懂得礼仪,错误地随便将戒指戴到小拇指上,结果引来了不必要的麻烦。

(资料来源:夏志强.人生要懂的100个商务礼仪[M].北京:中国书店,2006.)

思考题:

(1) 从这位女明星这里我们可以汲取什么教训?

(2) 佩戴戒指等饰物有哪些具体要求?

案例5

利用服饰巧妙地修饰形体缺陷

沈秋月是一家公司的经理助理,因为工作的关系,她非常注重自己的穿着。可她有一个烦恼,那就是她的胸部过于丰满。如果穿职业装,势必将胸部衬托得鼓鼓囊囊,不但有失美观,还时不时会惹来男性异样的目光。很快她就对自己的服装进行了调整,她改穿背心式的长洋装,这样里面不但可以搭配不同颜色的上衣,而且能造成前胸的视觉分割,使胸部看起来更显顺畅;同时,极力修饰自己修长的美腿,选择深色调的长筒袜。这样搭配之后,无论她走到哪里,都会引来欣赏和赞美的目光,瞬间提升了自己的职场气质指数。

张明朗是客服经理,每天要跟形形色色的顾客打交道,除了能说会道外,她也不忘让自己的衣服替自己说话。用她自己的话来说，她长得哪儿都不对，比如大腿胖、小腿粗、有小肚子、臀部还宽，那些具有修身效果的紧身衣服她连试都不敢试。后来经高人指点，她开始关注时髦的宽长裙，这样不但可以对她的粗腿和小肚子加以修饰，还可以将臀部巧妙地隐藏起来。当她和客户沟通时不但显得气质优雅，还体现出非凡的身份，用一句流行的话来形容就是：很有范儿！

陈菊英是一位中学教师，为人师表自然要格外注意穿着。学校规定老师必须穿西装，可她又矮又胖，腰还比较粗，穿上西装整个成了一个滚筒，这身打扮背地里不知道引来同事和学生的多少笑话。自从她升任教导主任后，第一件事情就是换衣服。她听从服装店店员的建议，给自己选择了伞状上衣，腰部以下有蓬松的下摆，恰到好处地遮挡住了粗壮的腰部，并且使她的个子显得不那么矮小。

（资料来源：付桂萍.做派：在商务活动中合乎情境地展示自己[M].长沙：湖南人民出版社，2013.）

思考题：

（1）本案例对你选择服饰有何启示？

（2）你存在形体缺陷吗？你准备怎样利用服饰巧妙地修饰形体缺陷？

2.2.2 实训项目

项目1 男士西装的穿着

实训目标：掌握西装的穿着要求和搭配方法。

实训学时：2学时。

实训地点：大屏幕教室。

实训准备：领带、衬衫、西装、数码摄像机或数码照相机等。

实训方法：每5位男士一组，分别上台展示西装、衬衫、裤子、鞋袜的搭配，并说明搭配的理由，然后表演系领带。用数码摄像机（或数码照相机）记录整个过程，然后进行大屏幕回放。学生做自我评价，授课教师总结点评学生存在的个性和共性问题。最后，评选出若干名“最佳服饰先生”。

训练手记：通过训练，我的收获是____________________________________。

项目2 女士套裙的穿着

实训目标：掌握女士套裙的穿着要点和搭配方法。

实训学时：2学时。

实训地点：大屏幕教室。

实训准备：套裙、衬衫、鞋袜、饰物、数码摄像机或数码照相机等。

实训方法：每5位女士一组，分别上台展示其套裙、衬衫、鞋袜、饰物的搭配，并说明搭配的理由，用数码摄像机（或数码照相机）记录整个过程，然后进行大屏幕回放。学生做自我评价，授课教师总结点评学生存在的个性和共性问题。最后，评选出若干名“最佳服饰女士”。

训练手记：通过训练，我的收获是____________________________________。

项目3 不同场合的服饰展示会

实训目标：掌握不同场合服饰的穿戴和搭配方法。

实训学时：2学时。

实训地点：礼仪实训室。

实训准备：半正式场合、休闲场合、运动场合、商务酒会等场合男士、女士的服饰，数码摄像机、投影设备等。

实训方法：学生分组设计不同场合的服饰，每组学生进行角色扮演，演示各场合服饰的穿戴和搭配，用数码摄像机记录整个过程，然后进行投影回放。学生做自我评价，找出不合规范之处，授课教师总结点评学生存在的个性和共性问题。最后，评选出“最佳表现组”。

训练手记：通过训练，我的收获是____________________________________。

课后练习

1. 请根据周围同学的脸形、形体和个性特点，给他(她)在服饰运用上提一些合理化的建议。

2. 在班级进行校服设计活动。可分小组查找资料，设计研讨，形成校服图样。全班分组进行图样展示，并简要介绍设计思想。选出大家最满意的校服设计图样献给学校，供学校参考。

3. 你适合金色的饰品还是银色的饰品？为什么？

4. 学校将举行首届校园形象礼仪大赛，请为自己个人形象进行整体设计。

任务3

仪　态

心灵性的基本意蕴是通过外在现象的一切个别方面完全体现出来的。这些方面有仪表、姿势、运动、面貌、四肢的形状等。

——[德]黑格尔

任务目标

- 表现出良好的仪态，符合站姿、坐姿、走姿、蹲姿标准要求。
- 具备良好且优美的站姿、坐姿、走姿、蹲姿。
- 在交际中能够恰当有效地使用眼神。
- 具备亲和力及符合标准的微笑。
- 熟练运用各种规范的手势。

情境导入

有一位华侨到国内洽谈合资业务，谈了好几次，最后一次来之前，他曾对朋友说："这是我最后一次洽谈了，我要跟他们的最高领导谈，谈得好，就可以拍板。"过了两个星期，他和朋友相遇，朋友问："谈成了吗？"他说："没谈成。"朋友问其原因，他回答说："对方很有诚意，进行得也很好，就是跟我谈判的这个领导坐在我的对面，当他跟我谈判时，不时地抖动他的双腿，我觉得若是跟他合作，我的财就会被他抖掉了。"

（资料来源：http://www.canyin168.com/Print.aspx?id=7350&page=7.）

任务分析

从上述案例中不难看出，问题出在"仪态"上。仪态又被称为"体态"，是指人的身体姿态和风度。姿态是身体所表现的样子，风度则是内在气质的外在表现。人的一举手、一投足、一弯腰乃至一颦一笑，并非偶然的、随意的，这些行为举止自成体系，像有声语言那样具有一定的规律,并具有传情达意的功能。人们可以通过自己的仪态向他人传递个人的学识与修养,并能够以其交流思想、表达感情。正如艺术家达·芬奇所说:"从仪态了解人的内心世界、把握人的本来面目,往往具有相当的准确性和可靠性。"人的内心虽然隐秘,但不可能每时每刻都隐藏得那么深,总有流露之时,人的体态每时每刻都在传达着信息。因此,用优雅的仪态、礼仪表情达意,往往比语言更能让人感到真实、生动。在交际中我们必须讲究仪态美。

3.1 知识储备

3.1.1 姿态

1. 站姿

俗话说:"站如松。"站姿是人类的一种象征,男子的站姿如"劲松"之美,具有男子汉刚毅英武、稳重有力的阳刚之美;女子的站姿如"静松"之美,具有女性轻盈典雅、亭亭玉立的阴柔之美。拥有正确的站姿是具有自信心的表现,会给人留下美好的印象。

1)标准的站姿

标准的站姿,从正面看,全身笔直,精神饱满,两眼正视(而不是斜视),两肩平齐,两臂自然下垂,两脚跟并拢,两脚尖张开60°,身体重心落于两腿正中;从侧面看,两眼平视,下颌微收,挺胸收腹,腰背挺直,手中指贴裤缝,整个身体庄重挺拔。

站姿的要领是:一要平,即头平正、双肩平、两眼平视。二要直,即腰直、腿直,后脑勺、背、臀、脚后跟成一条直线。三要高,即重心上拔,看起来显得高。

2)站姿的种类

以一个人的脚位为依据,男士、女士的站姿可以做如下分类。

(1)正步站姿。这是男士、女士均适用的站姿,通常在升国旗、奏国歌、接受奖品、接受接见、致悼词等庄严的仪式场合所使用。要领是:两脚并拢,两膝侧向贴紧,两手自然下垂,如图3-1所示。

(2)分腿站姿。这是男士采用的站姿,门迎、侍应人员可采用此种站姿。要领是:两脚左右分开,与肩同宽,脚尖朝前并且两脚平行,手或交叉于前腹,或交叉于后背,如图3-2所示。

图3-1 正步站姿

图3-2 分腿站姿

(3) 丁字步站姿。一般是女子所采用的站姿，礼仪小姐、节目主持人多采用此种站姿。要领是：两脚尖展开，一脚向前将脚跟靠于另一只脚内侧中间位置，腰肌和颈肌略有拧的感觉。女子可双手交叉于腹前，身体重心可在两脚上，也可在一只脚上，通过两脚的重心转移来减轻疲劳，如图 3-3 所示。

(4) 扇形站姿。这是男士、女士均适用的站姿。要领：两脚跟靠拢，脚尖呈 45°～60°，身体重心在两脚上，如图 3-4 所示。

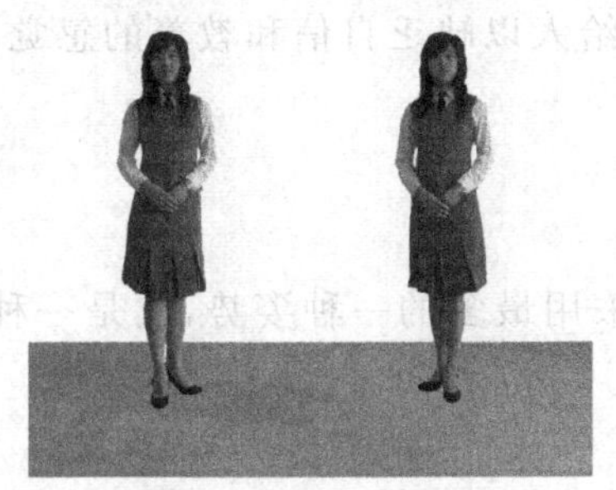

图 3-3 丁字步站姿

图 3-4 扇形站姿

3) 不良的站姿

(1) 身躯歪斜。古人对站姿曾经指出过"立如松"的基本要求，它说明站立姿势以身躯直正为美，在站立时，若是身躯出现明显的歪斜，将直接破坏人体的线条美，而且还会给人以颓废消沉、萎靡不振、自由放纵的直观感觉。

(2) 弯腰驼背。其实是身躯歪斜的一种特殊表现。除腰部弯曲，背部弓起外，它大多会伴有颈部弯缩，胸部凹陷，腹部挺出，臀部撅起等其他不雅体态。凡此种种，都会显得一个人健康欠佳，无精打采。

(3) 趴伏倚靠。在工作岗位上，要确保自己"站有站相"，站立时，随随便便地趴在一个地方，伏在某处左顾右盼，倚着墙壁、货架而立，靠在台桌边，或者前趴后靠，自由散漫，都是极不雅观的。

(4) 腿位不雅，即双腿大叉。应切记：自己双腿在站立时分开的幅度，在一般情况下越小越好；在可能的情况下，双腿并拢最好，即使是分开，也要注意不可使两者之间的距离超过本人的肩宽。另外，双腿扭在一起、双腿弯曲等姿势也应尽量避免。

(5) 脚位欠妥。在正常情况下，双脚站立时呈现出"V"字式、"Y"字式(丁字形)、平行式等脚位，但是，采用"人"字形、蹬踏式和独脚式，则是不允许的。所谓"人"字形脚位，是指站立时两脚脚尖靠在一起，而脚后跟却大幅度地分开，这一脚位又叫"内八字"。所谓蹬踏式，是指站立时为了舒服，在一只脚站在地上的同时，将另一只脚踩在鞋帮上，或踏在椅面上，或蹬在窗台上，或跨在桌面上等。独脚式即把一只脚抬起，另一只脚落地。

(6) 手位失当。站立时不当的手位主要有以下 6 种情况：一是将手插在衣服的口袋内；二是将双手抱在胸前；三是将双手抱在脑后；四是将双手支于某处；五是将双手托住下巴；六是手持私人物品。

(7) 半坐半立。在工作岗位上，必须严守岗位规范，该站就站，该坐就坐，绝不允许在需要站立时为了贪图安逸而擅自采取半坐半立的姿势。当一个人半坐半立时,既不像站,也不像坐,只会让别人觉得过分地随便且缺乏教养。

(8) 全身乱动。站立乃是一种相对静止的体态,因此不宜在站立时频繁地变动体位,甚至浑身不住地上下乱动。手臂挥来挥去,身躯扭曲,腿脚抖来抖去,都会使站姿变得十分难看。

(9) 摆弄物件。站立时,不要下意识地做些小动作,如摆弄打火机、香烟盒,玩弄衣带、发辫,咬手指甲等,这些动作不但显得拘谨,还给人以缺乏自信和教养的感觉,也有失仪表的庄重。

2. 坐姿

俗话说:“坐如钟。”坐姿是人际交往中人们采用最多的一种姿势,它是一种静态姿势。优雅的坐姿会给人一种端庄、稳重、威严的美。

1) 标准的坐姿

落座时,要坚持尊者为先的原则入座,不要争抢;通常侧身走近座椅,从椅子的左侧就座,如果背对座椅,首先要站好,全身保持站立的标准姿态,右腿后退一点,用小腿确定椅子的位置,上身正直,目视前方就座。用小腿落座时声音要轻,动作要缓。落座过程中,腰、腿肌肉要稍有紧张感。女士着裙装落座时,要事先从后向前双手拢裙,不可落座后再整理衣裙。

坐立时,上身正直而稍向前倾,头、肩平正,腰部内收,通常只坐椅子的1/2~2/3处,两臂贴身下垂,两手可以搭放在椅子的扶手上,无扶手时,女士右手搭在左手上,放于腹部或者轻放于双腿之上;男子双手掌心向下,自然放于膝盖上。男士膝盖可以自然分开,但不可超过肩宽;女士膝盖不可以分开。女士要注意使膝盖与脚尖的距离尽量拉远,以使小腿部分看起来显得修长些,只有脚背用力挺直时,脚尖与膝盖的距离才会最远,在视觉上会产生延伸的效果,会使小腿部分看起来修长,腿部线条显得优美。当与他人进行交谈时,要注意不能只是转头,而应将整个上身朝向对方,以示对对方的重视和尊敬。

离座时要先以语言或动作向周围的人示意,方可站起,突然一跃而起会使周围的人受到惊扰;同落座时一样要注意按次序进行,尊者为先;起身时不要弄出响声,站好后才可离开,同样要从左侧离座。

人在坐着时,由臀部支撑上身,减少了两腿的承受力。由于身体重心下降,上身适当放松,可减轻心脏的负担。因此,坐姿是一种可以维持较长时间的姿势。它既是一种主要的白昼休息姿势,也是一般的工作、劳动、学习姿势,还是社交、娱乐的常见姿势。正因为这个缘故,坐姿要求端正、大方、舒展。

2) 坐姿的分类

以一个人的脚位为依据,男士、女士的坐姿可以做如下分类。

(1) 垂直式坐姿。这一坐姿就是通常所说的“正襟危坐”,在最正规的场合使用,男士、女士均适用。要领是:上身与大腿、大腿与小腿、小腿与脚部都呈直角,小腿垂直于地面,双膝、双腿完全并拢,如图3-5所示。

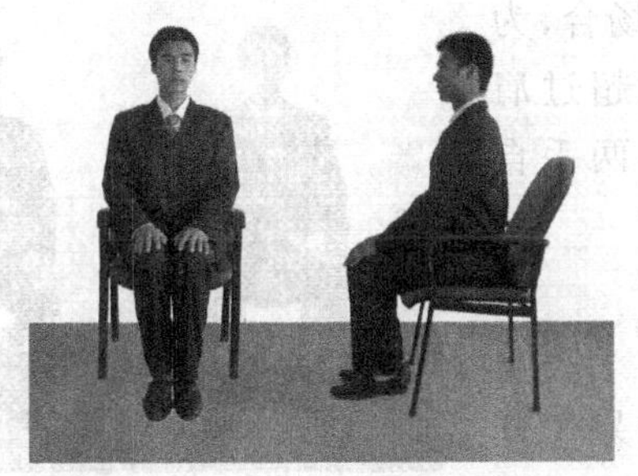
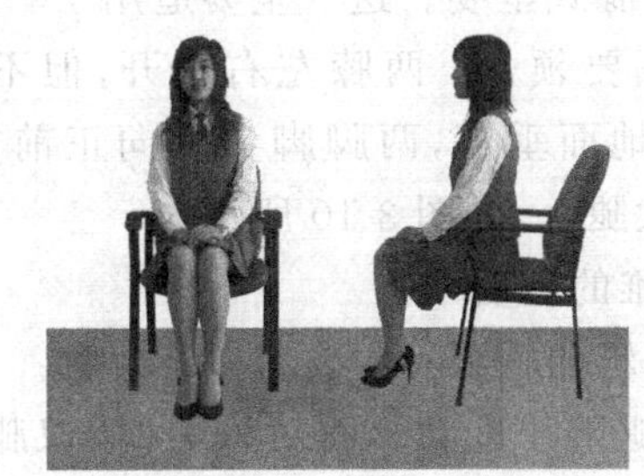

图 3-5 垂直式坐姿

(2) 标准式坐姿。这一坐姿适用于各种场合。要领是：在垂直式坐姿的基础上，女士两脚保持小丁字步，男士两脚自然分开成 45°，如图 3-6 所示。

(3) 曲直式坐姿。这一坐姿是女士非常优雅的一种坐姿，尤其是坐在稍微低矮一些的椅子上更为适用。要领是：大腿与膝盖靠紧，一脚伸向前方，另一脚屈回，两脚前脚掌着地并在一条直线上，如图 3-7 所示。

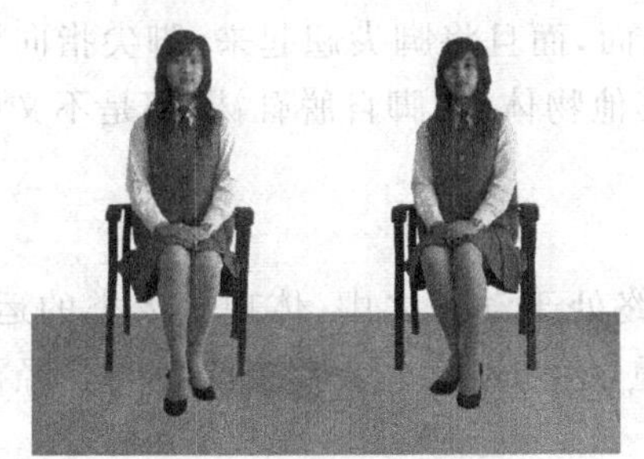

图 3-6 标准式坐姿

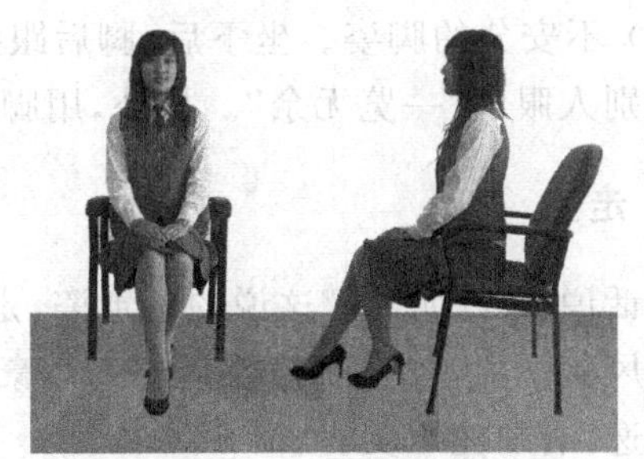

图 3-7 曲直式坐姿

(4) 前伸式坐姿。这一坐姿适用于各种场合，一般为女士所采用。要领是：双腿与双脚并在一起，向前伸出一脚左右的距离，按方向共有 3 种，即正前伸直、左前伸直和右前伸直，脚的位置可以是双脚完全并拢，也可以脚踝部交叉，但脚尖不可翘起，如图 3-8 所示。

(5) 后屈式坐姿。这一坐姿适用于各种场合，以女士为主。要领是：两腿和膝盖并紧，两小腿向后屈回，脚尖着地，脚尖不可翘起，如图 3-9 所示。

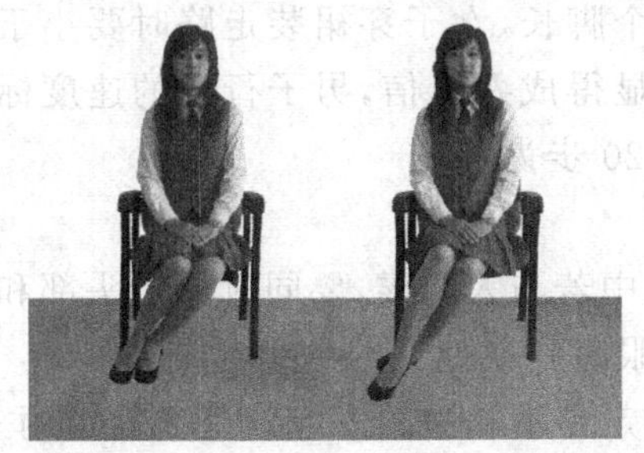

图 3-8 前伸式坐姿(右前伸直)

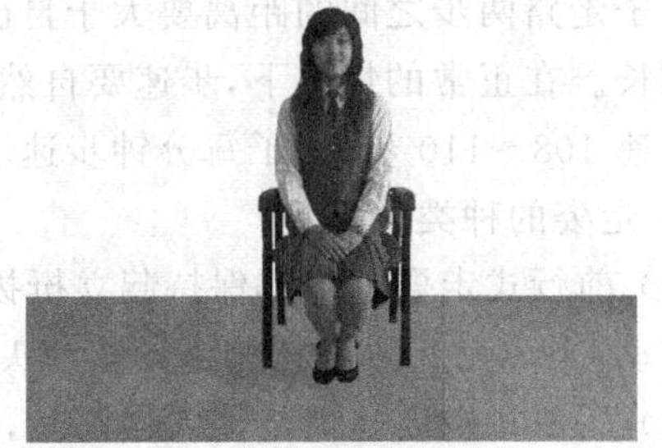

图 3-9 后屈式坐姿

(6) 分膝式坐姿。这一坐姿适用于一般场合,为男士坐姿。要领是:两膝左右分开,但不能超过肩宽,小腿与地面垂直,两脚脚尖朝向正前方,两手自然放置于大腿上,如图 3-10 所示。

图 3-10　分膝式坐姿

3) 不雅的坐姿

(1) 不雅的腿姿。主要有以下 4 种。

① 双腿叉开过大。面对外人时,双腿如果叉开过大,无论是大腿还是小腿叉开,都极其不雅。

② 架腿方式欠妥。将一条小腿架在另一条大腿上,在两者之间还留出大大的空隙,成为所谓的"架二郎腿"或架"4"字形腿,甚至将腿放在桌上,就显得缺乏涵养了。

③ 双腿过分伸张。坐下后,将双腿直挺挺地伸向前方,这样不仅可能会妨碍他人,而且也有碍观瞻。因此,身前若无桌子,双腿尽量不要伸到外面来。

④ 腿部抖动摇晃。力求放松,坐下后抖动摇晃双腿。

(2) 不安分的脚姿。坐下后,脚后跟接触地面,而且将脚尖翘起来,脚尖指向别人,使鞋底在别人眼前"一览无余"。另外,用脚蹬踏其他物体,用脚自脱鞋袜,都是不文明的。

3. 走姿

俗话说:"行如风。"这说的是走姿,走姿始终处于动态之中,体现了人类的运动之美和精神风貌。男士的走姿要刚健有力,豪迈稳重,有阳刚之气;女士的走姿要轻盈自如,含蓄飘逸,有窈窕之美。

1) 标准的走姿

有人编了走路的动作口诀,体现了走姿的要领:双眼平视臂放松,以胸领动肩轴摆,提髋提膝小腿迈,跟落掌接趾推送。

标准的走姿为:上身基本保持站立的标准姿势,挺胸收腹,腰背笔直;两臂以身体为中心,前后自然摆动。前摆约 35°,后摆约 15°,手掌朝向体内;起步时身子稍向前倾,重心落前脚掌,膝盖伸直;脚尖向正前方伸出,行走时双脚踩在一条线缘上。

正确地行走,上体的稳定与下肢的频繁规律运动形成对比和谐、干净利落、鲜明均匀的脚步以及节奏感,前后、左右行走动作的平衡对称,都会呈现行走时的形式美。

男子走路两步之间的距离要大于自己的一个脚长,女子穿裙装走路时要小于自己的一个脚长。在正常的情况下,步速要自然舒缓,显得成熟自信,男子行走的速度标准为每分钟步速 108～110 步,女子每分钟步速 118～120 步为宜。

2) 走姿的种类

(1) 前行式走姿。身体保持起立挺拔,行进中若与人问候,要同时伴随头部和上身的左右转动,微笑点头致意。禁止只转动头部,用眼睛斜视他人的举止。

(2) 后退式走姿。当与他人告别时,扭头就走是不礼貌的。应该是先后退两三步,再转身离去。退步时不能轻擦地面,不能高抬小腿,后退的步幅要小些,两腿之间的距离不能太大,要先转身再转头。

(3) 侧行式走姿。当引导他人前行或在较窄的走廊、楼道与他人相遇时,要采用侧行式走姿。引导时要走在来宾的左侧,身体稍向右转体,左肩稍前,右肩稍后,身体朝向来宾,保持两步左右的距离。介绍环境时要辅以手势,这样就可以观察来宾的意愿,及时提供满意的服务。

3) 不良的走姿

(1) 方向不定、忽左忽右。

(2) 横冲直撞。行进中,专选人多的地方行走,在人群之中乱冲乱闯,甚至碰撞到他人的身体,这是极其失礼的。

(3) 抢道先行。行进时,要注意方便和照顾他人,通过人多路窄之处务必要讲究“先来后到”,对他人“礼让三分”,让他人先行。

(4) 阻挡道路。在道路狭窄之处,悠然自得地缓慢而行,甚至走走停停,或者多人并排而行,显然都是不妥的。还要切记,一旦发现自己阻挡了他人的道路,务必要闪身让开,请对方先行。

(5) 蹦蹦跳跳。务必要注意保持自己的风度,不宜使自己的情绪过分地表面化,例如激动起来,走路便会变成了上蹿下跳,甚至连蹦带跳的失态情况。

(6) 奔来跑去。有急事要办时,可以在行进中适当地加快步伐。但若非碰上紧急情况,则最好不要在工作时跑动,尤其不要当着客户或服务对象的面突如其来地狂奔而去,那样通常会令其他人感到莫名其妙,产生猜测,甚至还有可能造成过度紧张的气氛。

(7) 制造噪声。应有意识地使行走悄然无声,其做法如下:

① 走路时要轻手轻脚,不要在落脚时过分地用力,走得“咯咯”直响。

② 上班时不要穿带金属鞋跟或钉有金属鞋掌的鞋子。

③ 上班时所穿的鞋子一定要合脚,否则走动时会发出“吧嗒吧嗒”的令人厌烦的噪声。

(8) 身体过分摇摆,步幅忽大忽小——显得轻佻、浅薄,矫揉造作。

(9) 身体僵硬,步履缓慢沉重——显得心情不佳,内心保守顽固,思想陈旧僵化。

(10) 双手插于衣裤口袋内而行——显得褊狭小气,狂妄自傲,缺乏教养。

(11) 双手反背于身后而行——显得自恃优越,高于或长于他人。

(12) 膝盖僵直,双脚在地面上擦,腿伸不直,脚尖首先着地——显得拖沓、迟钝,缺乏朝气和活力。

(13) “外八字步”或“内八字步”(鸭子步),趿拉着鞋走发出“嚓嚓”的声响,重心后移或前移。步履蹒跚等不雅步态,要么使行进者显得老态龙钟,有气无力;要么给人以嚣张放肆、矫揉造作之感。

4. 蹲姿

俗话说:“蹲要雅。”蹲姿是人的身体在低处取物、拾物、整理物品、整理鞋袜时所呈现的姿势,它是人体静态美与动态美的综合。蹲姿要动作美观,姿势优雅。

1) 标准的蹲姿

标准的蹲姿有如下要求:首先要讲究方位,当需要拣拾低处或地面物品的时候,可走到其物品的左侧;当面对他人下蹲时,要侧身相向;当需要整理鞋袜或于低处整理物品时可面朝前方,两脚一前一后,一般情况下左脚在前,右脚在后,目视物品,直腰下蹲。直腰下蹲后,方可弯腰捡低处或地面的物品及整理鞋袜或低处工作。取物或工作完毕后,先直起腰部,使头部、上身、腰部保持在一条直线上,再稳稳站起。

2）蹲姿的种类

(1) 高低式。这是一种常见的蹲姿,其基本特征是双膝一高一低。此蹲姿男士、女士均可适用。要领是：下蹲后,左脚在前,右脚在后；左脚完全着地,小腿基本垂直于地面；右脚要脚掌着地,脚跟提起；右膝要低于左膝,右膝内侧可靠于左上腿的内侧,形成左膝高右膝低的姿态。臀部向下,基本上以右腿支撑身体。女士应注意紧靠双腿,男士两腿之间可有适当的距离,如图 3-11 所示。

图 3-11　高低式蹲姿

(2) 单膝点地式。这种蹲姿适用于男士,其特征是双腿一蹲一跪。这是一种非正式的蹲姿,多用于下蹲时间较长或为了用力方便时采用。下蹲后,右膝点地,臀部坐在其脚跟之上,以其脚尖着地；另一条腿全脚掌着地,小腿垂直于地面；双膝同时向外,双腿尽力靠拢,如图 3-12 所示。

(3) 交叉式。这种蹲姿适用于女士,优美典雅,其基本特征是双腿交叉在一起。要领是：下蹲后,左脚在前,右脚在后,左小腿垂直于地面,全脚掌着地；左腿在上,右腿在下,两者交叉重叠,右膝从后下方伸向左前侧,右脚跟抬起,脚掌着地,两腿前后靠近,全力支撑身体；上身略向前倾,臀部朝下,如图 3-13 所示。

图 3-12　单膝点地式蹲姿

图 3-13　交叉式蹲姿

3.1.2　表情

美国心理学家登布在《推销员如何了解顾客心理》一文中说：“假如顾客的眼睛朝下看,脸转向一边,表示你被拒绝了；假如他的嘴唇放松,笑容自然,下颌向前,则可能会考虑你的提议；假如他对你的眼睛注视几秒钟,嘴角以至鼻翼部位都显出微笑,笑得很轻松,而且很热情,这项买卖就做成了。”由此可见,面部表情在传情达意方面有着重要的作用。面部表情语言,就是通过面部器官(包括眼、嘴、舌、鼻、脸等)的动作势态所表达的信息。美国学者巴克经过研究发现,仅人的脸就能够做出大约 25 万种不同的表情,所以人的面部表情是十分丰富的。

在交际过程中，交际双方最易被观察的"区域"莫过于面部。由于脸上的神色是心灵波动的反映，面部表情是人心理状态的体现，因此，人的基本情感及各种复杂的内心世界都能从面部真实地表现出来。我们在日常生活中时时都在使用面部表情这一身体语言。求人办事，请人帮忙，无一不需注意对方的"晴雨表"——脸色。由此可见，观察对方面部表情对于礼仪交往有着重要的作用。

在此重点介绍眼神和微笑。

1. 眼神

俗话说"眼睛是心灵的窗户"，它是人体传递信息最有效的器官，而且能够表达出最细微、最精妙的差异，显示出人类最明显、最准确的交际信号。正如印度著名诗人泰戈尔所说："在眼睛里，思想敞开或是关闭，放出光芒或是没人黑暗，静悬着如同落月，或者像忽闪的电光照亮了广阔的天空。那些自有生以来除了嘴唇的颤动之外没有语言的人，学会了眼睛的语言，这在表情变化上是无穷无尽的，像海一般的深沉，天空一般的清澈，有黎明和黄昏，也有光明与阴影。"据研究显示，在人的视觉、听觉、味觉、嗅觉和触觉感受中，唯独视觉感受最为敏感，人由视觉感受到的信息占总信息的83%。在汉语中用来描述眉目表情的成语就有几十个，如"眉飞色舞""眉目传情""愁眉不展""暗送秋波""眉开眼笑""瞠目结舌""怒目而视"……这些成语都是通过眼语来反映人们的喜、怒、哀、乐等情感的，人的七情六欲都能从眼睛这个神秘的器官内显现出来。眼神有如下功能：

一是专注功能。反映一个人的注意程度和感兴趣程度。因此，在进行商务交流时，要特别注意交流对象的眼神变化，当我们在向交流对象介绍某项业务或产品时，对方的眼神无光，可能说明对方对我们的业务、产品没兴趣，或者对我们的介绍方式不感兴趣。此时就要及时调整策略，重新激发对方的兴趣。

二是说服功能。在劝说过程中，为了使被劝说者感到真诚可信，必须与对方保持较亲密的视线接触。

三是亲和功能。与尽可能多的人保持友善的视线接触，是一个人建立良好人际关系的必要前提。我们很多人际关系的建立正是从眼神交流开始的。屈原《九歌·少司命》中有"满堂兮美人，忽独与余兮目成"，说的就是眼神交流所达到的亲和功能。

四是暗示功能。眼神交流的暗示功能最典型的例子，就是《国语·召公谏厉王弭谤》中的"道路以目"。暴虐的厉王严禁百姓议论朝政，违者处斩。于是"国人莫敢言，道路以目"。老百姓在路上不敢再用语言交流了，而是用眼神来暗示内心的不满。除了在这种特殊时期外，我们在一些特殊场合也会用到这种功能，如谈判、重要会议等。

五是表达情感功能。人的眼神可以很准确地表现出喜悦、厌恶、愤怒、悲伤、嫉妒等感情。在进行商务交流时，我们一定要高度关注交流对象眼神中的情感表现，并及时调整自己的交流内容和方式方法。同时，在用语言传递信息时，我们的眼神所表现出的感情内涵一定要与之密切配合。

六是表示地位与能力功能。人的眼神可以表现出他的社会地位、在工作单位的地位，以及其领导能力。地位高的人、自信的人往往目光坚定有力，反之则往往目光暗淡、散乱。街头卜卦算命者之所以常常能令接受服务的人所信服，就是因为他们通过对对方眼神的探究进行推测而实现的。

眼神主要由注视的时间、视线的位置和瞳孔的变化3个方面所组成的。

(1) 注视的时间。据有人调查研究显示,人们在交谈时,视线接触对方脸部的时间约占全部谈话时间的30%~60%,超过这一平均值,则可认为对谈话者本人比谈话内容更感兴趣;低于平均值,则表示对谈话内容和谈话者本人都不怎么感兴趣。不难想象,如果谈话时心不在焉、东张西望,或只是由于紧张、羞怯而不敢正视对方,目光注视的时间不到谈话时间的1/3,这样的谈话,必然难以被人所接受和信任。当然,必须考虑到文化背景,如一些地区的人注视对方则可能会造成冒犯。

(2) 视线的位置。人们在社会交往中,不同的场合和对象,目光所及之处也是有差别的。有的人在与比较陌生的人打交道时,往往因为不知道怎样安置目光而窘迫不安;已被人注视而将视线移开的人,大多怀有相形见绌之感;频繁而急速地转动眼珠,是一种反常的举动,常被用作掩饰的一种手段,或内疚,或恐惧,或撒谎,需据不同情况作出相应判断。当然,如果死死地盯着对方或者东张西望,不仅极不礼貌,而且也显得漫不经心。一般来说,视线向下代表权威感和优越感;视线向上代表服从与任人摆布;视线水平代表客观和理智。

(3) 瞳孔的变化。瞳孔的变化即视觉接触时瞳孔的放大或缩小。心理学家往往按瞳孔大小的变化规律,来测定一个人对不同事物的兴趣、爱好、动机等。兴奋时,人的瞳孔会扩张到平常的4倍大;相反,生气或悲哀时,消极的心情会使瞳孔收缩到很小,眼神必然无光。所谓"含情脉脉""怒目而视"等大多与瞳孔的变化有关。据说,古时候的珠宝商人已注意到这种现象,他们能窥视顾客的瞳孔变化而猜测对方是否对珠宝感兴趣,从而决定是抬高价钱还是降低价钱。

在社交过程中,与朋友会面或被介绍认识时,可凝视对方稍久一些,这既表示自信,也表示对对方的尊重。双方交谈时,应注视对方的眼鼻之间,表示重视对方及对其发言感兴趣。当双方缄默不语时,就不要再看着对方了,以免加剧因无话题而造成的尴尬。当别人说错了话或显得拘谨时,请务必马上转移视线,以免对方把自己的眼光误认为是对其的嘲笑和讽刺。如果你希望在争辩中获胜,那就千万不要移开目光,直到对方眼神转移为止。送客时,要等客人走出一段路,不再回头张望时,才能转移目送客人的视线,以示尊重。

在谈判中也很讲究眼神的运用。一方让眼镜滑落到鼻尖上,眼睛从眼镜上面的缝隙中窥探,就是对对方鄙视和不敬的情感表露。一方在不停地转动眼珠,就要提防其在打什么新主意。双目生辉,炯炯有神,是心情愉快、充满信心的反映,在谈判中持这种眼神有助于取得对方的信任和合作。相反,双眉紧锁、目光无神或不敢正视对方,都会被对方认为无能,可能会导致对自己不利的结果。

眼神还可传递其他信息,已被人注视而将视线移开的人,大多怀着相形见绌之感,有很强的自卑感。无法将视线集中在对方身上或很快收回视线的人,多半属于内向型性格。仰视对方,表示怀有尊敬、信任之意;俯视对方表示有意保持自己的尊严。视线活动多且有规则,表明其在用心思考。听别人讲话,一面点头,一面却不将视线集中在谈话人身上,表明其对此话题不感兴趣。说话时对方将视线集中在你身上的人,表明他渴望得到你的理解和支持。游离不定的目光所传递出来的信息是心神不宁或心不在焉。

眼神表达出异常丰富的信息，但微妙的眼神有时是只可意会、难以言传的，只能靠我们在社会实践中用心体察、积累经验、努力把握，方能在社交中灵活运用。

2. 微笑

著名画家达·芬奇的杰作《蒙娜丽莎》是文艺复兴时期最出色的肖像作品之一。画中女士的微笑给人以美的享受，使人们充满对真善美的渴望，至今让人回味无穷。

一位美国人在纽约发起了一场名为"微笑运动"的活动，他每天站在街上最繁华的位置，对经过的人微笑。

第一天，没人注意他，大家都要上班。

第二天，有人骂他神经病。

第三天，走过的人都冲他微笑。

第四天，一些人过来问自己可不可以也加入这项活动。

每个人的笑脸都是一种令人感觉舒畅的面部表情，它不仅缩短了人与人之间的心理距离，而且更为彼此的深入沟通与交往创造了温馨和谐的氛围。因此，有人把笑容比作人际交往的润滑剂。

微笑作为一种特殊的语言——"情绪语言"。它可以和有声语言及行动相配合，起"互补"作用，沟通人们的心灵，架起友谊的桥梁，给人以美好的享受。工作、生活中离不开微笑，社交中更需要微笑。

微笑是世界通用的体态语，它超越了各种民族和文化的差异。微笑是人人都喜爱的体态语，正因如此，无论是个人还是组织，都十分重视微笑所起到的作用。

美国有一个城市被称为"微笑之都"，它就是爱达荷州的波卡特洛市，该市通过一项法令，该法令规定全体市民不得愁眉苦脸或拉长面孔，否则违者将被送到"欢容遣送站"去学习微笑，直到学会微笑为止。波卡特洛市每年都会举办一次"微笑节"，可以想象，"微笑之都"的市民的微笑绝不比"蒙娜丽莎"逊色。

世界著名的希尔顿饭店总经理希尔顿，每当遇到员工时，都要询问这样的一句话："你今天对顾客微笑了吗？"他指出："饭店里第一流的设备重要，而第一流服务员的微笑更重要，如果缺少服务员的美好微笑，好比花园里失去了春日的太阳和春风。假如我是顾客，我宁愿住进虽然只有破旧地毯，却处处可见到微笑的饭店，而却不愿走进只有一流设备而不见微笑的地方。"正是因为希尔顿深谙微笑的魅力，才使希尔顿饭店誉满全球。

世界著名的保险业精英，被称为"推销之神"的日本的原一平对微笑有着非常深刻的认识，他积累了自己50年的经验，总结出微笑的十大好处。

第一，笑把你的友善和关怀有效地传达给准客户。

第二，笑能拆除你与准客户之间的"藩篱"，打开双方的心扉。

第三，笑使你的外表更迷人。

第四，笑可以消除双方的戒心与不安，以打开僵局。

第五，笑能消除自卑感。

第六，你的笑能感染对方也笑，创造出和谐的交谈氛围。

第七,笑能建立准客户对你的信赖感。

第八,笑能除去自己的哀伤,迅速地重建自信。

第九,笑是表达爱意的捷径。

第十,笑会增进活力,有益健康。

原一平经常苦练微笑,经过刻苦的训练,他的笑达到了炉火纯青的地步,被誉为"价值百万美元的笑容",因为他的年薪就是100万美元。他的笑能够散发出无比诱人的魅力。

微笑是有规范的,一般要注意以下4个方面。

一是口眼结合。要口到、眼到、神色到,笑眼传神,微笑才能扣人心弦。

二是笑要与神、情、气质相结合。这里讲的"神",就是要笑得有情入神,笑出自己的神情、神色、神态,做到情绪饱满,神采奕奕;"情",就是要笑出感情,笑得亲切、甜美,反映美好的心灵;"气质",就是要笑出谦逊、稳重、大方、得体的良好气质。

三是笑要与语言相结合。语言和微笑都是传播信息的重要符号,只有注意微笑与美好语言相结合,声情并茂,相得益彰,微笑方能发挥出它应有的特殊功能。

四是笑要与仪表、举止相结合。以笑助姿、以笑促姿,形成完整、统一、和谐的美。

尽管微笑有其独特的魅力和作用,但若不是发自内心的真诚的微笑,那将是对微笑语的亵渎。有礼貌的微笑应是自然而坦诚的,是内心真实情感的表露。否则强颜欢笑,假意奉承,那样的"微笑"则可能演变为"皮笑肉不笑""苦笑"。比如,拉起嘴角一端微笑,使人感到虚伪;吸着鼻子冷笑,使人感到阴沉;捂着嘴笑,给人以不自然之感。这些都是失礼之举。

3.1.3 手势

手是人体最富灵性的器官,如果说"眼睛是心灵的窗户",那么手就是心灵的触角,是人的第二双"眼睛"。手势在传递信息、表达意图和情感方面发挥着重要作用。

手势活动的范围,有上、中、下3个区域。此外,还有内区和外区之分。肩部以上称为上区,多用来表示理想、希望、宏大、激昂等情感,表达积极肯定的意思;肩部至腰部称为中区,多表示比较平静的思想,一般不带有浓厚的感情色彩;腰部以下称为下区,多表示不屑、厌烦、反对、失望等,表达消极否定的意思。

1. 常见的手势

(1) 引领的手势。在各种交往场合都离不开引领动作,例如请客人进门、客人坐下、为客人开门等,都需要运用手与臂的协调动作,同时,由于这是一种礼仪,还必须注入真情实感,调动全身活力,使心与形体形成高度统一,才能做出色彩和美感。引领动作主要有以下几种表现形式。

第一,横摆式。以右手为例:将五指伸直并拢,手心不要凹陷,手与地面呈45°,手心向斜上方。腕关节微屈,腕关节要低于肘关节。做动作时,手从腹前抬起,至横膈膜处,然后以肘关节为轴向右摆动,到身体右侧稍前的地方停住。同时,双脚形成右丁字步,左手下垂,目视来宾,面带微笑。这是在门的入口处常用的谦让礼姿势,如图3-14所示。

第二,曲臂式。当一只手拿着东西,扶着电梯门或房门,同时要做出"请"的手势时,可采用曲臂手势。以右手为例：五指伸直并拢，从身体的侧前方向上抬起，至上臂离开身体的高度，然后以肘关节为轴，手臂由体侧向体前摆动，摆到手与身体相距 20 厘米处停止，面向右侧，目视来宾，如图 3-15 所示。

第三，斜下式。请来宾入座时，手势要斜向下方。以右手为例：首先用双手将椅子向后拉开，然后一只手曲臂由前抬起，再以肘关节为轴，前臂由上向下摆动，使手臂向下成一条斜线，并微笑点头示意来宾，如图 3-16 所示。

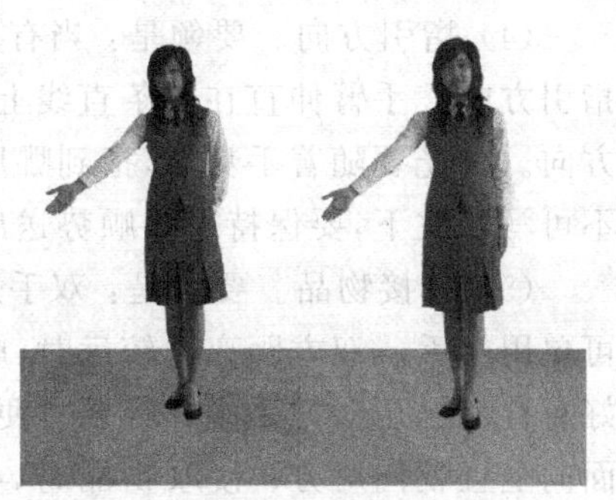
图 3-14 横摆式引领手势

图 3-15 曲臂式引领手势

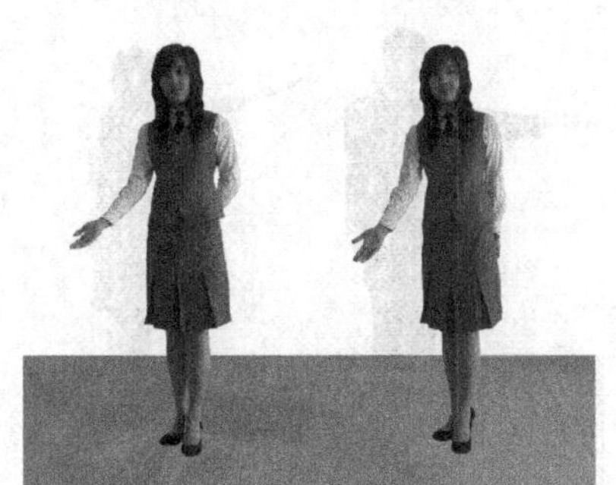
图 3-16 斜下式引领手势

(2) 招呼他人。手放于体侧，手臂伸直在一条直线上，向前向上抬起，手掌向下，屈伸手指做搔痒状或晃动手腕，如图 3-17 所示。这种手势在中国、欧洲的大部分地区以及拉丁美洲的许多国家都比较适用，但在美国、日本等国家却与此相反，他们用掌心向上，手指向内屈伸手指做搔痒状或晃动手腕来招呼别人，而在中国和马来西亚等国家这种手势却是用来召唤动物的。

(3) 挥手道别。要领是：身体要站直，不晃动，目视对方。手臂伸直，成一条直线，手放在体侧，向前向上抬至与肩同高或略高于肩，手臂不可弯曲，掌心朝向对方，指尖朝向上方，五指并拢，晃动手腕，如图 3-18 所示。

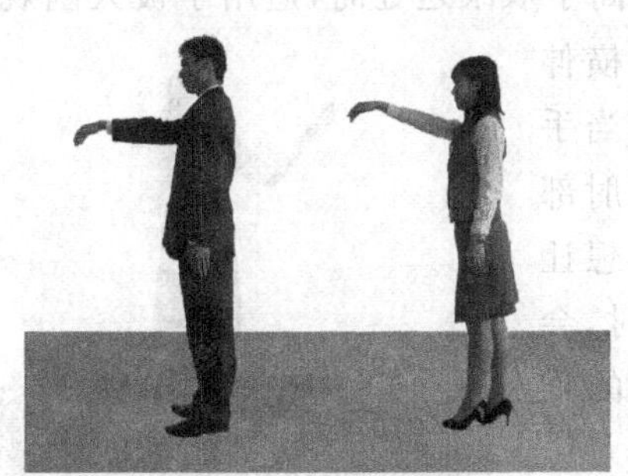
图 3-17 招呼他人手势

图 3-18 挥手道别手势

(4) 指引方向。要领是：当有人询问去处时，要先行站直，不可尚未站稳或在行走中指引方向。手臂伸直在一条直线上，五指并拢，手掌翻转到掌心朝上，与肩平齐，直指准确方向。目光要随着手势走，指到哪里要看到哪里，否则易使对方迷惑。指引方向后，手臂不可马上放下，要保持手势顺势送出几步，以体现对他人的关怀和尊敬，如图 3-19 所示。

(5) 递接物品。要领是：双手递送、接取物品，不方便用双手时，也可用右手，但绝不可单用左手。双方距离比较远时，应起身站立，主动走近对方递送或接取物品。递送时最好直接递送至对方手中并且要方便对方接取。递送有文字、图案、正反面的物品时，要正面向上且朝向对方；接取物品时，要缓而且稳，不要急欲抢取，如图 3-20 所示。递送带尖、带刃或其他易于伤人的物品时，应使其朝向自己或朝向他处，切不可朝向对方，如图 3-21 所示。

图 3-19 指引方向手势

图 3-20 递接物品

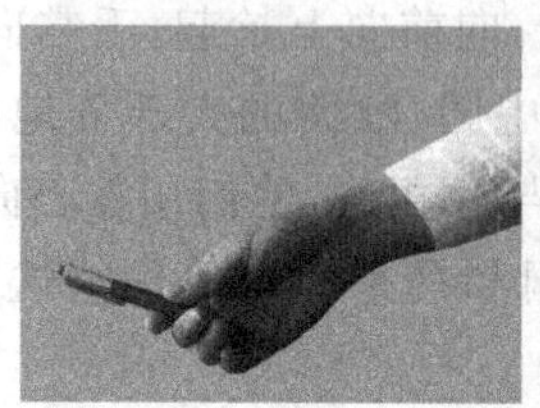

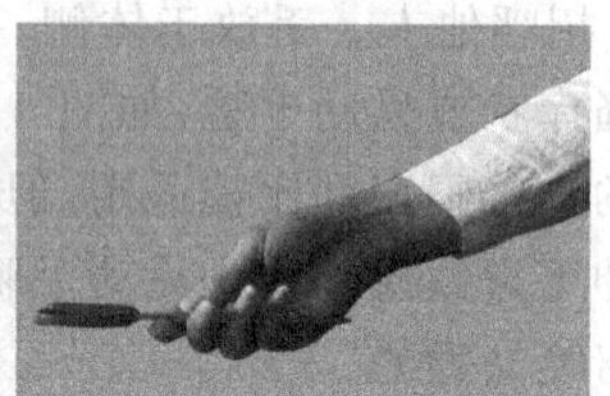

图 3-21 递笔、刀、剪子

(6) 展示物品。要领是：应使物品在身体的一侧展示，不要挡住本人头部。展示的位置不同，表明物品的意义也不同：当手持物品高于双眼之处时，适用于被人围观时所采用；当手持物品位于眼睛下方、胸部上方，双臂横伸并在肩至肘部以内时，会给人以放心、稳定感；当手持物品位于眼睛下方、胸部上方，双臂伸直并在肘部以外时，会给人以清楚感，通常在这个位置展示想让对方看清楚的物品；当手持物品位于胸部以下时，会给人以漠视感，通常展示不太重要或不太明显的物品时采用，如图 3-22 所示。

图 3-22 展示物品

(7) 鼓掌。鼓掌是在观看文体表演、参加会议、迎候嘉宾时，表示赞赏、鼓励、祝贺、欢迎等情感的一种手势。要领是：右手掌心向下有节奏地拍击左掌，不可左掌向上拍击右掌；不可右掌向左，左掌向右，两掌互相拍击。鼓掌时间要长短相宜，以5～8秒为宜。

2. 常见手势语

(1) OK的手势。拇指和食指合成一个圆圈，其余三指自然伸张，如图3-23所示。这种手势在西方某些国家比较常见，但应注意在不同国家其语义也有所不同。如：美国表示“赞扬”“允许”“了不起”“顺利”“好”；在法国表示“零”或“无”；在印度表示“正确”；在中国表示“零”或“三”这两个数字；在日本、缅甸、韩国则表示“金钱”；在巴西则是“引诱女人”或“侮辱男人”之意；在地中海的一些国家则是“孔”或“洞”的意思，常用此来暗示、影射同性恋。

(2) 伸大拇指手势。大拇指向上，在说英语的国家多表示OK之意或是打车之意；若用力将大拇指挺直，则含有骂人之意；若大拇指向下，多表示坏、下等人之意。在我国，向上伸出大拇指表示赞同、一流、好等，向下伸出大拇指则表示蔑视、不好之意。伸大拇指手势如图3-24所示。

(3) V字形手势。伸出食指和中指，掌心向外，其语义主要表示胜利(英文victory的第一个字母)，掌心向内，在西欧表示侮辱、下贱之意。这种手势还时常表示“二”这个数字。V字形手势如图3-25所示。

图3-23 OK的手势

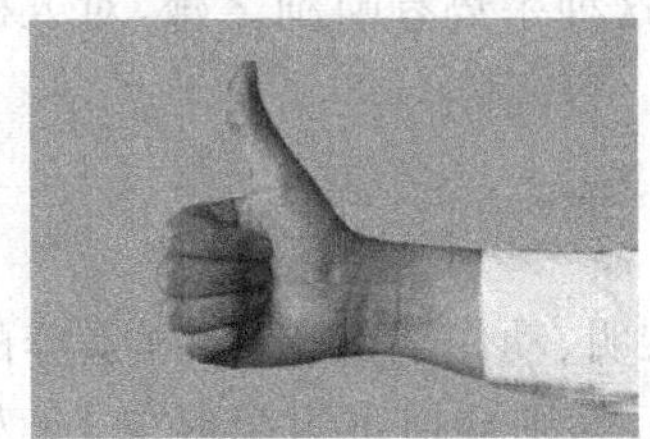

图3-24 伸大拇指手势

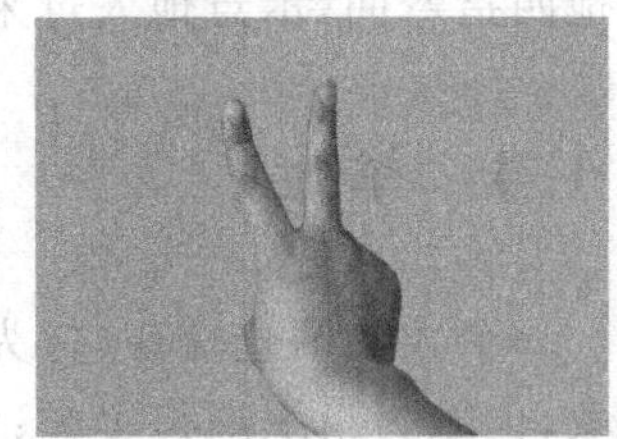

图3-25 V字形手势

(4) 伸出食指手势。在我国及亚洲一些国家表示“一”“一个”“一次”等；在法国、缅甸等国家则表示“请求”“拜托”之意。在使用这一手势时，一定注意不要用手指指人，更不能在面对面时用手指着对方的面部和鼻子，这是一种不礼貌的动作，且容易激怒对方。

(5) 捻指作响手势。就是用手的拇指和食指弹出声响，其语义或表示高兴，或表示赞同，或是无聊之举，有轻浮之感。应尽量少用或不用这一手势，因为其声响有时会令他人反感或觉得没有教养，尤其是不能对异性运用此手势，这是带有挑衅、轻浮之举。

3. 不良的手势

手势是人的第二面孔，具有抽象、形象、情意、指示等多种表达功能，服务人员应根据对方的手所表现出的各种仪态，准确判读各种手势所传达出的各种真实的、本质的信息，以更好地完成服务工作任务。服务人员在使用手势语时，以下几种手势是值得特别重视的，否则，将会给对方传达出不良的信息。

(1) 指指点点。工作中绝不可随意用手指对服务对象指指点点,与人交谈时更不可这样做。用手指点着别人说话,往往会引起他人较大的反感。

(2) 随意摆手。在接待服务对象时,不可将一只手臂伸在胸前,指尖向上,掌心向外,左右摆动。这些动作的一般含义是拒绝别人,甚至还有极不耐烦之意。

(3) 端起双臂。双臂抱起,然后端在胸前这一姿势,往往暗含孤芳自赏、自我放松、置身度外、袖手旁观或看他人笑话之意。

(4) 双手抱头。这一体态的本意是自我放松,但在服务时这么做,则会给人以目中无人之感。

(5) 摆弄手指。工作无聊时反复摆弄自己的手指,活动关节或将其捻响、打响指,要么莫名其妙地攥、松拳,或是手指动来动去,在桌面或柜台不断敲扣,这些往往会给人不严肃、很散漫之感,令人望而生厌。

(6) 手插口袋。这种表现会使客人觉得服务人员忙里偷闲,在工作方面并未尽心尽力。

(7) 搔首弄姿。这种手势,会给人以矫揉造作、当众表演之感。

(8) 抚摸身体。在工作之时,有人习惯抚摸自己的身体,如摸脸、擦眼、搔头、挖鼻、剔牙、抓痒、搓泥,这会给别人缺乏公德意识、不讲究卫生、个人素质极其低下的印象。

(9) 勾指手势。请他人向自己这边过来时,用一根食指或中指竖起并向自己怀里勾,其他四指弯曲,示意他人过来,这种手势有唤狗之嫌,对人极不礼貌。

3.1.4 举止

一个人的举止端庄、行为文明、动作规范,是良好素养的表现,它能帮助个人树立美好形象,也能为组织赢得美誉;反之,则会损害组织形象。《人民日报》有过这样一则报道:

中国长江医疗机械厂经过艰难的谈判,即将与美国客商约瑟先生签订"输液管"生产线的合同,然而在参观车间时,厂长陋习难改,在地上吐了一口痰,约瑟看后一言不发,掉头就走,只留给厂长一封信:"我十分钦佩您的才智和精明,但您吐痰的这一幕使我彻夜难眠。一个厂长的卫生习惯可以反映出一个工厂的管理素质。况且我们合作的产品是用来治病的,人命关天。请原谅我的不辞而别,否则上帝会惩罚我的。"

一口痰毁了一项合同,可见,日常举止是优美仪态的一个重要组成部分,端庄的举止、文明的行为体现在日常生活中的方方面面,社交中也要求人们的举止要有一定的约束。例如,以下不受欢迎的坏习惯和不良举止就应在交际中努力戒除。

1. 打呵欠

当你在与人谈话的时候,尤其是当对方在滔滔不绝地发表意见时,你也许感到疲倦了,这时一定要按捺住性子不让自己打呵欠,否则会引起交际对象的不快。打呵欠在社交场合中给人的印象是:表示你不耐烦了,而不是你疲倦了。

2. 掏耳和挖鼻

有的人有这类不雅的小动作，大家正在喝茶或吃东西的时候，掏耳的小动作往往令旁观者感到恶心，这个小动作实在不雅，而且失礼。即使你想“洗耳恭听”，此时此地也不是时候。同样，用手指挖鼻孔也是非常失礼的动作。

3. 剔牙

宴会上，谁也免不了有剔牙的小动作，既然这种小动作不能避免，就得注意剔牙时不要露出牙齿，而且不要把碎屑乱吐，最好用左手掩嘴，头略向侧偏，吐出碎屑时用纸巾接住。

4. 搔头皮

有些头皮屑多的人，在社交场合也忍耐不住头皮屑刺激的瘙痒，而搔起头皮来。搔头皮必然使头皮屑随风乱飞，这不仅难看，而且会令旁人大感不快。搔头皮这种行为在社交场合是非常失礼的。特别是在宴会上，或者较为严肃、庄重的场合有如此的小动作是很难叫人谅解的。

5. 双腿抖动

这种小动作多发生在坐着的时候，站立时较为少见，虽然无伤大雅，但双腿颤动不停，会令对方觉得不舒服，而且也给人情绪不安定的感觉，这也是失礼的表现。同样，让跷起的腿钟摆似的打秋千，也是相当难看的姿态。

6. 频频看表

在与人交谈时，如果无其他重要约会，最好少看表。这样的小动作会使对方认为你还有什么重要的事情，不会使谈话继续下去；同时，你的这种小动作可能会引起对方的误会，认为你没有耐心再谈下去。如果你确实有事在身，不妨婉转地告诉对方改日再谈，并表示歉意。

3.2 能力开发

3.2.1 案例讨论

案例 1

晋升与个人形象

张伟在公司已经干了好几年了，论工龄、年资、工作经验，他都比贾峰要好很多，可是，刚进公司一年的贾峰就已经当上了部门主管，而张伟却还只是小组长。这让他心里有点不平衡,他也不清楚自己究竟在哪里比贾峰差。

在年底评优秀员工时,张伟觉得肯定是自己,因为他今年超额完成了任务,再加上他的资历,他非常有把握。公司其他员工也都这样认为。可是评选结果却出人意料,年度优秀员工不是他,而是贾峰。他彻底不明白了,于是他找到了经理,想要问清楚究竟是什么原因。经理意味深长地看了他一眼,告诉他,其实他和贾峰两个人的业绩真的是不相上下,之所以贾峰晋升得比较快,和个人形象有着很大的关系。不是贾峰长得帅,而是张伟在走路时,总是拖拖拉拉,没有一点男子汉的气势,给人一种特别不自信的感觉。这让客户多少对他有点不太感冒。而今年优秀员工评选采用的是让客户投票的方式,因此张伟没有比过贾峰。

(资料来源:王丽娟.员工礼仪[M].北京:中国言实出版社,2011.)

思考题:

(1) 怎样的步态才能显出男子汉的气势?

(2) 本案例对你有何启示?

案例 2

面　试

一次,有位老师带着三位毕业生同时去应聘一家酒店总台接待职位,面试前老师怕学生面试时紧张,便同人事部经理商量让三位同学一起进行面试。三位同学进入人事部经理的办公室后,经理上前请三位同学入座。当经理回到办公桌前,抬头一看欲言又止,只见两位同学坐在沙发上,一个跷起二郎腿而且两腿不停地抖动,另一个身子松懈地斜靠在沙发一角,两手攥握手指咯咯作响,只有一位同学端坐在椅子上等候面试,人事部经理起身非常客气地对两位坐在沙发上的同学说:"对不起,你们的面试已经结束了,请退出。"两位同学四目相对,不知何故,面试怎么还没问就结束了呢?

(资料来源:佚名. 服饰礼仪和生活服饰的案例[EB/OL].[2008-05-26]. http://wenwen.soso.com/z/q64796231.htm.)

思考题:

(1) 面试还没问就结束的原因是什么?

(2) 本案例对你有哪些启示?

案例 3

用微笑沟通心灵

今年28岁的孟昆玉是北京和平门路口岗的一位普通交警,凡是从这个十字路口经过的人,对他的微笑都有深刻的印象。他的微笑不仅是他的一张"名片",而且成为他工作中与司机有效沟通的"秘密武器"。孟昆玉参加工作8年来,每天都把笑容挂在脸上,用微笑化解矛盾,赢得理解,建立了非常和谐的警民关系,工作8年没有一起投诉,他不仅获得了"微笑北京交警之星""百姓心中好交警""首都五一劳动奖章"等荣誉称号,而且还被广大网友盛赞为"京城最帅交警"。

警察在人们心目当中一般都是很严肃的。而孟昆玉,一个年轻的"80后"交警,何以有这样好的心态，能保持8年如一日的微笑呢？孟昆玉说：“从参加工作以来，我的口头语就是‘您好’。无论是路面上还是在单位见到同志，我觉得一个微笑，一声‘您好’，就能够拉近人和人之间的距离。如果你给司机一个微笑，一个敬礼，一声‘您好’，就有了沟通的基础。”

是啊，微笑是人类最美的表情，是人们心灵沟通的钥匙。当一个人对你微笑的时候，你能感觉到他心中的暖意，感受到他对你的善意和友好。反之，一个人若总是紧绷着脸，冷若冰霜，就会让人退避三舍，不愿接近。让我们都像孟昆玉一样，用微笑去沟通心灵，让文明成为一种行动，让我们居住的这座城市因你我而更加绚烂！

（资料来源：侯爱兵.用魏霞沟通心灵[EB/OL].[2009-10-22].http://blog.sina.com.cn/s/blog_5a15f4820100fqg6.html.）

思考题：

(1) 结合自身感受谈谈微笑的作用。

(2) 微笑应注意什么？

(3) 本案例对你有哪些启示？

案例4

OK 手 势

一位美国的工程师被公司派到在德国收购的分公司，和一位德国工程师在一部机器上并肩作战。当这个美国工程师提出建议改善新机器时，那位德国工程师表示同意并问美国工程师自己这样做是否正确。这个美国工程师用美国的OK手势给以回答。那位德国工程师放下工具就走开了，并拒绝和这位美国工程师进一步交流。后来这个美国工程师从他的一位主管那里了解到这个手势对德国人来说意味着侮辱。

（资料来源：国英.公共关系与现代交际礼仪案例[M].北京：机械工业出版社，2004.）

思考题：

(1) OK手势具有什么含义？

(2) 怎样避免发生案例中的情况？

案例5

“总统”的仪态

曾任美国总统的老布什，能够坐上总统的宝座，成为美国“第一公民”，与他的仪态表现分不开。在1988年的总统选举中，布什的对手杜卡基斯，猛烈抨击布什是里根的影子，没有独立的政见。而布什在选民心中的形象也的确不佳，在民意测验中一度落后于杜卡基斯10多个百分点。孰料两个月以后，布什以光彩照人的形象扭转了劣势，反而领先10多个百分点，创造了奇迹。原来布什有个毛病，他的演讲不太好，嗓音又尖又细，手势及手臂动作总显出死板的感觉，身体动作不美。后来布什接受了专家的指导，纠正了尖细的嗓音、生硬的手势和不够灵活的摆动手臂的动作，结果就有了新颖独特的魅力。在以后的竞选中，布什竭力表现出强烈的自我意识，改变了原来人们对他的评价。他穿着卡其布蓝条厚衬衫,以显示“平民化”,终于获得了最后的胜利。

(资料来源:李莉.实用礼仪教程[M].北京:中国人民大学出版社,2006.)

思考题:

(1) 老布什竞选总统获胜说明了什么?

(2) 本案例对你有何启示?

案例 6

金先生失礼

在风景秀丽的某海滨城市的朝阳大街上,耸立着一座宏伟的楼房,楼顶上“远东贸易公司”六个大字格外醒目。某照明器材厂的业务员金先生按原计划,手拿企业新设计的照明器材样品,兴冲冲地登上了六楼,脸上的汗珠未及擦一下,便直接走进了业务部张经理的办公室,正在处理业务的张经理被吓了一跳。“对不起,这是我们企业设计的新产品,请您过目。”金先生说。张经理停下手中的工作,接过金先生递过的照明器,随口赞道:“好漂亮啊!”并请金先生坐下,倒上一杯茶递给他,然后拿起照明器仔细研究起来。金先生看到张经理对新产品如此感兴趣,如释重负,便往沙发上一靠,跷起二郎腿,一边吸烟一边悠闲地环视着张经理的办公室。当张经理问他电源开关为什么装在这个位置时,金先生习惯性地用手搔了搔头皮。好多年了,别人一问他问题,他就会不自觉地用手去搔头皮。虽然金先生作了较详尽的解释,张经理还是有点半信半疑。谈到价格时,张经理强调:“这个价格比我们的预算高出很多,能否再降低一些?”金先生回答:“我们经理说了,这是最低价格,一分也不能降了。”张经理沉默了半天没有开口。金先生却有点沉不住气,不由自主地拉松领带,眼睛盯着张经理,张经理皱了皱眉,问:“这种照明器的性能先进在什么地方?”金先生又搔了搔头皮,反反复复地说:“造型新、寿命长、节电。”张经理托词离开了办公室,只剩下金先生一个人。金先生等了一会儿,感到无聊,便非常随便地抄起办公桌上的电话,同一个朋友闲谈起来。这时,门被推开,进来的却不是张经理,而是办公室秘书。

(资料来源:佚名.指出金先生失礼之处[EB/OL].[2016-11-23].https://wenku.baidu.com/view/3f374a3feffdc8d376eeaeaad1f34693daef104d.html.)

思考题:

(1) 请指出金先生的失礼之处。

(2) 本案例对你有何启示?

案例 7

一个喷嚏损失 500 万元

某公司经理好不容易和一家外国企业就一项合作计划达成了协议。就在他兴高采烈地随同那家外国企业老板去顶楼会议室出席签约仪式步入电梯时,冷不丁地打了一个大喷嚏,而且打喷嚏时也没有用手或其他东西挡一下嘴巴,唾沫星溅到了站在他前面的那名外商脖子上,他连句道歉的话都没有讲。电梯停下来以后,那名外商头也不回地又走进了旁边正准备下降的电梯，随即宣布合作取消。

那名外商回国后，还特意给该公司经理邮寄来一个包裹，打开一看，发现是几打精致的手帕。该经理别提有多么懊悔了。

（资料来源：夏志强．人生要懂的100个商务礼仪[M]．北京：中国书店，2006.）

思考题：

（1）交际场合应杜绝哪些不良的行为举止？

（2）本案例对你有何启示？

3.2.2 实训项目

项目1 站姿训练

实训目标：掌握站姿的基本要领和不同场合下的站姿，纠正不良站姿。

实训学时：2学时。

实训地点：形体训练室。

实训准备：四面墙安装有长度及地镜子的形体训练室、书籍、音乐播放器材、音乐歌曲CD、MP4文件等。

实训方法：

（1）面向镜子按照动作要领体会标准的站姿。

（2）个人靠墙站立，要求后脚跟、小腿、臀、双肩、后脑勺都紧贴墙，进行整体的直立和挺拔训练。每次训练20分钟左右(应坚持每天1次)。

（3）在头顶放一本书使其保持水平促使人把颈部挺直，下巴向内收，上身挺直，每次训练20分钟左右(应坚持每天1次)。

（4）为了使双腿站直，可两腿之间夹一本书进行训练。

（5）训练时可以配上优美的音乐，放松心情，减轻单调、疲劳之感。女性穿半高跟鞋进行训练，以强化训练效果。

训练手记：通过训练，我的收获是＿＿＿＿＿＿＿＿＿＿＿＿＿＿＿＿＿＿＿＿。

项目2 坐姿训练

实训目标：掌握坐姿的基本要领和不同场合下的坐姿，纠正不良坐姿。

实训学时：2学时。

实训地点：形体训练室。

实训准备：四面墙安装有长度及地镜子的形体训练室、靠背椅子若干把、书籍、音乐播放器材、音乐歌曲CD、MP4文件以及训练器材等。

实训方法：

（1）面对镜子，按坐姿基本要领，着重脚、腿、腹、胸、头、手部位的训练，体会不同坐姿，纠正不良习惯，尤其注意起座、落座练习。每次训练20分钟(应坚持每天1次)。

（2）训练时可以配上优美的音乐，放松心情，减轻单调、疲劳之感。女性穿半高跟鞋进行训练，以强化训练效果。

（3）利用器械训练，增强腰部、肩部力量和灵活性，进行舒肩展背动作练习。

训练手记：通过训练，我的收获是＿＿＿＿＿＿＿＿＿＿＿＿＿＿＿＿＿＿＿＿＿＿＿＿＿＿＿＿＿＿。

项目3 走姿训练

实训目标：掌握走姿的基本要领和特定场合下的走姿，纠正不良走姿。

实训学时：2学时。

实训地点：形体训练室。

实训准备：四面墙安装有长度及地镜子的形体训练室、书籍、音乐播放器材、音乐歌曲CD、磁带等。

实训方法：

(1) 在地面上画一条直线，行走时手部叉腰，上身正直，双脚内侧踩在线上，按要求走出相应的步位与步幅。纠正行走时摆胯、送臀、扭腰、“八字步态”，以及步幅过大过小的毛病。训练时配上行进音乐，音乐节奏为每分钟60拍。

(2) 头顶书本行走，进行整体平衡练习。重点纠正行走时低头看脚、摇头晃脑、东张西望、脖颈不正、弯腰弓背的毛病。

(3) 进行原地摆臂训练。站立，两脚不动，原地晃动双臂，前后自然摆动，手腕进行配合，掌心要朝内，以肩带臂，以臂带腕，以腕带手，纠正双臂横摆、同向摆动、单臂摆动、双臂摆幅不等的现象。

(4) 对着镜子行走，进行面部表情等整体协调性的训练。

(5) 训练时可以配上优美的音乐，放松心情，减轻单调、疲劳之感。女性穿半高跟鞋进行训练，以强化训练效果。

训练手记：通过训练，我的收获是＿＿＿＿＿＿＿＿＿＿＿＿＿＿＿＿＿＿＿＿＿＿＿＿＿＿＿＿＿＿。

项目4 蹲姿训练

实训目标：掌握蹲姿的基本要领和特定场合下的蹲姿，纠正不良蹲姿。

实训学时：2学时。

实训地点：形体训练室。

实训准备：四面墙安装有长度及地镜子的形体训练室、书籍、音乐播放器材、音乐歌曲CD、MP4文件等。

实训方法：

(1) 加强腿部膝关节及踝关节的力量和柔韧性训练，具体方法是压腿、踢腿、活动关节。

(2) 有意识地、主动经常地进行标准蹲姿训练，形成良好习惯。

(3) 训练时可以配上优美的音乐，放松心情，减轻单调、疲劳之感。

训练手记：通过训练，我的收获是＿＿＿＿＿＿＿＿＿＿＿＿＿＿＿＿＿＿＿＿＿＿＿＿＿＿＿＿＿＿。

项目5 眼神训练

实训目标：掌握眼神的基本要领，正确使用眼神。

实训学时：2学时。

实训地点：教室。

实训准备：每人一面小镜子、音乐播放器材、音乐歌曲CD、MP4文件、优秀影视剧中的演员和节目主持人通过眼神表达内心情感的影像资料等。

实训方法：

以下方法坚持天天训练，不要间断，必使目光明亮有神。

(1) 睁大眼睛训练：有意识地练习睁大眼睛的次数，增强眼部周围肌肉的力量。

(2) 转动眼球训练：头部保持稳定，眼球尽最大的努力向四周做顺时针和逆时针转动360°，增强眼球的灵活性。

(3) 视点集中训练：点上一支蜡烛，视点集中在蜡烛火苗上，并随其摆动，坚持训练可使目光集中、有神，眼球转动灵活。

(4) 目光集中训练：眼睛盯住3米左右的某一物体，先看外形，逐步缩小范围到物体的某一部分，再到某一点，再到局部，再到整体。这样可以提高眼睛的明亮度，使眼睛十分有神。

(5) 影视观察训练：观看录像资料，注意观察和体会优秀影视剧中的演员和节目主持人是如何通过眼神来表达内心情感的。

(6) 训练时可以配上优美的音乐，放松心情，减轻单调、疲劳之感。

训练手记：通过训练，我的收获是______________________________。

项目6　微笑训练

实训目标：掌握微笑的基本要领，在交往中正确使用微笑，养成爱微笑的好习惯。

实训学时：2学时。

实训地点：教室。

实训准备：每人一面小镜子、音乐播放器材、音乐歌曲CD、MP4文件、优秀影视剧中的演员和节目主持人微笑的影像资料等。

实训方法：

(1) 情绪记忆法，即将自己生活中，最高兴事件中的情绪储存在记忆中，当需要微笑时，可以想起那件最使你兴奋的事件，脸上会流露出笑容。注意练习微笑时，要使双颊肌肉用力向上抬，嘴里念“一”音，用力抬高口角两端，注意下唇不要过分用力。普通话中的“茄子”“田七”“前”等的发音也可以辅助微笑口形的训练。

(2) 对着镜子练习微笑，调整自己的嘴形，注意眼神与面部其他部位的协调，做出自己最满意的微笑表情，做到离开镜子时也保持同样的微笑。

(3) 练习微笑之前要忘掉自我和一切的烦恼，让心中充满爱意。

(4) 训练时可以配上优美的音乐，放松心情，减轻单调、疲劳之感。

训练手记：通过训练，我的收获是______________________________。

项目7　手势训练

实训目标：掌握手势的基本要领、常用手势的标准，纠正不正确的手势，养成良好习惯。

实训学时：2学时。

实训地点：形体训练室。

实训准备：四面墙安装有长度及地镜子的形体训练室、音乐播放器材、音乐歌曲CD、MP4文件、投影设备、毛泽东和周恩来等伟人的音像资料、剪子、文件等。

实训方法：

(1) 先观看毛泽东、周恩来等伟人的音像资料，然后开始进行训练。

(2) 调整体态，保持良好的站姿。

(3) 每两人一组，面对镜子练习常用手势，包括招呼他人、挥手道别、指引方向、递接物品(如剪子、文件等)、鼓掌、展示物品等手势，并互相纠正。

(4) 教师最后点评、总结。

训练手记：通过训练，我的收获是______________________________________。

课后练习

1. 观察一下日常生活中各个微笑的脸，说说“微笑的脸”有哪些特征。

2. 在遇到陌生人时，应怎样用你的身体语言使对方精神放松，以博得对方的好感？

3. 请每天拿出10～20分钟的时间练习站姿等姿态。

4. 你对自己的仪态满意吗？请观察一下你周围的人士的站姿、坐姿、走姿等方面存在什么问题，提醒自己避免出现这些问题。

5. 观察一下路人的走姿，看看什么样的走姿给你的感觉最好。

6. 观察你周围的人，分析他们哪些言行、举止符合礼仪要求，哪些不符合礼仪要求。举例列出具体的表现，并分析这些表现形成的原因。

7. 在课余时间进行科学的形体练习，使形体更富有时代的魅力。

8. 健康的人不一定是美丽的，但美丽的人一定是健康的。你同意这种说法吗？为什么？

9. 你的眼神是否充满了自信和活力？

10. 今天你微笑了吗？试着每天清晨起床后，对着镜子整理仪容的同时，把甜美愉快的笑容留在脸上。

11. 请制定一份班级举止文明公约。

项目2

日常交际礼仪

课程思政要求

- 进行社会主义核心价值观教育；
- 进行爱国主义教育；
- 开展诚信教育、法律意识教育和道德意识教育；
- 塑造职业理想，提高职业素养；
- 促进学生全面发展。

任务4

会　面

生活里最重要的是礼貌，它比最高的智慧，比一切学识都重要。

——[俄]赫尔岑

在人与人的交往中，礼仪越周到越保险。

——[英]托·卡莱尔

任务目标

- 在交际中能够得体地称呼对方。
- 得体地进行自我介绍、介绍他人，更好地与人相识。
- 熟练运用标准的握手、鞠躬等见面礼节。
- 接待、拜访符合礼仪规范。

情境导入

小李今年大学刚毕业，在大华公司总经理办公室做秘书工作。一天，公司王总经理派他到机场去接广州明光公司销售部的吴丽晶经理。小李准时来到机场，在出口处吴经理看见小李手中的字牌，走到小李面前说："你好！你是小李吧，我是吴丽晶！"小李连忙用不太标准的普通话说："是的，是的，我是小李，您好！您就是广州过来的"狐狸精"(吴丽晶)吧？我是王总派来接您的。我是东方大学行政管理专业毕业的研究生，现在是王总的秘书。"一边说一边伸手准备与吴经理握手。面对小李这样的称呼、这样的自我介绍、这样的握手方式，吴经理会是什么感觉呢？

（资料来源：吴蕴慧，徐静. 现代礼仪实务[M]. 上海：上海交通大学出版社，2008.）

任务分析

见面是交际的开始。一个人在社会中欲生存、发展，都必须以各种形式与其他人进行交往。因为没有交往就难以合作，没有合作就难以生存、发展。见面礼仪是与人交往时的最基本、最常用的礼节，它最能反映一个人及社会的礼仪水平，可以帮助我们顺利地通往交际的殿堂。人们见面后互致问候，不熟悉的人之间相互介绍，然后握手，互换名片，寒暄后才开始进入正题。这看似简单，却蕴含复杂的礼仪规则，表达着丰富的交际信息。掌握基本的见面礼仪，能使现代人适应各种场合社交的礼仪要求，赢得交际对象的好感，塑造良好的社交形象；相反，如果不注意社交礼仪，就会像“情境导入”中的“小李”那样使交际对象难堪。

4.1 知识储备

4.1.1 称呼

在社会交往中，交际双方见面时，如何称呼对方则直接关系到双方之间的亲疏、了解程度、尊重与否及个人修养等。一个得体的称呼，会令彼此如沐春风，为以后的交往打下良好的基础；否则，不恰当或错误的称呼，可能会令对方心里不悦，影响到彼此的关系乃至交际的成功。

如著名传记作家叶永烈在着手写陈伯达传记时，必须采访陈伯达，采访时究竟怎样称呼陈伯达，叶永烈颇费了一番心思。采访的前一天晚上，叶永烈辗转反侧，明天见到了陈伯达到底该叫他什么呢？叫他陈伯达同志，不合适，因为陈伯达是在监狱服刑的犯人；叫他老陈，也不行，因为陈伯达已经八十四岁了，而自己才四十八岁。究竟应怎样称呼他呢？突然叶永烈灵机一动，称呼他陈老，这是再恰当不过的称呼了，果然，第二天采访时，叶永烈一声“陈老”亲切得体的称呼，令陈伯达听了感动万分，眼里充满了泪花。由此可见，一个得体的称呼真可谓是交际的“敲门砖”啊！

1. 通常的称呼

(1) 称呼姓名。一般的同事、同学关系，平辈的朋友、熟人，彼此之间均可以姓名相称。例如，“王小平”“赵大亮”“刘军”。长辈对晚辈也可以如此称呼，但晚辈对长辈却不可这样称呼。为了表示亲切，可以在被称呼者的姓名前分别加上“老”“大”“小”字相称，而免称其名。例如，对年长于己者，可称“老张”“大李”；对年幼于己者，可称“小吴”“小周”。但这种称呼多在职业人士间常见，不适合在校学生。对同性的朋友、熟人，若关系极为亲密，可以不称其姓，而直呼其名，如“春光”“俊杰”。对于异性一般则不可这样称呼，因为若如此，那不是其家人，就是其配偶了。

(2) 称呼职务。在工作中，以交往对象的职务相称，以示身份有别、敬意有加，这是一种最常见的称呼方法。具体做法上可以仅称呼职务，如“局长”“经理”“主任”等；也可以在职务前加上姓氏，例如“王总经理”“李市长”“张主任”等；还可以在职务之前加上姓名，这仅适用于极其正式的场合，例如“×××主席”“×××省长”“×××书记”等。

(3) 称呼职称。对于有职称者，尤其是有高级、中级职称者，可以在工作中直接以其职称相称。可以只称职称，例如“教授”“研究员”“工程师”等；也可以在职称前加上姓氏，例如“张教授”“王研究员”“刘工程师”，当然有时也可以简化，如将“刘工程师”简化为“刘工”，但使用简称应以不发生误会、歧义为限；可以在职称前加上姓名，它适用于十分正式的场合。例如，“王久川教授”“周蕾主任医师”“孙小刚主任编辑”等。

(4) 称呼学衔。在工作中，以学衔作为称呼，可增加被称呼者的权威性，有助于增强现场的学术氛围。可以在学衔前加上姓氏，例如“张博士”；也可以在学衔前加上姓名，例如“张明博士”。一般对学士、硕士不称呼学衔。

(5) 称呼职业。称呼职业，即直接以被称呼者的职业作为称呼。例如，将教员称为“老师”，将教练员称为“教练”或“指导”，将专业辩护人员称为“律师”，将财务人员称为“会计”，将医生称为“大夫”或“医生”等。一般情况下在此类称呼前，均可加上姓氏或姓名。

(6) 称呼亲属。亲属，即本人直接或间接拥有血缘关系者。在日常生活中，对亲属的称呼业已约定俗成，人所共知。面对外人，对亲属可根据不同情况采取谦称或敬称。对本人的亲属应采用谦称。称辈分或年龄高于自己的亲属，可以在其称呼前加“家”字，如“家父”“家叔”。称辈分或年龄低于自己的亲属，可在其称呼前加“舍”字，如“舍弟”“舍侄”。称自己的子女，则可在其称呼前加“小”，如“小儿”“小女”“小婿”。对他人的亲属，应采用敬称。对其长辈，宜在称呼前加“尊”字，如“尊母”“尊兄”。对其平辈或晚辈，宜在称呼之前加“贤”字，如“贤妹”“贤侄”。若在其亲属的称呼前加“令”字，一般可不分辈分与长幼，如“令堂”“令爱”“令郎”。

(7) 涉外称呼。在涉外交往中，一般对男子称先生，对女子称夫人、女士或小姐。已婚女子称夫人，未婚女子称小姐。对婚姻状况不明的女子则称“小姐”或“女士”。在西方国家，凡是举行宗教结婚仪式的人，都习惯在无名指上戴一枚戒指，男子戴在左手，女子戴在右手。所以对外宾的称呼可以此而定。以上是根据性别和婚姻状况来称呼，使用起来具有普遍性。

2. 称呼的禁忌

1) 使用错误的称呼

常见的错误称呼有两种：一是误读，一般表现为念错被称呼者的姓名。例如，“郇”“查”“盖”这些姓氏就极易弄错。要避免犯此类错误，就一定要做好先期准备，必要时不耻下问，虚心请教。二是误会，主要是指对被称呼的年纪、辈分、婚否，以及与其他人的关系做出了错误判断。三是将未婚妇女称为“夫人”就属于误会。

2) 使用不当的行业称呼

学生喜欢互称为“同学”，军人经常互称“战友”，工人可以称为“师傅”，道士、和尚可以称为“出家人”，这无可厚非。但以此去称呼“界外”人士，则并不表示亲近，没准对方不领情，反而产生被贬低的感觉。

3）使用庸俗低级的称呼

在人际交往中，有些称呼在正式场合切勿使用。例如，“兄弟”“朋友”“哥们儿”“姐们儿”“瓷器”“死党”“铁哥们儿”等一类的称呼就显得庸俗低级，档次不高。它们听起来很肉麻，而且带有明显的黑社会的风格。逢人便称“老板”，也显得不伦不类。

4）使用绰号作为称呼

对于关系一般者，切勿自作主张给对方起绰号，更不能随意以道听途说的绰号去称呼对方。一些对对方具有侮辱性质的绰号，例如，“北佬”“阿乡”“鬼子”“鬼妹”“拐子”“秃子”“罗锅”“四眼”“肥肥”“傻大个”“柴火妞”“北极熊”“麻秆儿”等，则更应当免开尊口。另外，还要注意，不要随便拿别人的姓名乱开玩笑。要尊重一个人，必须首先要学会去尊重他的姓名。

4.1.2 打招呼

在人际交往中，当商界人士互相见面或被他人介绍时，应起身站立，热情认真地向对方打个招呼，这是最普通的礼节。打招呼时应注意如下问题。

1. 男士尊重女士

如果你在途中遇见相识的女士，倘若她不打招呼，你就不要去打扰她。她是不是主动向你打招呼，全由她自己去决定。你只可向她答礼，除非你和她非常熟悉。男士先主动向女士打招呼，有时会给女士带来不便或尴尬。

2. 不用莽撞的问候方式

如果你在公共场所遇见了久违的好朋友，请不要太激动。在街道上，突然冲向对方，甚至冲撞了行人；在会场上，猛然从座位上跳起来并穿过整个大厅；在人群里，冷不丁高呼朋友的名字，让旁人吓一跳，并为之“行侧目礼”等，都是很失礼的。

3. 不苛求“熟视无睹”的相识者

有时会碰见相识者对你“熟视无睹”而感到不高兴，其实这大可不必。请不要把不经心的视而不见与故意的轻蔑混为一谈，这很可能是对方正在沉思，或者眼睛近视，也可能因为你的外貌有了改变。例如，有位女士对自己所从事的专业很有研究和造诣，是行业中公认的专家，但她的同事对她一直很有意见，认为她骄傲、不理人、摆架子，其实她的“视而不见”，是因为她习惯在行走和空闲时独自一人沉思。

4. 适时、适地打招呼

如果参加一个国际性的或者是跨省市、跨行业的会议，在一天内几次遇见同一个熟人，每次都说“您好”，似乎太单调了。可以根据时间、场合，适时、适地地用不同的方式来打招呼。

5. 与相遇的人打招呼

有时因出差、开会、旅游，在旅馆居住或在商店购物等，都应该同遇见的服务员或售货员打招呼。只要是经常同自己打交道的，不论地位高低、贫富不同，都要注意见面时打招呼。

4.1.3 介绍

介绍是社交活动最常见、也是最重要的礼节之一，它是初次见面的陌生的双方开始交往的起点。介绍在人与人的沟通中起桥梁作用，几句话就可以缩短人与人之间的距离，为进一步交往开个好头。

1. 介绍的基本规则

为他人做介绍时必须遵守“尊者优先了解情况”的规则，在为他人做介绍前，先要确定双方地位的尊卑，然后先介绍位卑者，后介绍位尊者。具体规则如下。

(1) 先将男士介绍给女士。例如，介绍王先生与李小姐认识，介绍人应当引导王先生到李小姐面前，然后说：“李小姐，我来给你介绍一下，这位是王先生。”注意在介绍的过程中，被介绍者的名字总是后提。

(2) 先将年轻者介绍给年长者。把年轻者引见给年长者，以示对前辈、长者的尊敬。如：“王教授，让我来介绍一下，这位是我的同学张明。”“张阿姨，这是我的表妹王丽。”“刘伯伯，我请您认识一下我的表弟李强。”在介绍中应注意有时虽然男士年龄较大，但仍然是要将男士介绍给女士。

(3) 先将未婚女子介绍给已婚女子。如：“张太太，让我来介绍一下，这位是李小姐。”注意当被介绍者无法辨别其是已婚还是未婚时，则不存在先介绍谁的问题，可随意介绍，如：“张女士，我可以把我的女朋友李小姐介绍给你吗？”

(4) 在实业界或公司中，在商务场合要先将职位低的介绍给职位高的，如：“王总，这位是××公司的总经理助理刘女士。”注意这里我们先提到的是王总经理，这是因为我们把王总经理的职位看作高于刘女士，尽管王总经理是一位男士，仍不先介绍他。

(5) 先将家庭成员介绍给对方。在向别人介绍自己的家庭成员时，应谦虚地说出对方的名字。这不仅是出于礼貌，而且对介绍自己的家庭成员也比较方便。如：“张先生，我想请你认识一下我的女儿晓芳。”“张先生，请允许我介绍一下我的妻子。”

(6) 集体介绍时的顺序。在被介绍者双方地位、身份大致相似，或者难以确定时，应当人数较少的一方礼让人数较多的一方，一个人礼让多数人，先介绍人数较少的一方或个人，后介绍人数较多的一方或多数人。

若被介绍者在地位、身份之间存在明显差异，特别是当这些差异表现为年龄、性别、婚否、师生及职务有别时，则地位、身份为尊的一方即使人数较少，甚至仅为一人，仍然应被置于尊贵的位置，最后加以介绍，而先介绍另一方人员。

若需要介绍的一方人数不止一人，可采取笼统的方法进行介绍，例如可以说，“这是我的家人”“他们都是我的同事”等。但最好还是要一一进行介绍，进行此种介绍时，可按位次尊卑顺序进行介绍。

若被介绍双方皆不止一人，则可依照礼规，先介绍位卑的一方，后介绍位尊的一方。在介绍各方人员时，均需由尊到卑，依次进行。

2. 自我介绍

在不同的场合，遇见对方不认识自己，而自己又有意与其认识，当场也没有他人从中介绍时，往往需要自我介绍。

(1) 自我介绍的方式。根据不同场合、环境的需要，自我介绍的方式有以下五种。

① 应酬式。这种自我介绍方式最简单，往往只包括姓名一项即可。如：“您好！我叫王敏。”应酬式的自我介绍适合于一些公共场合和一般性的社交场合，如途中邂逅、宴会现场、舞会、打电话时等。它的对象，主要是一般接触的交往人士。

② 工作式。工作式自我介绍的内容，包括本人姓名、供职的单位及部门、担任的职务或从事的具体工作三项，又叫工作式自我介绍内容的三要素，通常缺一不可。姓名应当一口报出，不可有姓无名，或有名无姓；单位即供职的单位及部门，如可能最好全部报出。具体工作部门有时也可以暂不报出；职务即指担任的具体职务或从事的具体工作，有职务最好报出职务，职务较低或者无职务，则可报出目前所从事的具体工作。

③ 交流式。交流式的自我介绍，也被称为社交式自我介绍或沟通式自我介绍，是一种刻意寻求与交往对象进一步交流与沟通，希望对方认识自己、与自己建立联系的自我介绍，适用于社交活动中，大体包括本人的姓名、工作、籍贯、学历、兴趣，以及与交往对象的某些熟人的关系等。如：“我的名字叫王红，是××公司副总裁。六年前，我和您先生是同事。”

④ 礼仪式。礼仪式的自我介绍是一种表示对交往对象友好、敬意的自我介绍。适用于讲座、报告演出、庆典、仪式等正规的场合，内容包括姓名、单位、职务等。自我介绍时，还应多加入一些适当的谦辞敬语，以表示自己尊敬交往对象。如：“女士们、先生们，大家好！我叫任仿，是××公司的总经理。值此之际，谨代表本公司热烈欢迎各位来宾莅临指导，谢谢大家的支持。”

⑤ 问答式。针对对方提出的问题作出自己的回答。这种方式适用于应试、应聘和公务交往。在普通交际应酬场合，它也时有所见。如对方问：“这位小姐贵姓？”“免贵姓周，周恩来的周。”

(2) 自我介绍的时机。因业务关系需要相互认识，进行接洽时可自我介绍；当遇到一位你知晓或久仰的人士，但他不认识你，你可以自我介绍：“×××(称呼)，您好！我是××××(单位)的×××(姓名)，久仰大名，很荣幸与您相识。”

第一次登门拜访，事先打电话约见，在电话里应做自我介绍。

参加一个较多人的聚会，主人不可能一一介绍，与会者可以与同席或身边的人互相自我介绍。自我介绍前应有一句引言，以使对方不感到突然，如：“我们认识一下吧。我叫×××，在×××公司公关部工作。”

在出差、旅行途中，与他人不期而遇，并且有必要与之建立临时接触时，可适当自我介绍。

初次前往他人住所、办公室进行登门拜访时,要做自我介绍。

应聘求职时需首先做自我介绍。

(3) 自我介绍的要求。自我介绍时,要及时、清楚地报出自己的姓名和身份。大方自然地进行自我介绍,可以先面带微笑,温和地看着对方说一声"您好!"以引起对方的注意,然后报出自己的姓名身份,并简要表明结识对方的愿望或缘由。进行自我介绍时一定要力求简洁,尽可能地节省时间,介绍时间以半分钟为佳。

进行自我介绍,态度务必自然、友善、亲切、随和。要充满信心和勇气,敢于正视对方的双眼,显得胸有成竹。介绍时语气要自然、语速要正常,语音要清晰,这对自我介绍的成功十分有好处。

进行自我介绍时所表述的各项内容,一定要实事求是,真实可信。没有必要过分谦虚,一味地贬低自己去讨好别人,但也不可自吹自擂,夸大其词,在自我介绍时掺水分,会得不偿失。

他人进行自我介绍时也要注意以下几个方面。①引发对方做自我介绍时应避免直话相问,缺乏礼貌,如"你叫什么名字",而应该尽量客气一些,用词更敬重些:"请问尊姓大名""您贵姓""不知怎么称呼您""您是……"等。②他人做自我介绍时要仔细聆听,记住对方的姓名、职业等。如果没有听清楚,不妨在个别问题上仔细再问一遍,这比他人做过自我介绍而你还是不明情况要好。③等一个人做了自我介绍后,另一个人也要做相应的自我介绍,这才是礼貌的。

3. 他人介绍

(1) 为他人做介绍的方法。在交往中,在为他人做介绍时,由于实际需要的不同,介绍时所采取的方式也会有所不同。常见的介绍方法有以下六种。

① 一般式,也称标准式,以介绍双方的姓名、单位、职务等为主。这种介绍方式适合于正式场合。如:"请允许我来为两位引见一下。这位是××公司主任王超先生,这位是××集团副总裁刘明先生。"

② 引见式。介绍者将被介绍者双方引到一起即可,适用于普通场合。如:"两位互相认识一下。大家其实都在同一个单位工作,只是平时没机会认识。那我先失陪了。"

③ 简单式。只介绍双方姓名一项,甚至只提到双方姓氏,适用一般的社交场合。如:"我来为大家介绍一下。这位是钱总,这位是徐总。希望大家合作愉快。"

④ 附加式,也可以叫强调式,用于强调其中一位被介绍者与介绍者之间的特殊关系,以期引起另一位被介绍者的重视。如:"大家好!这位是××公司的营销部主任李斌先生。这是小儿王伟,请各位多多关照。"

⑤ 推荐式。介绍者经过精心准备再将某人举荐给他人,介绍时通常会对前者的优点加以重点介绍,通常适用于比较正规的场合。如:"这位是唐钢先生,这位是某公司的孙鹏总经理。唐钢刚从国外留学回来,他是经济学博士、管理学专家。孙总,我想您一定有兴趣和他聊一聊。"

⑥ 礼仪式。这是一种最为正规的他人介绍,适用于正式场合。在介绍语气、表达称

呼上都更为规范和谦恭。如:“张女士,您好！请允许我把××公司的总经理周晓东先生介绍给您。周先生,这位是××集团的生产部经理张玲女士。”

(2) 他人介绍的时机。他人介绍即社交中的第三者介绍。在他人介绍中,为他人做介绍的人一般为社交活动中的东道主、社交场合中的长者、家庭中聚会的女主人、公务交往活动中的公关人员(礼宾人员、文秘人员、接待人员)等。他人介绍的时机包括:在家中接待彼此不相识的客人;在办公地点,接待彼此不相识的来访者;与家人外出,路遇家人不相识的同事或朋友;陪同亲友,前去拜会亲友不相识者;本人的接待对象遇见了其不相识的人士,而对方又跟自己打了招呼;陪同上司、长者、来宾时,遇见了其不相识者,而对方又跟自己打了招呼;打算推介某人加入某一交际圈;受到为他人做介绍的邀请。

(3) 他人介绍的注意事项。在为他人做介绍时,介绍者对介绍的内容应当字斟句酌,慎之又慎。在为他人做介绍时的手势如图4-1所示。

图4-1　为他人做介绍时的手势

在正式场合,介绍内容以双方的姓名、单位、职务等为主。如:“我来给两位介绍一下,这位是A公司的公关部主任王芳女士,这位是B公司的总经理刘洋先生。”

在一般的社交场合中,其内容往往只有双方姓名一项,甚至可以只提到双方姓氏为止。接下来,则由被介绍者见机行事。如:“我来介绍一下,这位是老张,这位是小李,你们相互认识一下吧。”

在比较正规的场合,介绍者有备而来,有意将一人举荐给另一人,因此在内容方面,通常会对前者的优点加以重点介绍。如:“这位是李明先生,这位是我们公司的于楠总经理。李先生是一位管理方面的专业人士,他还是北大的MBA。于总我想您一定很想认识他！”

在进行他人介绍时,介绍者与被介绍者都要注意自己的表达、态度与反应。介绍者为被介绍者介绍之前,不仅要征求一下被介绍双方的意见,而且在开始介绍时还应再打一下招呼,切勿上去开口即讲,显得突如其来,让被介绍者感到措手不及。

被介绍者在介绍者询问自己是否有意认识某人时,一般不应加以拒绝或扭扭捏捏,而应欣然表示接受。实在不愿意时,则应说明缘由。

当介绍者走上前来,开始为被介绍者进行介绍时,被介绍的双方应起身站立,面含微笑,大大方方地注视介绍者或者对方,神态庄重且专注。

当介绍者介绍完毕后,被介绍双方应依照合乎礼仪的顺序进行握手,并且彼此问候对方。此时的常用语有:“你好”“很高兴认识你”“久仰大名”“认识你非常荣幸”“幸会,幸会”,等等。必要时还可做进一步的自我介绍。

介绍时要注意实事求是,掌握分寸,不能胡吹乱捧。介绍姓名时,一定要口齿清楚,发音准确。把易混的字咬准,如“王”和“黄”、“刘”和“牛”等;对同音字、近音字必要时要加以解释,如“邹”和“周”、“张”和“章”、“徐”和“许”等。

4.1.4 握手

相传在刀耕火种的年代,人们经常持有石头或棍棒等武器,陌生者相遇时,双方为了表示没有敌意,便放下手中的武器,并伸出手掌,让对方抚摩掌心。久而久之,这种习惯便逐渐演变为今日的握手礼节。当今,握手已成为目前世界上最为普遍的一种礼节,其应用的范围远远超过了鞠躬、拥抱、接吻等。因此,在日常交际中,我们必须注意握手的基本礼节。

1. 握手的次序

根据礼仪规范,握手时双方伸手的先后次序,一般应当遵守"尊者先伸手"的原则,应由尊者先伸出手来,位卑者只能在此后予以响应,而绝不可贸然抢先伸手,不然就是违反礼仪的举动。其基本规则如下:

(1) 男女之间握手。男女之间握手,男士需等女士伸出手之后才握手。如果女士不伸手或无握手之意,男士向对方点头致意或微微鞠躬致意。男女初次见面时,女方可以不和男士握手,只是点头致意即可。男女握手时,男士要脱帽并脱掉右手手套,如果偶遇匆匆忙忙来不及脱,要及时道歉。女士除非对长辈,一般可不必脱手套。

(2) 宾客之间握手。宾客之间握手,主人有向客人先伸出手的义务。在宴会、宾馆或机场接待宾客,当客人抵达时,不论对方是男士还是女士,女主人都应该主动先伸出手。若男士是主人,尽管对方是女宾,也可先伸出手,以表示对客人的热情欢迎。而在客人告辞时,则应由客人首先伸出手来与主人相握,在此表示的是"再见"之意。

(3) 长幼之间握手。长幼之间握手,年幼的一般要等年长的先伸手。和长辈及年长的人握手,不论男女,都要起立趋前握手,并要脱下手套,以表示尊敬。

(4) 上下级之间握手。上下级之间握手,下级要等上级先伸出手。但涉及主宾关系时,可不考虑上下级关系,做主人的应先伸手。

(5) 一个人与多人握手。若是一个人需要与多人握手,则握手时亦应讲究先后次序,由尊而卑,即先年长者后年幼者,先长辈后晚辈,先老师后学生,先女士后男士,先已婚者后未婚者,先上级后下级,先职位、身份高者后职位、身份低者。

值得注意的是:在公务场合,握手时伸手的先后次序主要取决于职位、身份;而在社交、休闲场合,则主要取决于年龄、性别、婚否。

2. 握手的方式

握手的标准方式,是行礼时行至距握手对象约1米处,双腿立正,上身略向前倾,伸出右手,四指并拢,拇指张开与对方相握。握手时的手势如图4-2所示。握手时应用力适度,上下稍许晃动三四次,随后松开手来,恢复原状,如图4-3所示。具体应注意如下三点。

(1) 神态。与人握手时神态应专注、热情、友好、自然。在通常情况下,与人握手时,应面含微笑,目视对方双眼,并且口道问候。在握手时切勿显得自己三心二意,敷衍了事,漫不经心,傲慢冷淡。如果在此时迟迟不握他人早已伸出的手,或是一边握手、一边东张西望,目中无人,甚至忙于跟其他人打招呼,都是极不应该的。

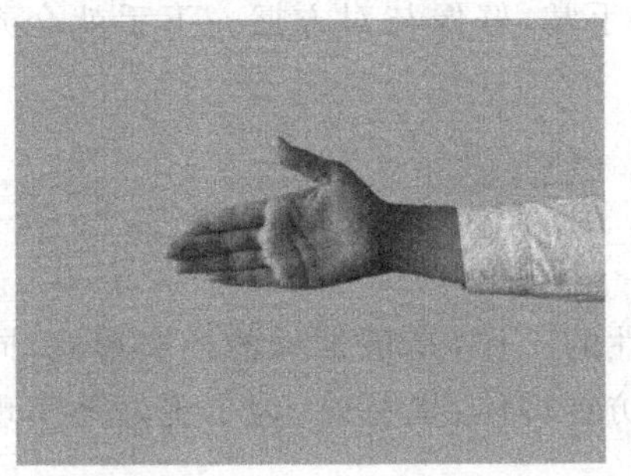

图 4-2 握手时的手势

图 4-3 握手

(2) 力度。握手时用力应适度,不轻不重,恰到好处。如果手指轻轻一碰,刚刚触及就离开,或是懒懒、慢慢地相握,缺少应有的力度,会给人勉强应付、不得已而为之之感。一般来说,手握得紧是表示热情,男人之间可以握得较紧,甚至另一只手也加上,包住对方的手大幅度上下摆动,或者在右手相握时,左手又握住对方胳膊肘、小臂甚至肩膀,以表示热烈。但是注意既不能握得太使劲,使人感到疼痛,也不能显得过于柔弱,不像个男子汉。对女性或陌生人,轻握是很不礼貌的,尤其是男性与女性握手应热情、大方、用力适度。

(3) 时间。通常是握紧后打过招呼即松开。但如亲密朋友意外相遇,敬慕已久而初次见面,至爱亲朋依依惜别,衷心感谢难以表达等场合,握手时间就长一点,甚至紧握不放、话语不休。在公共场合,如列队迎接外宾,握手的时间一般较短。握手的时间应根据与对方的亲密程度而定。

3. 握手的禁忌

在人际交往中,握手虽然司空见惯,看似寻常,但是由于它可被用来传递多种信息,因此在行握手礼时应努力做到合乎规范,并且注意下述几点。

① 不要用左手与他人握手,尤其是在与阿拉伯人、印度人打交道时要牢记此点,因为在他们看来左手是不洁的。

② 不要在握手时争先恐后,而应当遵守秩序,依次而行。特别要记住,与基督教信徒交往时,要避免两人握手时与另外两人相握的手形成交叉状(这类似十字架),在基督教信徒眼中是很不吉利的。

③ 不要戴着手套握手,在社交场合女士的晚礼服手套除外。

④ 不要在握手时戴着墨镜,只有患有眼疾或眼部有缺陷者例外。

⑤ 不要在握手时将另外一只手插在衣袋里。

⑥ 不要在握手时另外一只手依旧拿着香烟、报刊、公文包、行李等东西而不肯放下。

⑦ 不要在握手时面无表情,不置一词,好似根本无视对方的存在,而纯粹是为了应付。

⑧ 不要在握手时长篇大论,点头哈腰,滥用热情,显得过分客套,让对方感到不自在、不舒服。

⑨ 不要在握手时把对方的手拉过来、推过去,或者上下左右抖个没完。

⑩ 不要在与人握手之后,立即揩拭自己的手掌,好像与对方握一下手就会弄脏自己似的。

4.1.5 拜访

拜访是公务、商务等社会活动中一件经常性的工作,是最常见的社交形式,同时也是联络感情、增进友谊的一种有效方法。要使拜访更得体、更有效,为了更好地实现拜访的目的,就要重视和学习拜访的礼仪。

1. 约好时间

拜访前,应事先联络妥当,尽可能事先告知,最好是和对方约定一个时间,以免扑空或打乱对方的日程安排,即使是电话拜访也不例外,不告而访是非常失礼的。

如果双方有约,应准时赴约,不能轻易失约或迟到。但如果因故不得不迟到或取消访问,一定要设法在事前立即通知对方,并表示歉意。

拜访应选择适当的时间,选择一个对方方便的时间。做客拜访一般可在平时晚饭后或假日的下午,要避免在吃饭和休息的时间登门拜访。

2. 做好准备

(1) 明确拜访目的。无论是初次拜访还是再次拜访,都要事先明确拜访的主要目的。

(2) 准备有关资料。商务拜访,比如拜访客户,要准备的资料就包括公司及业界的资料、相关产品资料、客户的相关信息资料、销售资料及方案、针对可能出现的情况事先拟订的解决方案或应对方案、一些小礼品等。此外,名片、电话号码簿等也要事先准备好。

(3) 设计拜访流程。要针对拜访环节准备好最稳妥、最得体的称呼和开场白,选择好话题材料,确定话题范围等。

(4) 电话预约确认。出发前应致电被拜访者,再次确认本次拜访人员、时间和地点等事宜。

(5) 注意礼仪细节。到达前,最好先稍事整理服装仪容。如果是重要的拜访对象,要事先关掉手机,这体现了对拜访对象的尊敬,对访问事宜的重视。

3. 上门有礼

到达拜访地点后,如果对方因故不能马上接待,可以在对方接待人员的安排下在会客厅、会议室或在前台安静地等候。如果等待时间过久,可以向有关人员说明,并另定时间,不要显出不耐烦的样子。有吸烟习惯的人,要注意观察该场所是否有禁止吸烟的警示。即使没有,也要问问工作人员是否介意吸烟。如果接待人员没有说“请随便看看”之类的话,就不要随便东张西望,到处窥探,那是非常不礼貌的。

到达被访人所在地时,一定要事先轻轻敲门,进屋后等主人安排后再坐下。后来的客人到达时,先到的客人应站起来,等待介绍或点头示意。后来的人对室内的人无论认识与否,都应主动打招呼。

如果与对方是第一次见面，应主动递上名片，或者作自我介绍。对熟人可握手问候。如果你带其他人来，要介绍给主人。

进门后，应把随身带来的外套、雨具等物品搁放到对方接待人员指定的地方，不可随意乱放。

接茶水时，应从座位上欠身，双手捧接，并表示感谢。

吸烟者应在主人敬烟或征得主人同意后，方可吸烟。和主人交谈时，应注意掌握时间。有要事必须要与主人商量或向对方请教时，应尽快表明来意，不要不着边际，浪费时间。

4. 礼貌告辞

拜访结束时要彬彬有礼地告辞，可给对方留下良好的印象，同时也给下次的拜访创造良好的氛围和机会，所以及时、礼貌地告辞这一环节相当重要。

拜访时间的长短应根据拜访目的和主人意愿而定，通常宜短不宜长，适可而止。当接待者有结束会见的表示时，应立即起身告辞。

告辞时要同主人和其他客人一一告别。如果主人出门相送，应请主人留步并道谢，热情说声再见。

中途因特殊情况不得不离开时，无论主人在场与否，都要主动告别，不能不辞而别。

5. 拜访过程应注意的礼仪

(1) 准时到达。让被拜访者无故等候，无论因何原因都是严重失礼的事情。如果是对方要晚点到，应安静等待，可充分利用剩余的时间检查准备工作。

(2) 控制时间。谈话时开门见山，不要海阔天空，浪费时间。最好在约定时间内完成访谈，如果客户表现出有其他要事的样子，千万不要再拖延，如未完成工作，可约定下次拜访时间。

(3) 注意言谈举止。要以优雅得体的言谈举止体现素质、涵养和职业精神，赢得对方的好感和敬重。即便与接待者的意见相左，也不要争论不休。要注意观察接待者的举止神情，当有不耐烦或有为难的表现时，应转换话题或口气，总之，要避免出现不愉快的场面。

(4) 处理好“握手”与“拥抱”的关系。必须事先搞清对方人员的真实身份，根据主次或亲疏的关系，处理好见面时的礼仪。

(5) 尊重对方习惯。由于被拜访者的国别、民族、年龄、性别，以及爱好、兴趣、习惯各有不同，事先要了解清楚，并给予充分的尊重。

(6) 讲究服饰。服饰事关拜访者自身的职业形象和所代表的机构形象，也体现对被拜访者的尊重，所以，拜访前对服饰的选择和斟酌马虎不得。

(7) 及时致谢。对拜访过程中接待者提供的帮助要及时适当地致以谢意。

(8) 事后致谢。若是重要约会，拜访之后给对方寄一封感谢函或发一条短信，会加深对方的好感。

4.1.6 接待

迎来送往是社交接待活动的最基本形式,是表达主人情谊、体现礼仪素养的重要环节。在整个接待过程中,应遵循如下礼仪规范。

1. 准备礼仪

迎接,是给客人以良好第一印象的最重要工作。在接待工作中,把迎宾工作做好,对来宾表示尊敬、友好与重视,来宾就会对东道主产生良好的印象,从而为下一步深入接触打下基础。在迎宾工作中,要注意做好以下的前期准备工作。

(1) 掌握基本状况。秘书一定要充分掌握来宾的基本状况,尤其是主宾的个人情况,如姓名、性别、年龄、籍贯、民族、单位、职务、专业、偏好等,必要时还需了解其婚姻、健康状况、政治倾向与宗教信仰等。如果来宾尤其是主宾曾经来访过,则在接待规格上要注意前后一致,无特殊原因不宜随意升格或降格。来宾如报出自己一方的计划,比如来访的目的、来访的行程、来访的要求等,应在力所能及的前提下满足其特殊要求,尽可能给予对方照顾。

(2) 制订具体计划。为了避免疏漏,一定要制订详尽的接待计划,以便按部就班地做好接待工作。根据常规,接待计划至少应包括迎接方式、迎送规格、交通工具、膳宿安排、工作日程、文娱活动、游览、会谈、会见、礼品准备、经费开支,以及接待、陪同人员等基本内容。

(3) 确认抵达时间。有时候,来宾到访时间或因其健康状况,或因紧急事务缠身,或因天气变化、交通状况等的影响,难免会有较大变动。因此,接待方务必要在对方正式启程前与对方再次确认一下抵达的具体时间,以便安排迎宾事宜。

2. 迎宾礼仪

(1) 迎宾人员。一般来说,迎送人员与来宾的身份要相当,但如果己方当事人因临时身体不适或不在当地等原因不能前来迎送,也可灵活变通,由职位相当的人士或由副职出面。遇到这种情况,应从礼貌出发向对方做出解释。另外,迎宾人员最好与来宾专业对口。

(2) 迎宾地点。来宾的地位身份不同,迎宾地点往往也有所不同。一般情况下,迎宾的常规地点有:交通工具停靠站(机场、码头、车站等),来宾临时住所(宾馆),东道主的办公地点门外等。在确定迎宾地点时,还要考虑以下因素:双方的身份、关系及自身的条件。

(3) 迎宾时间。到车站、机场去迎接客人,应提前到达,绝不能迟到让客人久等。客人刚下飞机或下车就能看见有人等候,一定会感激万分;如果是第一次到这个城市,还能因此获得一种安全感。若迎接来迟,会使客人感到失望和焦虑不安,还会因等待而产生不快,事后无论怎样解释都无法消除这种失职和不守信誉所造成的印象。

(4) 迎宾标识。如果迎接人员与客人素未见面,一定要事先了解一下客人的外貌特征，最好举个小牌子去迎接。小牌子上尽量不要用白纸写黑字，这样会给人晦气的感觉；也不要写"××先生到此来"，而应写"××先生，欢迎您！""热烈欢迎××先生"之类的字样；字迹力求端正、大方、清晰，不要用草书书写。一个好的迎宾标识，既便于客人找到，又能给客人留下美好的印象——当客人迎面向你走来时会产生自豪感。在单位门口，不要千篇一律地写上"Welcome"一词，而应根据来宾的国籍随时更换语种，这样会给来宾一种亲切感。

(5) 问候与介绍。接到客人后，切勿一言不发、漠然视之，而要先与之略作寒暄，比如说一些"一路辛苦了""欢迎您来到我们这个美丽的城市""欢迎您来到我们公司"之类的话。然后要向客人介绍自己的姓名和职务，如有名片更好；客人知道你的姓名后，如一时还不知如何称呼你，你可以主动表示："就叫我小×或××好了。"其他接待人员也要一一向客人做自我介绍，有时可由领导介绍，但更多的时候是由秘书承担这一职责。在做介绍时，态度要热情，要端庄有礼，要正视对方并略带微笑，可以先说"请允许我介绍一下"，然后按职务高低将本单位的人员依次介绍给来宾。对于远道而来、旅途劳顿的来宾，一般不宜多谈。

(6) 握手。握手是见面时最常见的礼节，双方相互介绍之后应握手致意。握手时，要注视对方，微笑致意，并使用"欢迎您"等礼貌用语。迎接来宾时，迎宾人员一定要主动与对方握手。

(7) 献花。有时迎接重要宾客还要向其献花，一般以献鲜花为宜，并要保持花束的整洁、鲜艳。在社交场合，献什么花、怎么献花，常因民族、地域、风情、习俗、目的的不同而有所区别。一般情况下，应注意从鲜花的颜色、数目和品种三个方面加以考虑。

(8) 为客代劳。接到来宾后，在走出迎宾地点时应主动为来宾拎拿行李，但对来宾手上的外套、手包或是密码箱等则不必"代劳"。客人如有托运的物件，应主动代为办理。

(9) 休息室接待。在迎送身份特殊的客人(VIP)时，可事先在机场、车站、码头安排贵宾休息室并准备一些饮料，播放一些高雅的音乐，以消除客人旅途的劳顿。如对方是外宾，休息室内还可挂上其国家的国旗，摆放一些报刊，以增加与客人之间的感情交流。

3. 陪同礼仪

(1) 话题。在接待客人时，客人一般会对将要参加活动的有关背景资料、筹备情况、有关的建议，当地风土人情、气候、物产，富有特色的旅游点，近期本市发生的大事，本市知名人士的情况，以及当地的物价等感兴趣。

(2) 陪车。客人抵达后从机场到住地，以及访问结束后由住地到机场，有时需要主人陪同乘车。主人在陪同乘车时，应请客人坐在自己的右侧。有司机的时候，后排右位最佳，应留给客人。上车时，应主动打开车门，以手示意请客人先上车。一般最好让客人从右侧门上车，主人从左侧门上车，以免从客人座前穿过。如客人先上车坐到了主人的位置上，则不必请客人挪动位置。

(3) 宾馆接待。将来宾送至宾馆，要主动代为办理登记手续，并将其送入房间。进入客人房间后，应告知客人餐厅何时营业，有何娱乐设施，有无洗衣服务等以便客人心中有数。客人一到当地,最关心的就是日程安排,所以应事先制订活动计划。客人到宾馆后,应马上将日程表送上,以便客人据此安排私人活动。根据活动安排,客人将与哪些人会面与会谈,也应向客人作简略介绍。为了帮助客人尽快熟悉访问地的情况,还可以准备一些有关这方面的出版物给客人阅读,如本地报纸、杂志、旅游指南等。考虑到客人旅途劳累,主人不宜久留,应让客人早些休息,分手前要说好下一次见面的时间和地点,并留下自己的地址和电话号码,以便客人有事时联系。

(4) 奉茶。我国人民习惯以茶水招待客人。在招待尊贵客人时,选择什么茶具、怎样倒茶和递茶都有许多讲究。在给客人送茶时,茶具不能有破损和污垢,要洗干净、擦亮,杯内的茶水倒至八分满即可,不可倒满,免得溢出来溅洒到客人身上。茶水冷热也要控制好,千万别烫着客人。端送茶水最好使用托盘,既雅观又卫生;托盘内放一块抹布更好,以便茶水溢出时擦拭。端茶时,有杯柄的茶杯可一手执杯柄一手托在杯底或单手执杯柄;若茶杯没有杯柄,注意减少手指和杯沿部分的接触,更不可把拇指伸入杯内。敬茶时可以按由右往左的顺序逐个奉上,也可按主要宾客或年长者—上级领导—其他客人这个顺序敬奉。

(5) 引导。宾主双方并排行进时,引导者应主动走在外侧,而请来宾走在内侧。三人并行时,通常中间的位次最高,内侧的位次居次,外侧的位次最低,宾主的位置可依此酌定。在单行行进时,引导者应走在来宾前两三步;走到拐角处时,引导者一定要先停下来,转过头说"请向这边来";引导客人上楼时,应该让客人走在前面,引导者走在后面;引导途中,引导者切勿与客人高谈阔论,更不许与客人玩笑打闹,以免客人走神当众摔跤出丑;下楼时,引导者应走在前面靠墙壁一侧,而让客人走在后面靠楼梯栏杆一侧。

(6) 乘电梯。引导客人乘坐电梯时,接待人员应先进入电梯,按住电梯"开"按钮,等客人进入后关闭电梯门;到达相应楼层后,接待人员应按住"开"按钮,让客人先出电梯。如果电梯由专人控制,接待人员则应后入先出。在电梯内,接待人员切忌两眼直盯客人,可视与客人的熟识程度与客人交谈,以示友好。

(7) 开门。引导客人至会客厅,应先敲门、再开门。如果门是向外开的,应用手按住门,让客人先进;如果门往内开,则自己先进,按住门后再请客人进入。一般应右手开门,再转到左手扶住门,面对客人,请客人进入后再关门。无论房门是推开式还是拉开式,都必须将其完全敞开。为了不让客人看到自己的背部,应用单手开闭房门。

(8) 会客室接待。进入会客室后,客人如有外套、帽子、雨伞等物,可接过挂放于衣帽架或明显处,并向客人说明:"××先生,您的外套挂在这里。"应将来客让至上座入座,以表示尊重和欢迎。一般来说,室内离门口最远的座位就是上座。如果上司还没到,在与客人聊天时,注意不要谈论本公司的长短及涉密事项,可聊一些轻松的无关紧要的话题。

4. 送别礼仪

送别,是留给客人良好印象的最后一项重要工作。不管你前面的接待工作做得多么周到,如果最后的送别让客人备受冷落,整个接待工作就会功亏一篑。做好送别工作,关键在于一个“情”字。具体而言，送别时应注意以下礼仪。

(1) 提出道别。在日常接待活动中，宾主双方由谁提出道别是有讲究的。按照常规，道别应当由客人先提出来，假如主人先与来客道别，难免会给人以厌客、逐客的感觉。

(2) 送别用语。宾主道别，彼此都会使用一些礼貌用语来表达对对方的惜别之情，最简单、最常用的莫过于一声亲切的“再见”，除此之外，“您走好”“有空多联系”“多多保重”等也是得体的送别用语。

(3) 送别的表现。一般客人告辞离去，秘书只需起身将其送至门口，说声“再见”即可。如果上司要求你代其送客，则应视需要将客人送至相应地点：如果对方是常客，通常应将其送至门口、电梯门口或楼梯旁、大楼底下、大院门外；如果是初次来访的贵客，则要陪伴对方走得更远些。如果只将客人送至会议室或办公室门口、服务台边，则要说声“对不起，失陪”，目送客人走远；如果将客人送至电梯门口，则宜点头致意，目送客人至电梯门关合为止；若将客人送至大门口或汽车旁，则应帮客人携带行李或稍重物品，并帮客人拉开车门，开车门时右手置于车门顶端，按先主宾后随员、先女宾后男宾的顺序或客人的习惯引导客人上车，同时向客人挥手道别，祝福旅途愉快，目送客人离去。在送别的过程中，切忌流露出不耐烦、急于脱身的神态，以免给客人匆忙打发他走的感觉。

4.2 能力开发

4.2.1 案例讨论

案例1

注意称呼

一天，有位斯里兰卡客人来到南京的一家宾馆准备住宿。前厅服务人员为了确认客人的身份，在办理相关手续及核对证件时花费了较多的时间。看到客人等得有些不耐烦了，服务人员便用中文跟陪同客人的女士解释，希望能够得到对方的谅解。谈话中，服务人员习惯性地用了“老外”这个词来称呼客人。谁料这位女士听到这个称呼后立刻沉下脸来，表示了极大的不满。原来这位女士不是别人，正是客人的妻子。见此情形，这位服务人员立即赔礼道歉，但客人的心情已经大受影响，始终不能释怀，还对这家宾馆产生了不良的印象。

(资料来源：付桂萍.做派：在商务活动中合乎情境地展示自己[M].长沙：湖南人民出版社，2013.)

思考题：

(1) 交际中怎样称呼才能表达敬意？

(2) 本案例对你有何启示？

案例 2

赵总脸色怎么转“阴”了

刘兵和新同事小李来集团公司开会的时候，遇到了集团的赵总。刘兵赶紧远远地和赵总打了个招呼，赵总也和他点点头。赵总正要转身离去的时候，刘兵赶紧向前紧走几步向赵总伸出了手，赵总表现出一丝犹豫，但还是勉强地伸出了手。刘兵和赵总握手后，又赶紧给小李做介绍：“小李，这是咱们集团的赵总。”然后又转向赵总：“赵总，这是咱们集团二公司人力资源部的小李。”敏感的小李明显感觉赵总的脸色转“阴”了。

（资料来源：未来之舟. 职场交际礼仪[M]. 北京：中国经济出版社，2009.）

思考题：

(1) 本案例中刘兵不符合礼仪的地方有哪些？

(2) 本案例对你有哪些启示？

案例 3

如此握手

艾丽是某著名房地产公司的副总裁。一天，她接待了来访的建材公司主管销售的韦经理。

韦经理被秘书领进了艾丽的办公室，秘书对艾丽说：“艾总，这是××公司的韦经理。”艾丽离开办公桌，面带笑容，走向韦经理。韦经理先伸出手来，与艾丽握了握。艾丽客气地对他说：“很高兴你来为我们公司介绍这些产品。这样吧，我先看一看这些材料，再和你联系。”韦经理在几分钟内就被艾丽送出了办公室。随后的几天内，韦经理多次打电话，但得到秘书的回答是：“艾总不在。”

到底是什么让艾丽这么反感一个只与她说了两句话的人呢？原因在于握手！韦经理是一个男人，职位又低于艾丽，握手应该由艾丽先伸手。艾丽说：“他伸给我的手不但看起来毫无生机，握起来更像一条死鱼，冰冷、毫无热情。当我握他的手时，他的手掌也没有任何反应，就这几秒钟，他就留给我一个极坏的印象。”

（资料来源：付桂萍. 做派：在商务活动中合乎情境地展示自己[M]. 长沙：湖南人民出版社，2013.）

思考题：

(1) 交际中握手应传递怎样的信息？

(2) 握手的礼仪有哪些？

案例 4

接　待

一天上午，惠利公司前台接待秘书小张匆匆走进办公室，像往常一样进行上班前的准备工作。她先打开窗户，接着打开饮水机开关，然后翻看昨天的工作日志。这时，一位事先有约的客人要求会见销售部李经理，小张一看时间，他提前了30分钟到达。小张立刻通知了销售部李经理，李经理说正在接待一位重要的客人，请对方稍等。小张就如实转告客人说：“李经理正在接待一位重要的客人，请您等一会儿。”话音未落，电话铃响了，小张用手指了指一旁的沙发，没顾上对客人说什么，就赶快接电话去了。客人尴尬地坐下……待小张接完电话后，发现客人已经离开了办公室。

（资料来源：佚名. 提升自己的人格魅力[EB/OL]. [2016-06-07]. http://www.doc88.com/p-4843961183715.html.）

思考题：

（1）请指出本案例中小张的不足之处。

（2）本案例对你有哪些启示？

案例5

麦克拜访客户的秘诀

麦克具有丰富的产品知识，对客户的需要很了解。在拜访客户以前，麦克总是先掌握客户的一些基本资料。麦克常常以打电话的方式先和客户约定拜访的时间。

今天是星期四，下午4点刚过，麦克精神抖擞地走进办公室。他今年35岁，身高6英尺，深蓝色的西装上看不到一丝的皱褶，浑身上下充满朝气。

从上午7点开始，麦克便开始了一天的工作。麦克除了吃饭的时间，始终没有闲过。他五点半有一个约会，为了利用四点至五点半这段时间，他便打电话向客户约定拜访的时间，以便为下星期的推销拜访而预做安排。

打完电话，麦克拿出数十张卡片，卡片上记载着客户的姓名、职业、地址、电话号码资料及资料的来源。卡片上的客户都是居住在市内东北方的商业区内。

麦克选择客户的标准包括客户的年收入、职业、年龄、生活方式和嗜好。

麦克的客户来源有3种：一是现有的顾客提供的新客户的资料；二是麦克从报刊上的人物报道中收集的资料；三是从职业分类上寻找客户。

在拜访客户以前，麦克一定要先弄清楚客户的姓名。例如，想拜访某公司的执行副总裁，但不知道他的姓名，他会打电话到该公司，向总机人员或公关人员请教副总裁的姓名。知道了姓名以后，他才进行下一步的推销活动。

麦克拜访客户是有计划的。他把一天当中所要拜访的客户都选定在某一区域之内，这样可以减少来回奔波的时间。根据麦克的经验，利用45分钟的时间做拜访前的电话联系，即可在某一区域内选定足够的客户供一天拜访之用。

麦克下一个要拜访的客户是国家制造公司董事长比尔·西佛。他正准备打电话给比尔先生，约定拜访的时间。

做好拜访前的准备工作使麦克成为一名优秀的业务员。

（资料来源：佚名. 推销高手案例[EB/OL]. [2018-08-04]. http://www.upsales.com.cn/conceptinfo/jituandakehuxiaoshou/xei1.html.）

思考题：

（1）麦克拜访客户有哪些秘诀？

（2）本案例对你有何启示？

案例 6

唐宝的拜访

唐宝是宏远公司新入职的员工之一,她的上司李主任是一名 30 多岁的女士。初来乍到的她希望同办公室的同事们建立良好的关系,因此她决定趁周末休息时去李主任家登门拜访,顺便请教李主任如何正确处理办公室的人际关系。

周五临近下班时,唐宝向李主任表达了自己想在周六下午登门拜访的意愿。李主任一听唐宝的时间地点安排,面露难色,但是看着唐宝真诚的眼神,还是勉强答应了。

唐宝知道李主任不喜欢别人迟到,因此特意早早出门,比约定时间提前一小时到达了李主任家门口。她有礼貌地按下李主任家的门铃时,等了一会,看到没有人开门,她又按了两下门铃。门开了,只见李主任正穿着居家服在拖地。

李主任立刻把唐宝迎了进来,因为紧张,唐宝坐在客厅里,不知道如何找到合适的话题,因此她连忙把自己带来的礼物塞给了李主任,说道:"李主任,这是我们东北的灵芝,听说您的妈妈最近因为身体不舒服住院了,灵芝是上等补品,您到时候给她老人家炖个汤吧。"

之后两人聊了近两小时,唐宝拒绝了李主任挽留用餐的好意,然后意犹未尽地同李主任道别回家。

(资料来源:赵颖.社交礼仪[M].北京:中国人民大学出版社,2017.)

思考题:

(1) 唐宝的拜访存在哪些礼仪问题?

(2) 本案例对你有何启示?

案例 7

小张错在哪里?

小张大学毕业后在扬州昌盛玩具厂办公室工作。中秋节前两天办公室陈主任通知他,明天下午 3 点本公司的合作伙伴上海华强贸易有限公司的刘君副总经理将到本市(昌盛玩具厂的出口订单主要来自上海华强贸易有限公司),这次来的主要目的是了解昌盛玩具厂是否有能力在 60 天内完成美国的一批圣诞玩具订单,昌盛玩具厂很希望拿到这份利润丰厚的订单,李厂长将亲自到车站接站。由于陈主任第二天将代表李厂长出席另外一个会议,临时安排小张随同李厂长一起去接刘副总经理,小张接到任务后,征得李厂长同意,在一个四星级宾馆预订了房间,安排厂里最好的一辆轿车去接刘副总。

第二天上午,小张忙着布置会议室,通知一家花木公司送来了一批绿色植物,准备了欢迎条幅,又去购买了水果,一直忙到下午 2:30,穿着休闲服的小张急急忙忙随李厂长一起到车站,不料,市内交通拥挤,到车站后发现,刘副总经理已经等待了十多分钟,李厂长不停地表示抱歉,小张也跟着说,厂子离市区太远,又遇上堵车才迟到的,小张拉开车前门请刘副总上车说:"这里视线好,您可以看看我们的市容市貌。"随后,又拉开右后车门请李厂长入座,自己急忙从车前绕到左后门上了车,小车到达宾馆后,小张推开车门直奔总台，询问预订房间情况，为刘副总办理入住手续，刘副总提行李跟过来。小张将刘副总送到房间后，李厂长与刘副总交流着第二天的安排，小张在房间里转来转去，看看是否有不当之处。片刻后，李厂长告辞，临走前告知刘副总晚上 6 点接他到扬州一家著名的餐馆吃晚饭。

小张随李厂长出来后，却受到李厂长的批评，说小张经验不够。小张觉得很冤枉，自己这么卖力，到底是哪里出错了？

（资料来源：佚名. 商务礼仪案例[EB/OL].[2019-02-13]. https://wenku.baidu.com/view/d8d3715fcec789eb172ded630b1c59eef9c79a18.html.）

思考题：

(1) 小张的接待准备工作充分吗？

(2) 小张在礼仪上有什么不足？

(3) 小张接到这份接待工作后，应该怎样做更合适？

4.2.2 实训项目

项目 1　见面场景模拟训练

实训目标：熟练、规范地运用见面的各种礼节进行交际。

实训学时：2 学时。

实训地点：实训室。

实训准备：见面场景、名片若干张。

实训方法：3～5 人一个小组，每组设计一个见面场景，将称呼、介绍、握手等见面礼节，问候，递接名片等交际礼仪，连贯地演示下来，学生对各组的表演进行评价，最后教师总结。表演之前，每组应就设计的场景和成员的角色进行说明。

训练手记：通过训练，我的收获是________________________________。

项目 2　"我是谁"

实训目标：通过个人选择代表自己的某一件物件达到相互认识的目的。

实训学时：2 学时。

实训地点：教室。

实训准备：每人找一个能够代表自己的物件。

实训方法：每位学员课前找一个能够代表自己个性特征或表达自己身份的物件（必须是可以拿得到的），并把它带到课堂上。让每一位成员展示自己所选的物件并解释其表达的含义（例如："我选择了一块石头，因为它坚硬、光滑、色彩丰富。"）。如果人数较多，可以在小组内进行，然后再挑选代表上台展示。

实训思考：

(1) 你从其他成员身上学到了什么？

(2) 通过这个游戏，你对其他参加者的了解达到了何种程度？

训练手记：通过训练，我的收获是________________________________。

项目 3　见面会游戏

实训目标：训练学生与陌生人见面、交往的技巧。

实训学时：2 学时。

实训地点：大学生活动中心。

实训准备：简单布置见面会会场。

实训方法：

(1) 教师预先设计一些社会角色，确保每个角色都有一个人扮演。活动开始前，给大家一点时间对自己的角色进行熟悉。

(2) 活动开始后，大家可以随意走动、聊天。言行一定要符合他所扮演的人的身份。每位同学要不断地相互交流，尽可能多地让对方知道自己的角色，同时获知对方的角色。

(3) 活动过程中要正确运用所学的交际礼仪。

(4) 15 分钟以后，游戏结束，让大家描述一下他(她)所扮演的角色以及他所用的表达方式。选出最佳演员。

(5) 教师可以根据人数分组。

训练手记：通过训练，我的收获是______________________________。

项目 4　接待探访模拟训练

实训目标：熟悉接待、探访的有关礼节，能够正确运用其礼仪规范。

实训学时：2 学时。

实训地点：实训楼前、电梯间、会议室。

实训准备：办公家具、茶具、茶叶、热水瓶或饮水机、企业宣传资料等。

实训方法：一部分学生扮演来访团体成员，另一部分学生扮演接待方成员，模拟演示以下情境。

(1) 在门口迎接客人。

(2) 引导客人前往接待室。

(3) 与客人搭乘电梯。

(4) 引见介绍。

(5) 招呼客人。

(6) 为客人奉送热茶。

(7) 送别客人。

演示完毕后，可两组人员角色对调，再演示一遍，充分体会探访、接待的不同礼仪要求。

训练手记：通过训练，我的收获是______________________________。

课后练习

1. 设想几种不同的社交场景，确定如何根据交往对象不同进行称呼。
2. 如何牢固、快速地记住别人的名字？
3. 请分别用一句话、用 1 分钟时间、用 5 分钟时间介绍你自己。
4. 假如你明天要拜访一位重要客户，列出你需要做哪些形象准备和资料准备。

5. 找几个伙伴练习握手的礼仪。

6. 请就以下为他人介绍事例分别进行分析，看看各存在什么问题。

(1) 这位是×××公司的人力资源部张经理，他可是实权派，路子宽，朋友多，需要帮忙可以找他。

(2) 约翰·梅森·布朗是一位作家兼演说家。一次他应邀去参加一个会议，并进行演讲。演讲开始前，会议主持人将布朗先生介绍给观众，下面是主持人的介绍语：先生们，请注意了。今天晚上我给你们带来了不好的消息。我们本想要求伊塞卡·马克森来给我们讲话，但他来不了，病了。(下面嘘声)后来我们要求参议员布莱德里奇前来，可他太忙了。(嘘声)最后，我们试图请堪萨斯城的罗伊·格罗根博士，也没有成功。(嘘声)所以，结果我们请到了——约翰·梅森·布朗。(掌声)

(3) 我给各位介绍一下：这小子是我的铁哥们儿，开小车的，我们管他叫“黑蛋儿”。

7. 按3～5人一个小组，每组设计一个见面场景，将称呼、介绍、握手等见面礼，问候等交际礼仪连贯地演示下来，学生对各组的表演进行评价，最后教师总结。表演之前，每组应就设计的场景和成员的角色进行说明。

任务5

通 信

谁掌握了信息,控制了风格,谁就能拥有整个世界。

——[美]阿尔文·托夫勒

任务目标

- 礼貌地使用电话进行沟通。
- 礼貌地使用手机进行沟通。
- 礼貌地使用电子邮件、发帖聊天礼仪等网络沟通手段。

情境导入

市歌舞团计划赴日本演出,团长李阳就此事向市文化局请示,于是他拨通局长办公室的电话。可是,那个电话响了足足有半分多钟也没人接听。李阳正纳闷,突然电话那端传来一个不耐烦的女高音:"什么事啊?"李阳一愣,以为自己拨错了电话,于是问道:"请问是文化局吗?""废话,你不知道自己往哪儿打的电话啊?""哦,您好,我是市歌舞团的,请问张局长在吗?""你是谁啊?"对方没好气地盘问。李阳心里直犯嘀咕:"我叫李阳,歌舞团团长。""李阳?你跟我们局长是什么关系?"李阳更是丈二和尚摸不着头脑,他说道:"我和张局长没有私人关系,我只想请示一下我们团出国演出的事。""出国演出?张局长不在,你改天再来电话吧。"没等李阳回话,对方"啪"的一声挂断了电话。

李阳感觉像是被人戏弄了一番,拿着电话半天没回过神来。

(资料来源:佚名.应聘礼仪[EB/OL].[2019-02-24].https://ishare.iask.sina.com.cn/f/bwTXOXene3v.html.)

世界已经进入信息时代,人们之间的联系、交流正因为科学技术提供的先进通信工具和手段而变得更加方便、准确和及时。过去人们联系主要是写信、拍发电报,现在不仅固定电话普及,移动电话、电子邮件、传真机等也都成为现代交际活动的重要通信工具。本任务中的“情境导入”案例告诉我们:使用各类通信工具与人交往时,讲究基本的礼仪、礼节是必不可少的。

因此,在享受现代通信的便捷与快乐时,请不要忘记通信时的礼貌。

5.1 知识储备

5.1.1 电话礼仪

电话是人们开展社交活动不可缺少的通信工具,在日常生活社交和工作交往中,都要利用电话与别人取得联系和交谈。据美国《电话综述》(*Telephone Review*)中说,一个人一生平均有8760个小时在打电话。在电视电话还没普及之前,人们通过电话给人的印象完全靠声音和使用电话时的习惯,要想有“带着微笑的声音”或者通过电话赢得信任,就必须掌握使用电话的礼节与技巧。

1. 电话语言要求

目前大部分电话能传输的信号是声音,但这一信号载体却包含着许多信息。说话人想做什么,要做什么,是高兴还是悲伤,还有对另一方的信任感、尊重感,彼此都可以清晰地得知,这些都取决于电话的语言与声调。因此,电话语言要求礼貌、简洁和明了,以准确地传递信息。

(1) 态度礼貌友善。当我们使用电话交谈时,我们不能简单地将对方视作一个“声音”,而应看作是面对一个正在交谈的人。尤其是对办公人员来说,我们面对的是组织的一名公众,如果你们是初次交往,那么,这样一次电话接触便是你给公众的第一次“亮相”,应十分慎重。因此,在使用电话时,多用肯定语,少用否定语,酌情使用模糊用语;多用些致歉语和请托语,少用些傲慢语、生硬语。礼貌的语言、柔和的声音,往往会给对方留下亲切之感。正如日本一位研究传播的权威人士所说:“不管是在公司还是在家庭里,凭这个人在电话里的讲话方式,就可以基本判断出其‘教养’的水准。”

(2) 传递信息简洁。电话用语要言简意赅,将自己所要讲的事用最简洁、明了的语言表达出来。因为通话的一方尽管有诸如紧张、失望而表情异常的体态语言,但通话的另一方不知道,他所能得到的判断只能是来自他听到的声音。在通话时最忌讳发话人吞吞吐吐、含糊不清、东拉西扯,正确的做法是:问候完对方,即开宗明义直言主题,少讲空话,不说废话。

(3) 控制语速语调。通话时语调温和,语气、语速适中,这种有魅力的声音容易使对方产生愉悦感。如果说话过程语速太快,则对方会听不清楚,显得应付了事;太慢,则对方会不耐烦,显得懒散拖沓;语调太高,则对方听得刺耳,感到刚而不柔;太低,则对方会听得不清楚,感到有气无力。一般说话的语速、语调和平常的一样就行了,即使是长途电话,也无须大喊大叫,把受话器放在离嘴两三寸的地方,正对着它讲就行了。另外通电话时,周围有种种异样的声音,会使对方觉得自己未受尊重而变得恼怒,这时应向对方解释,以保证双方心情舒畅地传递信息。

(4) 使用礼貌用语。在电话交际中应使用礼貌用语,尤其是"你好""请""谢谢""对不起""再见"等礼貌用语应该常用不懈。

2. 接电话

如何接电话,正是国际上许多大公司作为培训其员工职业化程度的一项内容。比如微软公司的员工拿起电话,第一句话肯定是:"你好,微软公司!"有一次公司举行庆祝会,员工们集体在一家宾馆住宿。深夜,某项活动日程临时变动,前台小姐只得一个个打电话通知。第二天她面露惊奇:"你知道吧?我给 145 个房间打电话,起码有 50 个电话的第一句话是'你好,微软公司'。"在深夜里迷迷糊糊地接电话,第一句话依然是"你好,微软公司",可见微软文化的力量,同时也显示了微软人的职业水准。接电话的礼仪包括以下 4 个方面。

(1) 迅速接听。接电话首先应做到迅速去接,力争在铃响 2~4 声时就拿起话筒,这是避免让打电话的人产生不良印象的一种礼貌。电话铃响过三遍后才做出反应,会使对方焦急不安或不愉快。正如日本著名社会心理学家铃木健二所说:"打电话本身就是一种业务。这种业务的最大特点是无时无刻不在体现每个人的特性。在现代化大生产的公司里,职员的使命之一,是一听到电话铃声就立即去接。"接电话时,也应首先自报单位、姓名,然后确认对方,例如:"您好!这是××公司营销部。"如果对方没有马上进入正题,可以主动请教:"请问您找哪位通话?"

(2) 积极反馈。作为受话人,通话过程中,要仔细聆听对方的讲话,并及时作答,给对方以积极的反馈。通话中听不清楚或意思不明白时,要马上告诉对方。在电话中接到对方邀请或会议通知时,应热情致谢。

(3) 热情代转。如果对方请你代转电话,应弄明白对方是谁,要找什么人,以便与接电话人联系。此时,请告知对方"稍等片刻",并迅速找人。如果不放下话筒喊距离较远的人,可用手轻捂话筒或按保留按钮,然后再呼喊接话人。如果你因别的原因决定将电话转到别的部门,应客气地告知对方,你将电话转到处理此事的部门或适当的职员。例如:"真对不起,这件事是由财务部处理的,如果您愿意,我帮您转过去好吗?"

(4) 做好记录。如果要接电话的人不在,应为其做好电话记录,记录完毕,最好向对方复述一遍,以免遗漏或记错。可利用电话记录卡片做好电话记录。

3. 打电话

(1) 时间适宜。打电话(见图 5-1)的时间应尽量避开上午 7 点前、晚上 10 点以后的时间,还应避开晚饭时间。有午休习惯的人,也请不要打电话给他。电话交谈所持续的时间也不宜过长，事情说清楚了就可以了，一般以3～5分钟为宜。因为在办公室打电话，要照顾到其他电话的进出，不可过久占线，更不可将办公室的电话或公用电话当作聊天的工具，这是惹人讨厌的行为。著名相声表演艺术家马季曾说过一段相声，名叫《打电话》，就是讽刺的这种人。

图5-1 打电话

(2) 有所准备。通话之前应该核对对方公司或单位的电话号码、公司或单位的名称及接话人姓名。写出谈话要点及询问要点，准备好在应答中使用的备忘纸和笔，以及必要的资料和文件。估计一下对方情况，决定通话时间。

(3) 注意礼节。接通电话后，应主动友好，自报一下家门和核实一下对方的身份。应先说明自己是谁，除非通话的对方与你很熟悉，否则就该同时报出你的公司及部门名称，然后再提一下对方的名称。打电话要坚持用“您好”开头、“请”字在中、“谢谢”收尾，态度温文尔雅。你找的人不在，可以请接电话的人转告，例如：“对不起，麻烦您转告×××……”，然后将你所要转告的话告诉对方。最后别忘了向对方道一声谢，并且问清对方的姓名。切不可“咔嚓”一声就把电话挂了，这样做是很不礼貌的，即使你不要求对方转告，你也应该说一声：“谢谢，打扰了。”打电话结束时，要道谢和说声再见，这是通话结束的信号，也是对对方的尊重。注意声音要愉快，听筒要轻放。一般来说，应是打电话的人先搁下电话，接电话的人再放下电话。但是，假如是与上级、长辈、客户等通话，无论你是通话人还是发话人，都最好让对方先挂断。

5.1.2 手机礼仪

当今，手机沟通已经变得十分普及。但无论是在社交场所还是工作场合，无所顾忌地使用手机，已经成为礼仪的最大威胁之一，手机礼仪也越来越受到关注。在国外，如澳大利亚电信的各营业厅就采取了向顾客提供“手机礼节”宣传册的方式，宣传手机礼仪。在使用手机的时候应该注意以下礼仪。

1. 遵守秩序

使用手机时不允许有意、无意之间破坏公共秩序，具体来说，此项要求主要是指以下几个方面。

(1) 在会议中或和别人洽谈的时候，最好的方式是把手机关机或设置成静音，最起码也要调到震动状态。这样既显示出对别人的尊重,又不会打断发言者的思路。而那种在会场上铃声不断,像是业务很忙,使大家的目光都转向他,这实际给人的印象只能是缺少教养。

(2) 注意手机使用礼仪的人,不会在公共场合或座机电话接听中、开车中、飞机上、剧场里、图书馆和医院里接打手机,就是在公交车上大声地接打电话也是有失礼仪的。

(3) 公共场合特别是楼梯、电梯、路口、人行道等地方,不可以旁若无人地使用手机,应该把自己的声音尽可能地压低一下,而绝不能大声说话,同时不要妨碍他人通行。

(4) 在一些场合,比如在电影院或剧院打电话是极其不合适的,如果事情非常重要,采用静音的方式发送手机短信是比较适合的选择。

(5) 在餐桌上,关掉手机或是把手机调到震动状态还是必要的。避免正吃到兴头上的时候,被一阵烦人的铃声打断。

(6) 在体育比赛场馆,观看射击等比赛项目,运动员需要一个安静的环境,这时也应注意使手机关机或处于静音状态。

2. 考虑对方

给对方打手机时,尤其当知道对方是身居要职的忙人时,首先想到的是,这个时间他(她)方便接听吗? 并且要有对方不方便接听的准备。在给对方打手机时,注意通过听筒里传来的回音来鉴别对方所处的环境。如果很安静,应想到对方在会议上,有时大的会场能感到一种空阔的回声,当听到噪声时对方就很可能在室外,开车时的隆隆声也是可以听出来的。有了初步的鉴别,对能否顺利通话就有了准备。但不论在什么情况下,是否通话还是由对方来定为好,所以"现在通话方便吗?"通常是拨打手机的第一句问话。其实,在没有事先约定和不熟悉对方的前提下,我们很难知道对方什么时候方便接听电话。所以,在有其他联络方式时,还是尽量不打对方手机好些。

不要在别人能注视到你的时候查看短信。一边和别人说话,另一边查看手机短信,这样对别人不尊重。

当与朋友面对面聊天时,不要正对着朋友拨打手机,避免发射时高频大电流对他产生辐射,让对方心中不愉快。

3. 注意安全

使用手机时必须牢记"安全至上",否则不但害人,还会害己。要注意以下几点:①不要在驾驶汽车时使用手机电话或是查看寻呼机内容,以防止发生车祸;②不要在病房、油库等地方使用手机,免得所发出的信号有碍治疗或引发火灾、爆炸;③不要在飞机飞行期间使用手机,否则极可能使飞机"迷失方向",造成严重后果。

4. 置放到位

在一切公共场合,手机在没有使用时,都要放在合乎礼仪的常规位置。不要在并没使用的时候放在手里或是挂在上衣口袋外。放手机的常规位置有:一是随身携带的公文包里,这种位置最正规;二是上衣的内袋里;有时候,还可以将手机暂放腰带上,也可以放在不起眼的地方,如手边、背后、手袋里,但不要放在桌子上,特别是不要对着正在聊天的对面客户。

5. 彩铃文明

现在有不少人,特别是年轻人,喜欢使用彩铃。有些彩铃很搞笑,或很怪异,与千篇一律的铃声比较起来,确实有独特之处。但是彩铃是给打电话的人听的,如果你需要经常用手机联系业务,最好不要用怪异或格调低下的彩铃,以免影响你和公司的形象。

5.1.3 网络礼仪

1. 收发电子邮件礼仪

电子邮件即通常所说的 E-mail。它是一种重要的通信方式,因其方便快捷、费用低廉,深受人们的喜爱,使用者越来越多,尤其是国际通信交流和大量信息交流更是优势明显。对待电子邮件,应像对待其他通联工具一样讲究礼仪。

(1) 书写规范。虽然是电子邮件,但是写信的内容与格式应与平常书信一样,称呼、敬语不可少,签名则仅以打字代替即可。写电子邮件语言要简略,不要重复、不要闲聊,写完后要检查一下有无错误。因为发出去的邮件很可能被对方打印出来研读或是贴在公告牌上。写完后还要核定所用字体和字号大小,太小的字号不仅收件人读起来费力,也显得粗心和不够礼貌。写邮件时最好在主题栏写明主题,以便让收件人一看就知道来信的主旨。

(2) 发送讲究。电子邮件的发送有如下讲究:最好不要将正文栏空白而只发送附件,除非是因为各种原因出错后重发的邮件,否则不仅不礼貌,还容易被收件人当作垃圾邮件处理掉。重要的电子邮件可以发送两次,以确保能发送成功。发送完毕后,可通过电话等询问是否收到邮件,通知收件人及时阅读。应尽快回复来信,如果暂时没有时间,就先简短回复,告诉对方自己已经收到其邮件,有时间会详细说明。

(3) 注意安全。电子邮件是计算机病毒重要的传染源和感染病毒的主要渠道。收发电子邮件都要注意远离计算机病毒。发送电子邮件时要注意尽可能不使邮件携带计算机病毒。因此如果没有反病毒软件适时监控,发送邮件前务必要用杀毒程序杀毒,以免不小心把有毒的邮件发送给对方。要是没有把握,不妨用贴文的方式代替附加文档。

接收电子邮件时的安全问题更为重要,来历不明的信件必须谨慎处理,若不确定则最好删除。目前一般计算机都安装有监控邮件病毒的反病毒软件,如用金山毒霸的金山网镖、KV3000 的病毒王等进行适时监控。由于监控软件考虑安全性较多,因此,许多正常邮件也会给出可能有病毒的提醒,需要及时判断处理,有时宁可损失信息也要果断删除一些可能含有病毒的不明邮件,以免计算机感染病毒。对于没有正文而仅有附件的不明邮件,除非与发件人熟悉或事先约定好了,原则上都不应该打开邮件,对正文中提示的邮件地址不熟悉一般不要轻易打开,因为这往往是陷阱,许多国际电话费骗子就把诱饵放在这里。在删除了怀疑的病毒邮件后,要及时清空邮件回收箱,否则,病毒还会在计算机硬盘中,没有从物理硬盘上将其删除掉。

此外,要注意定期及时清理邮件收件箱、发件箱、回收箱,空出有限的邮箱容量空间。及时将一些有用的电子邮件地址记下来并存入通讯簿也是很必要的。

2. 使用QQ礼仪

目前网络即时通信工具几乎成了职场中最受欢迎的网络工具。人们可以通过这些通信工具联络事宜,就算近在咫尺,也无须起身交谈。与远方的协作客户交谈,轻轻敲几下键盘就可以解决问题,这种交流在过去是无法想象的。现在使用最普及的就是MSN和QQ。需要注意的是,网络通信虽然方便、快捷,但毕竟只是辅助通信手段,不能当成唯一的通信方式。当有重要的、正式的、紧急的事宜时,必须通过传统的方式,比如电话、书面信函甚至面访的形式完成。职场中使用QQ这一网络通信工具的礼仪要注意以下方面。

(1) 礼貌待人。使用QQ时,应当严格要求自己,做到诚实友好交流,不侮辱欺诈他人,即使与互不相识的人交流,也应彬彬有礼、有理有节。

(2) 正确使用QQ的名称。使用规范的名称MSN和QQ都可以用个性名称,但如果因公使用,应该使用规范的名称,比如公司名称、个人姓名等,以方便别人知道你是谁。不要使用过于个性的名字。如果对方的QQ是个性化名字,你可以在"修改备注名称"中把对方的名字改为他们的单位名称或姓名,这样不论什么时候,都可以一目了然地知道对方是谁。

(3) 慎用个性表情。QQ有非常丰富的个性表情。工作中使用的时候,个性表情一定要慎重使用,不可过于频繁,也不要滥用。个性表情毕竟是"表情",不是语言,网络即时通信的语言还是文字。而且,不要发一些容易让人产生误会、格调不高的个性表情。假如每篇内容都是一蹦一跳的,让人去猜具体表达意思的图标,没有一个文字,也是非常让人厌烦的。

(4) 注意聊天的内容。因公网络即时通信应在工作时间使用,尽量不要在非工作时间和别人聊工作,除非你们事先有过约定。正式说话之前应先打招呼,下线之前,应和刚才说话的人打声招呼,那种"神龙见首不见尾"的"大虾"式作风,是不受人欢迎的。既然有即时性特点,你发送的内容对方马上就能收到、看到。所以在发送内容之前要"三思而后行",不要有错字、别字及容易引起歧义的话,以及可能泄露单位机密的内容。学会使用状态说明。如果正忙于其他事,无法顾及QQ的消息回复时,建议把QQ设置成"忙碌""外出就餐""接听电话"等,甚至可以自定义个性化说明信息,以免让人产生你在QQ前但又不想理他的错觉。

值得注意的是,在工作期间,MSN、QQ是应该服务于工作的,而不是私聊的工具。所以,无论游戏、聊天等功能多有诱惑,工作时都应禁用,这是起码的职业道德修养。

(5) 合理使用,抵制低俗。不在QQ上发布、转载违法、庸俗、格调低下的言论、图片、信息等,要坚决抵制黄色、低俗、诽谤、恶意攻击等不健康的网上聊天、交友、游戏等活动;增强自我保护意识,不随意约会网友,即使在网上已非常熟悉;不利用网络知识进行攻击网站网页等活动,自觉维护网络安全和网络秩序。

3. 微信礼仪

微信这种即时聊天工具，相比QQ更特别，增加了不少新功能，而且具有便捷的语音聊天功能，没有通信费。一经推出就受到很多人的喜欢，为人们交流增加了便利。微信礼仪我们需要注意以下几点。

(1) 注意联系的时间。微信联系一般以私人目的为主，但也有因公联系的。不管是使用语音功能还是文字或图片，都要注意时间，避免对方在不方便的时候，特别是在休息的时候。除非你们有约定，否则不应该在早7点前、晚10点后再联系。如果是因公联系，晚上七八点后就应避免再联系。

(2) 注意内容。文字内容现在基本都是手写，所以更要慎重处理，避免手指不小心碰错了地方，发错了造成误会的内容。输入数字时，手写功能更易出错，所以输好后应审查一遍再发出。发送前最好再确认一下联系人，同时聊天的人有好几位时，容易将内容发错对象，引起尴尬。听别人语音内容的时候，最好戴上耳机，除非你周围没人，否则不要让你和朋友间的私密语音与大家"分享"。

(3) 注意刷屏。刷屏已经变成了大部分手机用户的习惯性动作，有事没事刷两下，看看谁有什么动态，同时该关心的关心，该点赞的点赞，该调侃的调侃，每个人都忙得不亦乐乎。但最忌讳的就是在别人伤口上撒盐。同时，也要注意发心情和分享的内容不要太过频繁，你不停地发，浪费人家的流量，让人反感。这是不符合微信礼仪要求的。

(4) 关注"朋友圈"。微信上尽可能不要每天上传大量的共享内容。要知道，别人可能不仅只有你一位好友，他不能一直看"朋友圈"的信息，当然有时"朋友圈"的内容是写给自己的，那就要及时将可见范围设置为私密。也最好不要在里面发布自己的身份证号码、驾驶证号码等重要的个人信息，以防不法分子窃取。同时转发也应转发健康有用的朋友圈内容，朋友圈内容每天每时每刻都在不停地更新着，看到了就想转，转前最好自己稍微看几眼，不要转发有错误、影响自身形象的内容。

(5) 微信公众号注意形象。微信公众号越开越多，建议开微信公众号的要讲究公众形象，讲究公众应遵守的基本道德。另外关注者也应注意分辨了，微信公众号里不乏很多打广告的或涉嫌违规的公众号，最好辨清楚了再去关注或转发其内容，不然每天会不停地发送很多信息，反而浪费流量。

5.2 能力开发

5.2.1 案例讨论

案例1

一个秘书的经历

王芳是在某公司工作多年的秘书，主要负责接待及外线电话的转接。她现在已经是一名优秀的秘书了,可在她成长过程中也出现过许多大大小小的错误,现仅列举两个典型例子。

其一,王芳刚做秘书工作时,认为打电话不过是连 3 岁小孩都会做的简单事情,但后来发生的一件事情让她改变了这种观点。有一次,总经理让她询问对方对合同中几个条款的看法。她没有认真研究这几个条款,也没有询问总经理的意见,马上拨通对方的电话。当对方提出几个方案时,她无法和对方进行任何交流,自然也无法达到侧面了解对方真实意图的目的。慌乱之中,她竟忘了做电话记录,整整半个小时的通话,在她脑中是一片空白。幸好她比较坦诚,如实向总经理做了汇报。总经理亲自给对方打电话,表示歉意,这才如期签署合同。自从这件事情发生后,她专门准备了一个笔记本记录电话内容等,有关计算机文件也及时保存、备份。

其二,王芳每天负责处理大量的电子邮件,除了那些垃圾邮件,她将所有往来邮件都保留在电子信箱中。这样做确实也带来很多方便,即使出差也可以从信箱中查阅历史文件。但有一段时间,她连续 7 天没有收到任何邮件,给客户的邮件也没有一个回复。她用电话跟客户联系,客户说发出去的邮件全部退回。她赶紧请教有关技术人员,这才发现是由于邮箱空间爆满所致。

(资料来源:谢迅. 商务礼仪[M]. 北京:对外经济贸易大学出版社,2007.)

思考题:

(1) 打电话前应该思考哪些问题?

(2) 使用电子邮件应注意什么?

案例 2

对方会看到你打电话的表情

日本有一个特别有名的销售员,有人结合他的经历写了一本书,叫《史上最伟大的推销员》。这个推销员的伟大之处在哪儿呢?他的工作中又有哪些有趣的故事?

有一天晚上,他回到家后,比较累了,决定先睡一觉。但他定了一个闹钟,同时告诉他老婆,晚上 10 点的时候,一定要把他叫起来,因为他跟一个很重要的客户约好在 10:30 的时候打电话。

到 10 点的时候,不等他老婆催他,他听到闹钟就醒了,然后去洗手间洗漱,接着又是刮胡子,又是穿衬衫、打领带的,还穿上了西装和皮鞋。最后拿了个本子,在电话机旁正襟危坐,一到 10 点半就准时给对方打电话。

业务倒是谈得很顺利,十几分钟就搞定了。但是他这番奇怪举动让他老婆感到很奇怪:不就一个电话吗?有必要搞得跟个神经病似的吗?大半夜的还要起来精心打扮一通,好像现在不是晚上,而是星期一一大早。

你猜他是怎么解释的?他跟他老婆说,如果我很邋遢、很懒散的话,对方虽然看不到我的样子,但是我自己的精神面貌不好,而这会通过我的语气变化传达到对方那里。经过这么一番打扮,我看起来正式多了,人也精神多了。虽然看不见对方,我也要尊重对方,我相信,对方一定能感受得到!

一个人的成功与伟大,从来都不是无缘无故的。他凭借着这样的好心态赢得了众多的客户,很多客户觉得,不管什么时候和这个推销员打电话,都会感觉他精神百倍,好像全心全意地在做这件事。客户要是感觉到你是全心全意的,哪怕只是对待一通电话,他也会觉得受到了极大的尊重。

(资料来源:陈乾文.别说你懂职场礼仪[M].北京,龙门书局,2010.)

思考题:

(1) 与客户进行电话沟通时,怎样让客户觉得你是尊重他(她)的?

(2) 本案例对你有什么启示?

案例3

手机放哪儿有讲究

前不久,我和同事一起去给客户汇报产品方案,汇报的地点选在对方的会议室,当天参加会议的人很多,还有不少领导,会议室里非常拥挤。同事可能觉得有些热,就把外衣放在了一边,没想到却出了问题。正在我们汇报到一半儿的时候,手机突然响了,同事意识到这是自己的手机。但屋里人太多,他的外衣却放在门口,手机一直响个不停,中间还隔着很多人,如果同事过去拿手机大家都得起身,会场秩序一时间搞得很乱,也让对方的领导感到有些不满,弄得我们都很尴尬。

(资料来源:佚名.关于手机职场社交礼仪[EB/OL].[2020-05-26]. https://wenku.baidu.com/view/9957f0f82bf90242a8956bec0975f46526d3a77f.html.)

思考题:

(1) 在社交中,手机应该放在哪里合适呢?

(2) 本案例对你有何启示?

案例4

职场电子邮件礼仪

陈晨是一家公司的小职员,一干就是5年。这5年里,她无时无刻都在使用着公司分配的邮箱,已经把它当作自己的私人邮箱。

最近公司不景气,裁员的风声也日益逼近,所以当公司连年终奖都发不出来时,陈晨想到了主动离开。她开始在网上偷偷搜索与自己相关的职位,并试着发送了几封求职简历,其中有一家还是陈晨所在公司的竞争对手。在发送简历的时候,她用的都是公司分配的邮箱。没想到,用人单位的电话没有等到,她却被请进了公司人事部办公室。人事总监似笑非笑地说:"听说你有自己的打算,现在公司状况不是很好,减员增效已成定局。既然有更好的职业发展机会,公司无疑是支持的。你看看下周能否完成手头的工作交接?"

虽然陈晨早有跳槽的打算,但让她百思不得其解的是,自己并未向同事透露过任何风声,人事总监怎么会知道她的跳槽打算?在完全没有心理准备的情况下,被效力5年的公司不动声色地辞退,陈晨还是很难接受这个事实。当她万分不情愿地清理自己使用了5年的邮箱时,突然好像悟出了点儿什么。其实答案就是因为陈晨5年来一直使用公司邮箱，工作邮件和私人信件全部用一个邮箱处理。她做梦都没想到，会有人经常“偷看”自己的电子邮件，直到被解雇之后她才意识到：“原来，它不是我的邮箱。”

(资料来源：木子. 超实用的职场礼仪书[M]. 北京：中国纺织出版社，2018.)

思考题：

(1) 在职场中使用电子邮箱应该注意什么？

(2) 本案例对你有何启示？

5.2.2 实训项目

项目1 电话(手机)使用模拟训练

实训目标：掌握使用电话(手机)的礼仪。

实训学时：1学时。

实训地点：教室。

实训准备：固定电话或手机。

实训方法：两人一组，用固定电话或手机现场表演各类情形的通话，其他同学观摩，表演结束后，由同学们点评，最后老师总结。以下情形供参考。

(1) 双方第一次进行业务联系。

(2) 下级向上级通过电话汇报工作。

(3) 正在与客户交谈时电话震动提示有来电。

(4) 在电影院看电影时必须接听一个十分重要的来电。

也可发挥想象，设计其他情形。

训练手记：通过训练，我的收获是______________________________。

项目2 自编小品“打电话”

实训目标：强化电话礼仪规范。

实训学时：2学时。

实训地点：实训室。

实训准备：场地、电话等。

实训方法：学生3～5人分为一组，自编小品表演打电话(手机)，可以将打电话(手机)中不规范的礼仪表现演示出来，师生点评。

训练手记：通过训练，我的收获是______________________________。

课后练习

1. 为什么说从电话礼仪就可基本看出对方的教养如何？

2. 欣赏相声表演艺术家马季的相声《打电话》，讨论打电话应该注意的礼节。

3. 小刘在几分钟之内连续几次接到同一个错打的电话，可是每一次对方都是什么也不说就把电话挂了。小刘非常恼火，于是他特意按照来电显示屏上的那个号码拨通电话，狠狠地把对方臭骂了一顿。你认为小刘做得对吗？

4. 请制定一份接打电话的礼仪守则。

5. 结合日常生活实际，说明人们在使用电话过程中经常出现的失礼行为及纠正途径。

6. 使用电子邮件发送信息。在收件人一栏输入自己的电子信箱地址，给自己发一封公务信件，然后作为信件接受方，感受一下信件格式、所用文字、语气是否恰当。

7. “人心隔肚皮”，更何况是在虚拟世界。你可能是一位网络常客，你认为应该重视网络礼仪吗？

8. 你是怎样处理虚拟世界中人与人之间的礼仪关系的？

9. 有人给办公室打来电话，声称有紧急重要的事情向领导报告，请求领导亲自接电话。假如你是接电话的秘书，将如何处理此事？

任务6

职　场

莫愁前路无知己，天下谁人不识君。

——（唐）高适

普通员工要有责任心，中层员工要有上进心，高层骨干要有事业心。

——柳传志

任务目标

- 做好求职面试的各项准备。
- 根据自身的实际设计出引起用人单位关注的简历。
- 面试符合礼仪，拥有职业化的举止。
- 在面试中得体地与面试官进行交流，给人留下良好的印象。
- 遵照办公室的各项礼仪规范，使自身的职业生涯有一个良好的起点。

情境导入

吴萌大学毕业后进入了一家外贸公司做文案工作，工作强度不大，但是初入职场的她感觉在工作交往中，无论是上司还是同事，对她都不是很友好。吴萌喜欢把办公桌上摆得满满当当，还把自己心爱的大大的加菲猫玩具摆在桌上，而且天性直爽的她无论什么情况下都直言不讳。有一次她见到秘书林姐的计算机中有一张小孩的照片，就吃惊地对林姐说："哎呀，这么难看的孩子照片，林姐怎么还保存着呀？"林姐顿时沉下脸来，强忍住怒火说："那是我的孩子！"从那之后林姐再没给吴萌好脸色。

有一天，吴萌终于忍受不住，向好朋友诉说心中的不快，假如你是她的好朋友，你会给她提出哪些意见来改善她的工作交往状况呢？

（资料来源：佚名. 职场礼仪[EB/OL]. [2018-04-02]. https://max.book118.com/html/2018/0327/158959772.shtm.）

人人都希望自己有一个愉快的工作环境，愉快的工作环境会有助于事业的成功。美国著名成功学大师卡耐基曾说过："一个人事业上的成功等于15%的专业技术加上85%的人际关系和处世技巧。"可见，现代人掌握职场礼仪是多么重要。吴萌的失误之处在于她不懂得办公室的一些礼仪规范，同时也不懂得工作中与上司、同事之间的交往艺术。

6.1 知识储备

6.1.1 求职面试礼仪

现代社会在对每个人提出了种种挑战的同时，也提供了各种各样难得的机遇，如何在竞争激烈的人才市场中力挫群雄，一举应聘成功，在具备良好的专业素养的前提下，掌握必要的惯例与技巧也不容忽视，尤其是求职面试中的礼仪、礼节，它往往还起着举足轻重的作用。

1. 求职面试前的准备

(1) 心理准备。无论是刚从学校毕业的新人，还是等待谋求新职的人，都必须面临求职面试这一关。每一个求职的人，都希望在面试时留给主考官一个好印象，从而增大被录取的可能性。所以，事先了解面试时的一些必要的礼节，是非常重要的。可以说，这是求职者迈向成功的第一步。中国有句古话："知己知彼，百战不殆。"面试就如同一场试探性的战斗，战斗的双方就是面试单位的主考官和参加面试的自己。

① 要研究主考官。应聘者"研究主考官"，这里所说的"研究"是要试想一下主考官会从哪些方面来考察、评价面试者。综合起来，有几个方面：主考官可能会先评价一个应聘者的衣着、外表、仪态和行为举止；主考官会对应聘者的专业知识、口才、谈话技巧做整体的考核；主考官可能会从面谈中来了解应聘者的性格和人际关系，并从谈话过程中了解应聘者的情绪状况及人格成熟的程度；主考官会在面试时，观察应聘者对工作的热情程度和责任心，了解应聘者的人生理想、抱负和上进心。

② 要研究自己。这包括几个方面：认识自己，了解自己的长处、兴趣、人生目标、就业倾向等。许多学校都会为毕业生就业求职开设一些辅导，帮助毕业生分析个人的专业和志向，作为毕业生的你，可以充分利用这个渠道，为求职预先做好准备。听取家人和有社会经验的亲友的意见和建议，修正个人的志愿，也是很有必要的；搜集招聘公司的相关资料，了解该公司目前的经营状况、企业文化、未来的发展等情况，这项工作可以使你更能把握现有情况，增强面试时的信心；事前的演练可以帮你发现问题，放松紧张的精神；参加面试一定要抱着谨慎的态度，不浪费每一次机会，并把每一次面试当作重要的经验积累起来，千万不要有随便或侥幸的心理。人与人的作用是相互的，你若是郑重其事，对方也自然会重视你；了解并演练一下必要的面试礼仪。在平时，你可能是一个非常自由、无拘

无束的人，对任何繁文缛节都不屑一顾，但在面试之前，你多少要了解一些面试的礼仪，它对你争取哪个职位有很大帮助。在面试之前演练一下你并不熟悉的礼仪，会让你在面试中表现得轻松自如；准备一套适合面试的服装。对于一个大学毕业生来说，毕业后的工作意味着社会角色的转变，求职是参加工作的第一步，你的穿着一定要符合你的新社会角色。对男士来讲，拥有一套合身、穿着舒服但不用很昂贵的西装是非常有必要的。对女士来讲，暂时把时装收起来，身着职业套装会平添几分成熟和风韵。

(2) 撰写求职简历。简历主要是针对应聘的工作，将相关经验、业绩、能力、性格等简要地列举出来，以达到推荐自己的目的。由于毕业生就业推荐表栏目和篇幅的限制，多数毕业生更希望有一份个性突出、设计精美、能给用人单位留下深刻印象的简历。

① 简历的设计原则。真实、简明、无错是简历设计的三个原则。真实原则就是指简历从内容上讲必须真实，比如选了什么课，就写什么课；如果没有选，就不要写。兼职工作更是如此，做了什么，就写什么。不要做了一点，却写了三四点。因为在面试时，你的简历就是面试官的靶子，他会就简历上的任何问题提出疑问。如果你学了或做了，你就能答上来，否则你和考官都会很尴尬，你在其眼里的信誉也就没有了，这是很不利的。讲真话，不要言过其实，相信自己的判断力是十分重要的。

如果你没有参加任何兼职工作，你可以不写，因为主考官知道你是刚刚毕业的学生，而学生的本职工作就是学习。或许你就是重点地学了本专业，没有顾上其他；或许你在学习本专业的同时选择了第二专业或辅修专业；或许你虽然没有在校外兼职，但在校内系里或班里做了大量社会工作。总之，你会有自己的选择，也会珍惜自己的选择，并为自己的选择骄傲。这样你就没有必要为没有兼职工作而苦恼或凭空捏造。请记住，主考官都是从学生过来的，他们会尊重你的选择。

简历最好简单明了。这是简明原则的又一重要原则。如果简历内容过多，又缺乏层次感，会给人以琐碎的感觉。必要信息如姓名、性别、出生年月、联系电话和地址等一定要写上。相比之下，身高、体重、血型、父母甚至兄弟姐妹做什么工作并不是非常重要的，这些内容纯属辅助信息，可要可不要，至少不应占据重要位置。可以将自己认为重要的信息全部浓缩到第一页上，然后把认为次要的信息，诸如每学期成绩单、获奖证书复印件等信息都当作附件。这样的简历主考官只看一页就清楚了，主次分明，非常有效，主考官如果感兴趣，可以继续看附件里的文件。

无错原则是指简历应该没有错误，尽可能在寄出简历之前，一个字一个字地检查一遍，标点符号也不能落下。否则会被认为是一个粗心的人，在激烈的竞争中就可能被淘汰。

② 简历的内容。简历并没有固定格式，对于社会经历较少的大学毕业生，一般包括个人基本资料、学历、社会工作及课外活动、兴趣爱好等，其内容大体包括以下几方面。

- 个人基本材料。这主要指姓名、性别、出生年月、家庭住址、政治面貌、身高、视力等，一般写在简历最前面。
- 学历。用人单位主要通过学历情况了解应聘者的智力及专业能力水平，一般应写在前面。习惯上书写学历的顺序是按时间的先后，但实际上用人单位更重视现在的学历，最好从现在开始往回写，写到中学即可。学习成绩优秀，获得奖学金或其他荣誉称号是学习生活中的闪光点,可一一列出,以加重分量。

- 生产实习、科研成果和毕业论文及发表的文章。这些材料能够反映你的工作经验,展示你的专业能力和学术水平,将是简历中一个有力的参考内容。
- 社会工作。近几年来,越来越多的用人单位渴望招聘到具有一定应变能力、能够从事各种不同性质工作的大学毕业生。学生干部和具备一定实际工作能力、管理能力的毕业生颇受青睐。社会工作对于仍在求学的毕业生来说,主要包括社会实践活动和课外活动,是应聘时相当重要的。
- 勤工助学经历。即使勤工助学的经历与应聘职业无直接关系,但是勤工助学能够显示你的意志,并给人留下能吃苦、勤奋、负责、积极的好印象。
- 特长、兴趣爱好与性格。这是指你拥有的技能,特别是指中文写作、外语及计算机能力。兴趣爱好与性格特点能够展示你的品德、修养、社交能力及团队精神,它与工作性质关系密切,所以用词要贴切。
- 联系方式。联系地址、电话、邮政编码千万不要忘记写,以免用人单位因联系不到你而失去择业机会。

在按要求完成简历的基础上,也可给自己的简历设计一个完美的封面。

2. 面试时的礼仪

面试时首先遇到的就是究竟应何时到达面谈地点较为恰当,是准时抵达还是提前到达?若是早到又应以几分钟为宜?在等待的时间中应该注意什么?由于目前的交通状况不甚良好,令人无法预计准确的车程时间,所以最好提早出门,比原定时间早5～10分钟到达面谈地点,所谓“赶早不赶晚”。早到可先熟悉这家公司附近环境并整理仪容。但如果早到10分钟以上,千万别在接待区走来走去。因为这样会打扰公司上班的职员,有损他人对你的第一印象,对后面的面试一点好处也没有。所以此时可向别人询问盥洗室,在那里可再一次检查自己的服装仪容。接下来轮到自己上场面试时,须掌握以下要点。

(1) 入座的礼仪。进入考官办公室时,必须先敲门再进入,之后应等主考官示意坐下才可就座。如果有指定座位,则坐上指定的位子;但如觉得座位不舒适或光线正好直射,可以对主考官说:“有较强光线直接照射我的眼睛,令我感觉不舒服,如果主考官不介意,我是否可换个位置?”若无指定位置时,可以选择主考官对面的位子坐定,如此方便与主考官面对面交谈。

(2) 自我介绍的分寸。当主考官要求你作自我介绍时,因为一般情况都已事先附在自传上,所以不要像背书似的发表长篇大论,那样会令主考官觉得冗长无趣。记住将重点挑出稍加说明即可,如姓名、毕业学校名称、主修科目、专长等。如主考官想更深入地了解家庭背景及成员,你再简单地加以介绍即可。“时间就是金钱”,通常主考官都是公司的高级主管,时间安排相当紧凑,也因此说明越简洁有力越好,若是说得过于繁杂会显不出重点所在,效果反倒不好。以下自我介绍礼仪的评分标准供大家自评时参考。自我介绍礼仪评分标准(满分为100分)。

第一,内容(50分)

A. 详略得当,有针对性。

B. 言之有物,评价客观。

C. 层次清晰,合乎逻辑。

D. 文理通顺,富有文采。

E. 简单明了,清楚明白。

第二,仪表(10分)

A. 服饰整洁、得体,女子适度淡妆,男子适当修饰。

B. 精神饱满,落落大方,面带微笑。

第三,姿态(10分)

A. 站有站相,坐有坐相,走有走相,步履稳健,从容自如。

B. 面部表情、手势与有声语言协调。

第四,礼节(10分)

A. 开头(见面)礼节。

B. 告别(离去)礼节。

第五,语言(15)

A. 脱离讲稿。

B. 使用普通话或英语(其他外语),口齿清楚,声音洪亮。

C. 有一定节奏,语言流畅,发音准确。

第六,时间(5分)

介绍过程1~3分钟,过长或过短适当扣分。

(3) 交谈的礼节。交谈是求职面试的核心。面试是与面试官交谈和回答问题的过程,在这个过程中要根据自我介绍和交谈内容控制音量的大小、语速的快慢、语调的委婉或坚定,声音的和缓或急促,在抑扬顿挫之中表现出你的坚定和自信。如果装腔作势,会给人一种华而不实,似乎在演戏的感觉。

交谈时要口齿清晰、发音正确,尽量使用普通话。讲话要言简意赅,通俗易懂。不要为了显示自己而只顾使用华丽、奇特的辞藻,这样会很难顾及语言的逻辑和通顺,反而使人感到你用词不当、逻辑思维能力差。此外,急于显示自己的妙语惊人,往往会忽略了自己的语言过于锋利、锋芒太露而显得有些张狂。

交谈过程中要注意掌握和控制语速、语调。一般情况下,语速掌握在每分钟120个字左右为宜,要注意语句间的停顿,不要滔滔不绝而让人应接不暇。语调是表达人的真情实感的重要元素,要通过语调表现出你的坚定、自信和放松。

交谈中还要注意谈话礼貌,不要打断对方的讲话,要集中注意力认真"倾听"对方的讲话。听清和正确理解对方的一字一句,不但要听出其"话中话",而且要听出其"弦外之音",这样才能做出敏捷的反应。

回答问题是面试交谈的重要方面,得体地回答面试官提出的问题是面试取得成功的关键,面试者要对面试官可能提到的问题有充分的准备。

(4) 拥有职业化举止。例如,一家医疗机构为了选拔护士长进行了一次面试。一位应试者在笔试中是佼佼者,但在面试过程中,她不但拍桌子,脚不断地敲打地板,身体还时不时地扭动。她认为自己很有希望,但结果却落选了。她为什么会落选呢?原因就是她缺乏职业化的举止。

许多面试者往往只注重衣着和话语，而忽略了胜过有声语言的形体语言。职业化的举止，就是一种无声却胜过有声的形体语言。形体语言是指人的动作和举止，包括姿态、体态、手势和表情。

在面试中，面试者应该特别注意自己的站姿、坐姿、走姿、握手和表情等。

站姿给人的印象非常重要。人们往往认为其简单而忽略它的重要性。站立应当身体挺直、舒展、收腹，眼睛平视前方，手臂自然下垂。这样的站姿给人一种端正、庄重、稳定、朝气蓬勃的感觉。如果站立时歪头、扭腰、斜伸着腿，会给人留下轻浮、没有教养的印象。

面试时的坐，不要贪图舒服。许多人养成了瘫坐的习惯，在面试时一下子就表现出来了。正确的坐姿从入座开始，入座的动作要轻而缓，不要随意拖拉椅子，身体不要前后左右晃动，背部要与椅背平行，沉着、安静地坐下。落座后，上身要保持直立状态，既不前倾，也不后仰。双手自然下垂，肩部放松，五指并拢。男女的坐姿还有一定的区别：男士可以微分双脚，这样给人以自信、豁达的感觉，双手可以随意放置；女士一般要并拢双膝，或者小腿交叉端坐，这样，给人端庄、矜持的感觉，双手一般要放在膝盖上。

以下这些做法是应该避免的。

① 拖拉椅子，发出很大的声音。

② 一屁股坐在椅子上。

③ 坐在椅子上，耷拉着肩膀，含胸驼背，给人萎靡不振的感觉。

④ 半躺半坐，男的跷着二郎腿，女的双膝分开、叉开腿等，给人放肆和缺乏教养的感觉。

⑤ 坐在椅子上，脚或者腿不自觉地颤动或晃动。

面试时重要的是自信。这种自信可以通过你的走姿表现出来。现在，越来越多的公司强烈地意识到走姿的重要性。自信的走姿应该是，身体重心稍微前倾，挺胸收腹，上身保持正直，双手自然前后摆动，脚步要轻而稳，两眼平视前方。步伐要稳健，步履自然，有节奏感。需要注意的是，如果有同行的公司的职员或接待小姐，你不要走在他们前面，应该走在他们的斜后方，距离一米左右。

每个人都会有一些属于自己的习惯动作，比如，挠头、揉眼睛、玩手指、双手交叉在胸前等，若是在平时，你尽管去做，但在面试时，都要省略，因为它们会分散人的注意力，给面试考官留下不好的印象。

中国有句古话："此时无声胜有声。"用你无声的、职业化的举止，向招聘者表明"我是最适合的人选"。

(5) 面试的其他细节。正在面试时，千万不要出现不礼貌的行为，因为一些小动作也会被主考官列作评判内容。以下举例说明需留意的小节。

① 不嚼口香糖、不抽烟，尤其现在提倡禁烟，更不要在面谈现场抽烟。与人谈话时，口中吃东西、叼着烟都会给人不庄重的感觉，也显得不尊重对方。

② 不可要求茶点，除非是咳嗽或需要一杯水来镇定自己。

③ 不要随便乱动办公室的东西。

④ 不要谈论个人故事而独占谈话时间。

⑤ 自己随身带的物品,不可放置在面试考官办公桌上。可将公文包、大型皮包放置于座位下右脚的旁边,小型皮包则放置在椅侧或背后,不可挂在椅背上。

⑥ 离座时记住椅子要还原,并向主考官行礼以示谢意。

在一般面试者看来,主考官向你表示面谈结束,求职面试的全过程就结束了。其实不然,这只是面谈的结束,求职还没有结束。此时此刻,作为求职者的你,万万不可大意,认为大功告成或没有希望了。面谈结束后的礼仪同样对你很重要,也许可以扭转你的不利局面,在困境中重新获得生机。你一定要使求职过程结束得完美。

(6) 面试后的礼仪。如果面谈非常顺利,彼此都感到满意,你一定会非常想知道结果如何。到底什么时候询问进一步的消息比较合适呢?

首先,在面谈结束后,应写信给主考官致谢。这不仅体现出你对主考官的尊敬,而且可以帮助主考官在决定雇用何人时想到你。在写信致谢后几天,就可以打电话询问了。如果对方还没有决定,可以再询问是否还有面试及自己是否有希望获得应聘岗位。

如果你被几家公司同时录取,并决定接受其中一个职位,有必要向被你拒绝的公司写信表示感谢,也许将来会有一天换到那家公司工作。这封致谢信会给对方留下良好的印象。

表示拒绝的感谢信应该直接寄给最后决定录用你的人,在信中只要表达你的谢意和已经接受其他公司的工作就可以了,不必做任何解释,也不要提及那家公司的名字。

6.1.2 办公室礼仪

办公室礼仪最能体现一个人是否具备良好的素质和个人修养,因为办公室是日常工作的地方,同事们在这里朝夕相处,很多礼仪需要我们去注意,良好的礼仪不仅能树立个人和组织的良好形象,也会关系到一个人的个人前程和事业发展。

1. 办公室内的一般礼仪规范

(1) 不要随便打电话。有些公司规定办公时间不要随便接听私人电话,一般在外国公司里用公司电话长时间地经常性地打私人电话是不允许的。私人电话顾名思义只能私人听。但在办公室里打,则难免会被人听到。即使公司允许用公用电话谈私事,也应该尽量收敛一些,不要在电话里与自己的家人、孩子、恋人等说个没完,这样会让人感觉不舒服,有损于你的敬业形象。有的办公室里人很多,要是听到有人在打私人电话,最好是佯装没有听见。

(2) 要守时。上班时间要按时报到,遵守午餐、上班、下班时间,不迟到早退,否则会给公司留下一个懒散、没有时间观念的印象。另外,要严格遵守上班时间,一般不能在上班时间随便出去办私事。国外一个著名企业老板,针对商务白领归纳出13条戒律,其中一条就是没有守时的习惯,经常迟到或早退。

(3) 分清责任。如果有些小的事情办错了,当上司询问起来时,如果这事与自己有关,即使别的同事都有一些责任,你也可以直接替大家解释或道歉;如果是自己做错了事,要勇于承担责任,绝不可以推托给别人。

(4) 主动帮助别人。当看到同事有需要帮忙的事情,一定要热心地帮助解决。在任何一个工作单位里,热心助人的人是有好人缘的。

(5) 不要随便打扰别人。当你已经将手头的活干完时,一定不要打扰别人,不要与没有干完活的人交谈,这样做是不礼貌的。

(6) 爱惜办公室公共用品。办公室的公用物品是大家在办公室的时候用的,不要随便把它拿回家去,也不要浪费。

(7) 午睡关好门。许多人有午睡的习惯,可以略微休息一下,所以午睡要关好门。如果你有急事必须进出门时,记住每次进出门后必须带上门。不要怕有关门声而将门半开或虚掩着,这样很不礼貌,因为关好门能给午睡者安全感,让其心里更踏实。关门声的吵扰相对可以忍受。

2. 办公室环境礼仪

如果人们走进办公区的情绪是积极、稳定的,就会很快进入工作角色,不仅工作效率高,而且质量好;反之,情绪低落,则工作效率低,质量差。如果在办公区内,体现出整洁,明亮、舒适的工作环境,使员工产生积极的情绪,就会充满活力,工作卓有成效。

随着现代化进程的加快,人们的办公"硬件"水平逐渐提高,办公环境也在不断改善,人们的工作效率也应该相应地提高。

(1) 办公室桌面环境。办公室的桌椅及其他办公设施,都需要保持干净、整洁、井井有条。正如鲁迅先生所说"几案精严见性情",心理状态的好坏,必然在几案或其他方面体现出来。

从办公桌的状态可以想到当事人的状态,会整理自己桌面的人,做起事来肯定也是干净爽快的。他们为了更有效地完成工作,桌面上只摆放目前正在进行的工作文件;在休息前应做好下一项工作的准备;因为用餐或去洗手间暂时离开座位时,应将文件覆盖起来;下班后的桌面上只能摆放计算机,而文件或是资料应该收放在抽屉或文件柜中。

随着办公室改革的推进,有的公司已废弃掉了个人的专用办公桌,而是用共享的大型办公桌,为了下一个使用者,对共享的办公桌应更加爱惜。

(2) 办公室心理环境。"硬件"环境的加强仅仅是提高工作效率的一个方面,而更为重要的往往是"软件"条件,即办公室工作人员的综合素质、心理素质。这个观点正在被越来越多的"白领"们所接受。

在日常工作中,人际关系是否融洽非常重要。互相之间报以微笑,体现友好、热情与温暖,就会和谐相处。工作人员在言谈举止、衣着打扮、表情动作的流露中,都可以体现是否拥有健康的心理素质。

总之,办公室内的软件建设是需要在心理卫生方面下一番功夫的。因为"精神污染"从某种意义上说要比大气、水质、噪声的污染更为严重,它会涣散人们工作的积极性,乃至影响工作效率、工作质量。为此,在办公室内需要不断提高心理卫生水平,应从以下几个方面努力。

学会选择适当的心理调节方式,使工作人员不被"精神污染"。领导应主动关心员工,了解员工的情绪周期变化规律,根据工作情况,采取放"情绪假"的办法。工作之余多组织一些文娱体育活动,既丰富文化生活,又让员工宣泄了不良情绪。有条件的可以建立员工心理档案,并定期组织"心理检查",这样可以"防微杜渐",避免严重心理问题的产生。经常组织一些"健心活动",使工作人员能够经常保持积极向上、稳定的情绪,掌握协调与控制情绪的技巧与方式。

3. 办公室里谈话注意事项

(1) 一般不要谈薪金等问题。在美国、日本等国家一般最忌讳谈论薪金问题,不论是你问别人的薪金,还是别人问你,都会让人难以回答。因为在很多公司里,每一个人的工作不一样,得到的报酬也不一样的。如果你说出你的薪金比别人高时,容易引起一些麻烦事。

(2) 不要谈私人生活和反映你个人不愉快的消极话题。不要谈论你的私人问题,也不要在办公室讨论你遇到的不好的事情和现在的不好心情,因为这会影响别人的情绪,或者引起别人对你不好的看法,不要将自己的私人生活全部暴露在同事的面前,保留一点神秘感对你是有好处的,让人认为你是一个有魅力的人,一个能处理好自己生活的人,因为一个连自己的生活都处理不好的人是没有可能将公司的重任担当起来的。如果不注意,不但会影响你的形象,也会影响你的前途。

(3) 不要评论别人。在办公室里最忌讳的是谈论别人的是是非非,中国有句古话:当面少说好话,背后莫议人非。当有人在评论别人时,你不要插嘴,也不要充当谣言的传播者。

(4) 在谈论自己和别人时注意别人的反应。在谈论自己和别人时不要滔滔不绝,而要观察别人的反应来决定谈话是不是还要继续进行。因为当别人对你所谈论的话题不感兴趣时,就应该转向别的话题。否则,这样的谈话就会成为大家的负担,而不是一种快乐。

4. 在别人办公室的礼仪

(1) 提前预约,准时赴约。即使是在同一个办公楼里办公,在见面之前,也一定要提前预约,而且要准时赴约,如果见面的是比你的职位更高的同事,那就更不能迟到了。如果约好在某人的办公室会面,而那人不在屋里,一般你就不宜再进去。如果没有等候室,可在门外等候。进他的办公室之前先敲门,以便让他知道你来了,即使门开着也要这样做,等他示意后,再进屋。如果对方正在打电话,在门外等一会儿或过一会儿再来。

(2) 遵守同事的办公室规则和保护办公设备。我们所谈到的有关客人拜访的规则同样适用于你的同事:在别人的办公室里,要等人示意后才能入座。如果有电话打断了你们的谈话,应该通过手势示意是否回避。不要把文件、茶杯等随意放在桌子上,那是他人的领地,而应先征得同意。比如说,"我把茶杯放这儿行吗?"同样,需主人同意后才能挪动椅子,并在离开前放回原处。

如果确实需要使用某人的办公室或设备,应事先征得同意。如果主人同意了,给了你这项特权,也不可滥用。不要乱翻动文件,不要偷看桌上的文件。如果需要用什么东西,应及时完璧归赵,并向主人致谢。如果用坏别人的办公工具,应该向人家说明,并征求是否需代为修理或买一个新的。

(3) 及时撤离。在到别人办公室拜访时,无论是否达到拜访的目的,都不要停留过久，到了该走的时间就要离开，因为停留过久会影响被拜访人的工作。

5. 与上司相处的礼仪

(1) 与上司单独相处时。大部分职员及年轻主管都害怕与上司单独相处，事实上，这既是一种挑战，也是一种机会，应好好把握住。利用这种机会加深了解，增加信任。如果上司看上去很心烦，一直专心深思，最好不要去打扰他。假如对方答非所问，则表示他不想说话。有时上司会主动问一些问题，此时下属回答的语气应简洁而诚恳。选择谈话的主题时，下属应视上司之意决定谈私事还是谈公事，身为下属者不但要诚恳有礼，而且要细心地了解上司所问问题的重点所在，双方谈话才能有礼而愉快。

(2) 上司接听私人电话时。遇到上司接听私人电话时，尽量回避，可以替上司关上办公室的门。

(3) 上司生病时。一般在上司生病时，除打电话慰问外，还可以带水果、鲜花或营养品亲自到医院或家中探望慰问，尽管有时上司会因为探望的人多影响休息而有点厌烦，但对上司健康的关心符合中国人的礼仪。在欧美国家强调个人隐私和私人生活空间的神圣不可侵犯，不能随便去医院或到家里探望生病的上司。

如你与上司相当熟悉，可以打电话，简短地表达希望他早日康复的慰问之意，相信只要一通电话他就会很高兴。而且，除非他问及公事，千万不要唠唠叨叨地对他诉说他住院以后公司所发生的一切事情。若是问及也只需简单地告诉他："公司一切都很正常，只是我们都很想念您，大家都希望您早日康复。"打电话时应长话短说、简短扼要，由于病人很虚弱，如谈话太久会使病人感到不舒服。

(4) 遇到棘手的问题时。遇到棘手的问题应首先去见你的顶头上司，不要越级去见别的上司。如果遇到上司无法处理的问题时，则可以去见相关的部门主管领导，要求帮助解决问题。

6. 与下属相处的礼仪

对待每一位下属都应该和蔼可亲，这样就会得到别人同样的反馈。你的威信不是建立在你的蛮横态度上，而是建立在你对别人的友好与尊重上。你的权利是大家给予的，所以，尊重你的下属就是尊重你的权利，就是你的职位合法性的理由。你可以适当地标榜你的下属，这是获得他们工作上的配合的重要方法。不要因为自己的过失而去责怪别人。要勇于承担责任。在批评别人时要注意就事论事，不要凸显自己的优越地位。要培养自己的优良风度，不论是着装还是其他方面，都要体现以身作则的态度，不要让一些生活细节丑化了自己的形象。

7. 与同事相处的礼仪

在一天的工作中，大部分时间是和同事在一起的。同事之间相处得如何，直接关系到自己的工作、事业的进步和发展。同事之间关系融洽、和谐，人们就会感到心情愉快，有利于工作的顺利进行。而同事之间既存在合作又有竞争的特点，使同事关系微妙复杂，学会同事间的交往艺术，对自己的工作和生活都有很大的帮助。

(1) 互相尊重。孟子有云:"爱人者,人恒爱之;敬人者,人恒敬之。"要处理好复杂的同事关系,必须要懂得尊重他人。尊重同事,就要尊重同事的隐私。隐私是关系到个人名誉的问题。背后议论人的隐私,会损害其名誉,可能造成同事间关系的紧张。当同事在写东西、阅读书信或打电话时,应避开,做到目不斜视、耳不旁听。尊重同事,还在于不轻易翻动同事的东西。如果要找同事的东西,要请同事代找,如果他本人不在,要先征求同事的意见。

(2) 真诚待人,互相帮助。办公室是一个小社会,也是一个小集体。同事间要真诚相待、相互帮助、相互理解、相互宽容。这样的集体才能成为一个团结战斗的集体,才能成为一个有凝聚力、使人心情舒畅的大家庭。同事有困难时,应主动询问,伸出援助之手,给他以人力、物力的帮助;当某位同事受挫时,应给予诚恳的安慰,要热情地鼓励他,帮助他走出困境;当同事间发生误会时,要有度量,应主动道歉,说明情况,征求对方的谅解,这样会增进双方的感情,使关系更加融洽。对同事的错误和误解要能包容,"宰相肚里能撑船",不可"小肚鸡肠"、耿耿于怀。

(3) 经济往来要一清二楚。同事之间可能有相互借钱、借物、馈赠礼品或请客吃饭的往来,但不能大意忘记。每一项都要清楚明白,即使是小款项也应记在备忘录上,以提醒自己及时归还。向同事借东西如不能及时归还,应每隔一段时间向对方说明一下情况。总之,同事间的物质经济往来要弄得清楚明白,无论是有意或无意地占人便宜都会令对方感到不愉快,也会影响同事之间的关系。

(4) 透明竞争,权责分明。同事之间既有合作也避免不了竞争。与同事共处应遵守尊重、配合的原则,明确权责,尽量施展自己的才华,绝不轻率地侵犯同事的业务领域。应在透明、公平的竞争中,各自施展自己的才华并求得发展。不要过分地表现自己,免得落得孤芳自赏的名声,最后只是孤家寡人一个。但是也不可组建自己的小团伙,制造流言蜚语中伤某位竞争对手。同时做事要尽力而为,量力而行,踏踏实实做好自己的本职工作,不让别人有诋毁自己的机会,努力创造更多与同事沟通的机会,增进同事间的感情,消除彼此间的隔膜,在合作中良性竞争。

(5) 言谈要得体。与同事交谈时,一定要注意语言要有分寸、要得体。工作场合中要保持高昂的情绪,即使遇到挫折、饱受委屈、得不到上级的信任时,与同事交谈也不要牢骚满腹、怨气冲天。不要把痛苦的经历当作谈资一谈再谈,这样会让人退避三舍。谈论自己和别人时,不要滔滔不绝,要观察对方的反应来决定谈话应不应该继续进行。在工作场合中,不要说悄悄话,耳语就像噪声,影响人们的工作情绪,也会引起同事的反感。在与同事相处中,不要得理不饶人。有些人总喜欢嘴巴上占便宜、争上风。他们喜欢争辩,有理要争,没理也要争三分,这样会使同事感到烦闷,不利于同事之间的交往。要知道,一个好的倾听者,就是一个好的谈话者。善于倾听别人,能表现出自己对对方的关心与尊重,使对方获得满足感,从而愿意与自己交流。同事之间,善于倾听的人能拥有最多的朋友。

8. 与异性相处的礼仪

(1) 异性交往中女性的礼仪修养。女性在工作中首先要注意自己的个人形象。职业女性发型应以保守为佳,妆容以淡妆为好。办公室女性着装应该庄重、大方,能够体现职业女性的专业素质。同时职业女性还要注意自己的举止应该是端庄、自然、优雅，不要风风火火、慌慌张张，也不要忸怩作态、装腔作势。

女职员在工作中要注意时间效率。尤其是在打电话时，最好少打 5 分钟以上的电话，如果表述事件不够概括，交代事宜重复啰唆，这会使人怀疑其工作能力。

女性要公私分明。在工作时间内应专心致志地办理公务，不要在工作时间处理私事，要不断地提高自身的素质，培养事业心和责任感。

女性在与异性同事交往时得到男性的照顾是件很自然的事情，但是要保持清醒的头脑，弄清楚男性是出于礼貌还是另有其他目的，再根据情况恰当处理。

(2) 异性交往中男性的礼仪修养。男性在工作交往中，不必过分追求外表的光鲜，给人以稳重干净的感觉就可以。男性要讲信誉，说话算数，一言九鼎，俗话说“大丈夫一言既出，驷马难追”。男性只有言出必行，工作认真，办事负责，对女性谦虚、和气、有礼貌，才能取得女性的信任。

在与异性交往中，男性要有度量，从大处着眼，目光远大，胸怀大志，不计较是非小事，宽厚待人，这样才能获得女性的赞赏。

(3) 异性交往的礼仪原则如下。

首先要坦然交往。工作中男女同事完全可以堂堂正正地交往。有些人在与异性交往时表现得过分矜持、紧张或扭扭捏捏，这是一种不自信的表现，更是对别人的一种伤害，因为这会让对方觉得受到冷落。现代社会，尤其是女性应摒弃封建社会的陈规陋习，坦然、大方、开朗地与男性同事交往。因为生理原因，男性在工作的有些方面会比女性有优势，与男性同事关系相处好，可以在工作中获得一些帮助。

其次要注意分寸。“男女授受不亲”的时代虽然已成历史，但是办公室中，异性之间的交往无论国内国外，还是有一定的度的，这就是说要注意一定的分寸。异性在工作交往中要保持一定的距离。彼此说话要注意分寸场合，不能含有挑逗性的语言，以免引起误会。女性在男性面前的动作也要有所注意，不能在男性面前梳理头发、抚摸自己的皮肤，不能过度地扭动自己的臀部和腰肢，以免发出错误的信号。异性同事之间最好不要过多倾诉婚姻上的不如意。女性与异性上司的交往也应注意分寸。要保持适当的距离，这既是对上司的尊重，也是异性交往中必须做到的。女性在工作之余，不能参与到上司的私生活中，以免陷入工作之外的纷争。保持适当的距离，出色完成本职工作，才是打动上司的最佳途径，也是保住自己工作岗位最得体的方法。

6.2 能力开发

6.2.1 案例讨论

案例 1

糟糕的应聘者

以下是某企业人力资源经理对求职者的忠告。

面试从你接到电话通知的那一刻就已经开始了。也许是等待就业的心情比较迫切吧,我在通知有资格参加下一轮面试的面试者时,一般从电话另一头听到的都是一些浮躁的声音,这里摘了一点我们的对话,供大家参考:

"喂!"

"喂,您好,请问是×××先生吗?"

"你是谁啊?"(当时,我的心里已经不高兴了,但是不会表露出来)"我是××公司的,请问您是参加了我们公司的招聘吗?"

"哪个公司?"(肯定是撒大网了)"我们把您的面试时间安排在了明天的×××,地点在×××。"

"我记一下,你们是什么公司?"(噢,我的天)……

这样我就会把我的看法写在他(她)的简历上,供明天面试的时候参考,影响可想而知!

(资料来源:佚名.商务礼仪案例[EB/OL].[2019-11-21].https://wenku.baidu.com/view/5b7414f2f11dc281e53a580216fc700aba685201.html.)

思考题:

(1) 应该怎样接通知你参加面试的电话?

(2) 你认为面试是从什么时候开始的?为什么?

案例2

诚实赢得好职位

某大公司招聘总经理助理,由总经理亲自面试。应聘者小张来到总经理办公室。总经理一见到小张就说:"咱们好像在一次研讨会上见过,我还读过你发表的文章,关于你所提出的拓展市场的观点我很赞赏。"小张一愣,知道总经理认错人了。但转念一想,既然总经理对那人那么有好感,不如将错就错,对我肯定有好处。于是就接着总经理的话说:"对,对。我对那次研讨会也记忆犹新,我提出的观点如果能对贵公司有帮助,我感到很高兴。"

第二个来应聘的是小高,总经理对他说了同样的话。小高想:真是天助我也,他认错人了。于是说:"我对您也非常敬佩,您在那次研讨会上是最受关注的对象。"

第三个来应聘的是小孙。总经理再次说了同样的话。但小孙一听就站起来说:"总经理,对不起,您认错人了。我从来没有参加过那样的研讨会,也没提出过拓展市场的观点。"总经理一听就笑了,说:"小伙子,请坐下。我要招聘的就是你这样的人。你被录用了。"

(资料来源:佚名.应聘礼仪[EB/OL].[2019-10-28].https://wenku.baidu.com/view/fe683dcd30b765ce0508763231126edb6e1a767f.html.)

思考题:

(1) 小孙为什么会应聘成功?

(2) 求职为什么还要遵循做人诚实的基本道理?

案例 3

充分展示自身优势

某设计院是国家甲级设计院，任务多、待遇高，不少应聘者竞相涉足，企求获得一职之位。其中，一名毕业于该市高职院校的毕业生前来应聘。他先自报所学的是机械制造专业，然后非常认真地询问对于应聘者有什么样的要求。设计院的一位老工程师告诉他主要是绘图工作。这位青年马上说："这是我最拿手的，我课余时就帮人家绘图，三天一份，您可以当场试我。"老工程师露出了笑容。因为绘图虽然容易但也并非易事，这种工作单调、枯燥、乏味，年轻人如果肯干，看来不是个眼高手低的人。老工程师又问："你搞过设计吗？"

"搞过 4 个设计，都获得了学校的优秀奖，还有一个被实习工厂看中了。"他拿出了证书和获奖图纸。

老工程师饶有兴趣地边看边问："搞设计要下现场，有时'连轴转'，你行吗？"

小伙子拍着厚实的胸脯说："没问题，让干什么就干什么，只是希望有机会再获得一个本科文凭。"

"没问题！"这回是老工程师拍着胸脯说了。

（资料来源：马志强. 语言交际艺术[M]. 北京：中国社会科学出版社，2006.）

思考题：

(1) 案例中毕业于高职院校的毕业生为什么能够求职成功？

(2) 本案例对你有何启示？

案例 4

面试之后记得说谢谢

一家公司的公关部招聘一位职员，许多人参加了该公司的面试和笔试，过程十分烦琐，一轮轮淘汰下来，最后只剩下 5 个人。这 5 个人很优秀，都有较好的外表条件和学识，还毕业于名牌大学。公司通知 5 个人先回家，等待公司最后的决定。

几天后，其中一位应聘者的电子邮箱里收到一封信，信是公司人事部发来的，内容是："经过公司研究决定，你未被录用。但是我们很欣赏你的学识、气质，因为名额有限，实是割爱之举。公司以后若有招聘，必会优先通知你。你所提交的资料录入计算机存档后，将邮寄返还给你。另外，为感谢你对本公司的信任，将寄去本公司产品的优惠券一份，祝你开心。"

这个女孩在收到电子邮件的那一刻，十分伤心，但又为外资公司的诚意所感动。两天后，她收到了寄给她的材料和一份优惠券。她十分感动，顺手花了 3 分钟时间，给那家公司发了一封简短的感谢信。

两个星期后，女孩收到那家公司的电话，说经过经理层会议讨论，她已被正式录用为该公司职员。这时她才明白，原来这是公司的最后一道考题。公司给其他 4 个人也发了同样的电子邮件，还送了优惠券，但是回感谢信的只有她一个。她能胜出，只不过因为多花了 3 分钟时间去感谢。

（资料来源：付桂萍. 做派：在商务活动中合乎去情境地展示自己[M]. 长沙：湖南人民出版社，2013.）

思考题：

(1) 面试后应注意哪些礼仪？

(2) 本案例对你有哪些启示？

案例5

“冷玫瑰”的烦恼

某公司公关部的菲菲漂亮、聪明又能干，可是她在男同事中却不是很受欢迎。因为菲菲对男同事都敬而远之，男同事主动与她打招呼，她也从来都不正眼看人家，有同事聚会时，她更是不会主动与男同事交谈，所以好多男同事都觉得菲菲太清高了，一点也不近人情。

(资料来源：佚名. 职场礼仪[EB/OL]. [2018-04-02]. https://max.book118.com/html/2018/0327/158959772.shtm.)

思考题：

(1) 菲菲的这种与异性同事交往的方式对吗？

(2) 你能给她提一下改进的意见吗？

案例6

消除上司误解

凯丽是某销售公司的文员。春节前经理交给她一大堆名片和一些精心挑选的明信片，要她按照名片上的地址逐一却打印寄出。凯丽曾提醒经理将发生改变或业务上已没有往来的客户挑出来，但经理却不耐烦地说：“你别管，把所有名片都寄出去就是了！”

两天后，当凯丽把打印好的明信片交给经理过目时，经理却大声指责她将一些已经不在中国的客户错误地打印在“最精美”的明信片上。凯丽顿时觉得很委屈，想说出来又担心被经理安个“顶撞上司”的罪名开除，无奈只能认了下来。回到家后她大哭一场，可心里还是觉得别扭，以致影响了工作。后来凯丽利用休息时间去拜访经理，坦诚地说出内心的想法。结果出乎意料，高高在上的经理竟然向她承认了错误。从此，他们两人在工作上配合相当默契，为公司创造了显著的业绩。

(资料来源：佚名. 与人交流[EB/OL]. [2018-10-19]. https://max.book118.com/html/2018/1019/5233203231001322.shtm.)

思考题：

请问凯丽是如何对待和消除上司的误解的？

6.2.2 实训项目

项目1 撰写求职简历

实训目标：能够针对岗位，结合自身实际撰写打动用人单位的简历。

实训学时：2学时。

实训地点：教室。

实训准备：两个不同单位的招聘广告。

实训方法：每名学生根据两个不同单位的招聘广告，给自己编写两份侧重点不同的简历。

项目2 举行模拟招聘会

实训目标：锻炼学生自我推销能力，积累应聘经验，掌握应聘礼仪，增强自信心，全面认识自我。

实训学时：4学时。

实训地点：实训室。

实训准备：模拟招聘企业情况、需求岗位、面试问题、面试桌椅等。

实训方法：

(1) 选3～4名学生扮演某企业面试考官，其他同学扮演求职者。

(2) 面试考官先介绍单位及岗位需求情况，然后求职者依次进行1分钟自我介绍，面试考官提问，求职者回答问题。

(3) 最后教师总结、点评。

训练手记：通过训练，我的收获是__________________________________。

课后练习

1. 如果用人单位通知你明天去面试，你需要做哪些准备？

2. 针对两个不同单位的招聘广告，给自己写两份侧重点不同的简历。

3. 关于面试的基本程序你都清楚了吗？找个机会，将面试过程中的这些礼仪全部演习一遍。

4. 办公室的天地虽小，可这方寸天地皆讲礼仪，你知道办公室礼仪都包括哪些方面吗？假如你要去一个办公室实习，你该做哪些准备？

5. 在职场你认为哪些礼仪是我们需要特别关注的？

6. 为什么在求职应聘中要诚实有信？

7. 怎么理解“与同事相处，要多琢磨事，少琢磨人”？

8. 据报道，现在有一些大学毕业生为提高求职的成功率而去整容，你如何看待这种现象？

任务7

交　谈

与人进行有效的交谈，并且赢得他们的合作，这是那些奋发向上的人应该培养的一种能力。

——[美]戴尔·卡耐基

任务目标

- 恰当得体地与人进行交谈。
- 能够自觉地使用礼貌用语与人交谈。
- 会选择合适的交谈话题。
- 在交谈中注意倾听。

情境导入

有这样一个笑话。

某人请五个人吃饭，有一位左等右等也没到。见此情境，主人说道："该来的怎么还不来？"

客人甲听了，心想：这不是说我们不该来的倒来了吗？真气人！于是说："对不起，我有点儿事，得先走了！"

主人见他走了，很着急，就说道："不该走的怎么走了呢？"

客人乙心想：这分明是暗示我该走却赖着不走。于是说："我有点儿事，失陪了。"

主人更着急了，脱口而出："唉，他俩想的真多，我说的又不是他们！"

客人丙、丁大怒，想：那你说的肯定是我们俩了！于是他们铁青着脸一言不发，拂袖而去。

一场宴席就这样还没有开始就不欢而散了。

（资料来源：佚名．礼仪培训课件[EB/OL]．[2013-05-13]．http://www.doc88.com/p-0176174390952.html.）

美国哈佛大学前校长伊立特曾说："在造就一个有修养的人的教育过程中，有一种训练必不可少，那就是优美、高雅的谈吐。"语言交际是交流思想和表达感情的直接而快捷的途径，语言作为人类的主要交际工具，是沟通不同个体心理的桥梁。在社交中，因为不注意交谈的语言艺术，或用错了一个词，或多说了一句话，或不注意词语的色彩，或选错话题等而导致交往失败或影响人际关系的事时有发生，正如"情境导入"案例中的主人一样，几句不当的话使朋友一个个都被气跑了。因此，在交谈中必须遵从一定的规范，才能达到双方交流信息、沟通思想的目的。

7.1 知识储备

7.1.1 交谈的语言要求

语言作为人类的主要交际工具，是沟通不同个体心理的桥梁。交谈的语言要符合以下要求。

1. 准确流畅

在交谈时如果词不达意、前言不搭后语，很容易被人误解，达不到交际的目的。因此在表达思想感情时，应做到口音标准、吐字清晰，说出的语句应符合规范，避免使用似是而非的语言。应去掉过多的口头语，以免语句割断；语句停顿要准确，思路要清晰，谈话要缓急有度，从而使交流畅通无阻。语言准确流畅还表现在能让人听懂，因此言谈时尽量不用书面语或专业术语，因为这样的谈吐让人感到太正规、受拘束或是理解困难。古时有一笑话说的是有一书生，突然被蝎子蜇了，便对其妻子喊道："贤妻，速燃银烛，你夫为虫所袭!"他的妻子没有听明白，书生更着急了："身如琵琶，尾似钢锥，叫声贤妻，打个亮来，看看是什么东西!"其妻仍然没有领会他的意思，书生疼痛难忍，不得不大声吼道："快点灯，我被蝎子蜇了!"真是自作自受。

2. 委婉表达

交谈是一种复杂的心理交往，人的微妙心理、自尊心往往在里面起重要的控制作用，触及它，就有可能产生不愉快。因此，对一些只可意会，不可言传的事情、人们回避忌讳的事情、可能引起对方不愉快的事情，不能直接陈述，只能用委婉、含蓄、动听的话去说。常见的委婉说话方式有：避免使用主观武断的词语，如"只有""一定""唯一""就要"等不带余地的词语，要尽量采用与人商量的口气；先肯定后否定，学会使用"是的……但是……"这个句式。把批评的话语放在表扬之后，就显得委婉一些；间接地提醒他人的错误或拒绝他人。

3. 掌握分寸

谈话要有放有抑有收,不过头,不嘲弄,把握"度";谈话时不要唱"独角戏",夸夸其谈,忘乎所以,不让别人有说话的机会;说话要察言观色,注意对方情绪,对方不爱听的话少讲,一时接受不了的话不急于讲。开玩笑要看对象、性格、心情、场合,一般来讲,不随便开女性、长辈、领导的玩笑,一般不与性格内向、多疑、敏感的人开玩笑,当对方情绪低落、心情不快时不开玩笑,在严肃的场合用餐时不开玩笑。

4. 幽默风趣

交谈本身就是一个寻求一致的过程,在这个过程中经常会出现不和谐的地方而产生争论或分歧。这就需要交谈者随机应变,凭借机智抛开或消除障碍;幽默还可以化解尴尬局面或增强语言的感染力。它建立在说话者高尚的情趣、较深的涵养、丰富的想象、乐观的心境、对自我智慧和能力自信的基础上,它不是要小聪明或"卖弄嘴皮子",它应使语言表达既诙谐,又入情入理,应体现一定的修养和素质。有一次,梁实秋的幼女文蔷自美返台探望父亲,他们便邀请了几位亲友,到"鱼家庄"饭店欢宴。酒菜齐全,唯独白米饭久等不来。经一催二催之后,仍不见白米饭踪影。梁实秋无奈,待服务小姐入室上菜之际,戏问曰:"怎么饭还不来,是不是稻子还没收割?"服务小姐眼都没眨一下,答称:"还没插秧呢!"本是一个不愉快的场面,经服务小姐这一妙答,举座大乐。

7.1.2 交谈中的礼仪

1. 多用礼貌用语

交谈中使用礼貌用语,是人类文明的标志,也是全世界共同的心声。使用礼貌用语不仅会得到人们的尊重,提高自身的信誉和形象,而且会对自己的事业起到良好的辅助作用。在我国,政府有关部门向市民普及文明礼貌用语,基本内容为十个字:"请""谢谢""您好""对不起""再见"。在实际的社会交往中,日常礼貌用语远不止这十个字。归结起来,主要可划分为如下几大类,具体如表 7-1 所示。

表 7-1 礼貌用语一览表

序号	礼貌用语类型	举　　例
1	问候用语	您好!各位好!女士好!××先生好!××主任好!早上好!中午好!下午好!晚安!各位下午好!××经理早上好!
2	欢迎用语	欢迎!欢迎光临!见到您很高兴!恭候光临!××先生,欢迎光临!欢迎再次光临!欢迎您又一次光临本店!
3	送别用语	再见!回头见!慢走!走好!欢迎再来!保重!一路平安!旅途顺利!
4	请托用语	请稍候!请让一下!劳驾!拜托!打扰!请关照!请您帮我一个忙!劳驾您替我看一下这件东西!拜托您为这位女士让一个座位!
5	致谢用语	谢谢!××先生,谢谢!谢谢,××女士!谢谢您!十分感谢!万分感谢!多谢!有劳您了!让您替我们费心了!上次给您添了不少麻烦!

续表

序号	礼貌用语类型	举　例
6	征询用语	您需要帮助吗？我能为您做点什么？您需要点什么？您需要哪一种？您觉得这件工艺品怎么样？您不来一杯咖啡吗？您是不是很喜欢这种方式啊？你是不是先来试一试？您不介意帮助您吧？您打算预订包间，还是散座？
7	应答用语	是的。好。很高兴能为您服务。好的，我明白您的意思。请不必客气。这是我们应该做的。请多多指教。过奖了。不要紧。没关系。不必，不必。我不会介意。
8	赞赏用语	太好了！真不错！对极了！相当棒！非常出色！您真有眼光！还是您懂行！您的观点非常正确，看来您一定是一位内行。哪里，哪里，我做得还很不够。承蒙夸奖，真是不敢当。得到您的肯定，的确让我们很开心！
9	祝贺用语	祝您成功！一帆风顺！心想事成！身体健康！生意兴隆！全家平安！节日快乐！活动顺利！新年好！春节快乐！生日快乐！旗开得胜，马到成功！
10	推脱用语	您可以到对面的商场去看一看。我可以为您向其他专卖店询问一下。下班后我们酒店还有其他安排，很抱歉不能接受您的邀请。
11	道歉用语	抱歉。对不起。请原谅。失礼了。失言了。失陪了。失敬了。失迎了。不好意思，多多包涵。很惭愧。真的过意不去。

(1) 问候语。人们在交际中，根据交际对象、时间等的不同，常采用不同的问候语。比如在中国实行计划经济的年代，由于经济发展水平不高，人们面临的首要问题是温饱问题，因此人们见面的问候语是："您吃了吗？"今天，在中国不发达的农村，这句问候语仍然比较普遍，而经济比较发达的农村和城市，这句问候语已经很少听到了，人们见面时的问候语变成了"您好""您早"等。在英国、美国等说英语的国家，人们见面的问候语根据见面的时间、场合、次数等不同而有所区别。如双方是第一次见面，可以说 How do you do(您好)；如果双方第二次见面，可以说 How are you(您好)；如在早上见面可以说 Good morning(早上好)，中午可以说 Good noon(中午好、午安)，下午可以说 Good afternoon(下午好)，晚上可以说 Good evening(晚上好)或 Good night(晚安)等。在美国非正式场合人们见面时，常用 Hi、Hello 等表示问候。在信仰伊斯兰教的国家，人们见面时常用的问候语是"真主保佑"；在信奉佛教的国家，人们见面时常用的问候语是"菩萨保佑"或"阿弥陀佛"。

(2) 欢迎语。交际双方一般在问候之后常用欢迎语。世界各国的欢迎语大都相同。如"欢迎您"(Welcome)、"见到您很高兴"(Nice to meet you)、"再次见到您很愉快"(It is nice to see you again)。

(3) 回敬语。在社会交往中，人们经常在接受对方的问候、欢迎或鼓励、祝贺之后，使用回敬语以表示感谢。由此，回敬语又可称为致谢语。回敬语的使用频率较高，使用范围较广。俗话说礼多人不怪，通常情况下，你受到了对方的热情帮助、鼓励、尊重、赏识、关心、服务等都可使用回敬语。在我国使用频率最高的回敬语是"谢谢""多谢""非常感谢""麻烦您了""让您费心了"等。在西方国家回敬语的使用要比中国更为广泛而频繁。在公共交往中，凡是得到别人提供的服务，在中国人认为没有必要或是不值得向人道谢的情况下，也要说声谢谢，否则是失礼的行为。

(4) 致歉语。在社会交往过程中,经常会出现由于组织的原因或是个人的失误,给交际对象带来了麻烦、损失,或是未能满足对方的要求和需求,此时应使用致歉语。常用的致歉语有:“抱歉”或“对不起”(Sorry)、“很抱歉”(Very sorry、So sorry)、“请原谅”(Pardon)、“打扰您了,先生”(Sorry to have bothered you,sir)、“真抱歉,让您久等了”(So sorry to keep you waiting so long)等。

真诚的道歉犹如和平的使者,不仅能使交际双方彼此谅解、信任,而且有时还能化干戈为玉帛。道歉也有艺术。在人际交往中,有些人有时放不下架子或碍于面子,不愿直接道歉,这也是人之常情。其实,道歉的方式有很多,道歉时可采用委婉的方法。比如,今天的交际对象是你以前曾经冒犯过的人,那么你可以说:“真是不打不相识啊,俗话说得好,不是冤家不聚头,来让我们从头开始!”道歉并非降低你的人格,及时得体的道歉也充分反映出你的宽广胸襟、真诚情感和敢于承担责任的勇气。

有些时候,如果由于组织的原因或个人原因给交际对象造成了一定的物质上、精神上的损失或增加了心理上的负担,那么道歉的同时还可赠送一些纪念品、慰问品以示诚心道歉。

(5) 祝贺语。在交际过程中,如果你想与交际对象建立并保持友好的关系,你应该时刻关注着交际对象,并与他们保持经常性联系。比如,当你的交际对象过生日、加薪、晋升或结婚、生子、寿诞,或是你的客户开业庆典、周年纪念、有新产品问世或获得大奖等,你可以以各种方式表示祝贺,共同分享快乐。

祝贺用语很多,可根据实际情况需要进行选择。如节日祝贺语:“祝您节日愉快”(Happy the festival)、“祝您圣诞快乐”(Merry Christmas to you);生日祝贺语:“祝您生日快乐”(Happy birthday);当得知交际对象取得事业成功或晋升、加薪时,可向他表示祝贺:“祝贺您”(Congratulation)。常用的祝贺语还有:“恭喜恭喜”“祝您成功”“祝您福如东海,寿比南山”“祝你们新婚幸福、白头偕老”“祝您好运”“祝您健康”等。

此外还可通过贺信,在新闻媒介刊登广告等形式祝贺。如“庆祝大连国际服装节隆重开幕”“××公司恭贺全国人民新春快乐”等。总之,在当今社会,适时使用祝贺用语,对交际来说有百益而无一害。

(6) 道别语。交际双方交谈过后,在分手时,人们经常使用道别语,最常用的道别语是“再见”(Goodbye),若是根据事先约好的时间可说“回头见”(See you later)、“明天见”(See you tomorrow)。中国人道别时的用语有很多,如“走好”“慢走”“再来”“保重”等。英美等国家的道别语有时比较委婉,经常有祝贺的性质,如“祝你做个好梦”“晚安”等。

(7) 请托语。在日常用语中,人们出于礼貌,经常用请托语,以示对交际对象的尊重。最常用的是“请”;另外,人们还经常使用“拜托”“劳驾”“借光”等。在英、美等国家,人们在使用请托语时,大多带有征询的语气。如英语中最常用的 Will you please ...Can I help you(你想买点什么?)Could I be of service(能为您做点什么?)及在打扰对方时常使用 Excuse me,也有征求意见之意。日本常见的请托语是“请多关照”。

2. 慎重选择话题

所谓话题,是指人们在交谈中所涉及的题目范围和谈话内容。换言之,话题是一些由相对集中的同类知识、信息构成的谈话资料及其相应的语言方式、表述语汇和语气风格的总和。在人际交往中，学会选择话题，才能使谈话有个良好的开端。交谈中宜选的话题主要包括以下方面。

(1) 既定的话题，即交谈双方业已约定，或者一方先期准备好的话题，如征求意见、传递信息、研究工作等。

(2) 内容文明，格调高雅的话题，如文学、艺术、哲学、历史、地理、建筑等，这类话题适合各类交谈，但切忌不懂装懂。

(3) 轻松的话题，这类话题令人轻松愉快、身心放松，适用于非正式交谈，允许各抒己见，任意发挥，主要包括文艺演出、流行时尚、时装、美容美发、体育比赛、电影电视、休闲娱乐、旅游观光、名胜古迹、风土人情、名人轶事、烹饪小吃、天气状况等。

(4) 时尚的话题，即以此时此刻正在流行的事物作为谈论的中心，这类话题变化较快，不太好把握。

(5) 自己擅长的话题，尤其是交谈对象有研究、有兴趣的话题。比如，青年人对于足球、通俗歌曲、电影电视的话题较为关注，而老年人对于健身运动、饮食文化之类的话题较为熟悉；公职人员关注的多是时事政治、国家大事，而普通市民则更关注家庭生活、个人收入等；男人多关心事业、个人的专业，而妇女对家庭、物价、孩子、化妆、衣料、编织等更容易津津乐道。

在交谈时要注意交谈的话题有所忌讳。在交谈中，若双方是初交，则有关对方年龄、收入、婚恋、家庭、健康、经历这一类涉及个人隐私的话题，切勿加以谈论。

由于人们的经历、职业、兴趣、学习状况不同，每个人所掌握的话题状况也各不相同，都有一定的局限性，因此必须尽量扩大话题储备，这需要有知识储备。对于掌握话题广度影响最大的是自身的学习状况和进取精神。一个人如果有理想、有追求，思想境界高，而且肯下功夫学习，爱读书看报，并关注社会现实生活，有较多的朋友，把看到、听到的东西，有意识地加以记忆和积累，就会变得学识渊博，时事政策、天文地理、政治外交、文艺体育、花鸟鱼虫、音乐美术几乎无所不知，由于视野开阔，谈资和知识面自然会比别人宽得多。

3. 善于耐心倾听

有一句老话："人长着一张嘴巴，两只耳朵，就是为了少说多听。"这是很有道理的。与人交谈不但要善于表达自己的意思，而且要善于聆听对方说的话，这在社会交往活动中是个不容忽视的问题。认真听取他人讲话可以获得更多的信息，抓住机会向别人学习，可以避免和减少说话的失误，使谈话简而精，同时也是对对方的尊重。

听和说是谈话交流的两个方面，倾听是语言表达的前提，善于耐心倾听主要表现为以下几方面。

(1) 表现得当。眼睛是心灵的窗户，在倾听时应该与说话人交流目光，让你的眼神和表情表现出你在专心听，你的态度是认真的，一定要聚精会神地注视对方传递出你"很欣赏、有同感"的信息。但要注意，不要自始至终死盯着对方的眼睛。

倾听时适当的发出"哦""嗯"等应答声，表示自己在很注意倾听，也进一步激起对方继续讲话的兴趣。否则,对方会产生"唱独角戏"的感觉。并怀疑你是否心不在焉,即使你感到有点不耐烦,也不要急于插话或打断对方的话。要等到对方讲话有了停顿,告一段落时,再表明自己的想法。

倾听时,认真专心的姿态并不等于一言不发、一声不响,更不是对他人的每一句话都随声附和,不说一个"不"字,人云亦云。从不表达自己的真实意见,会被视为毫无主见或者滑头的人。这样,他是不会敞开心扉畅所欲言的,在专心倾听的同时,得体地向对方表示自己的观点和意见,不但不会得罪人,反而会受到对方的欢迎。

交谈中,有相当一部分是没有绝对是非标准的,诚恳地表达自己的意见,对方不但会通情达理地予以接受,还会进一步激发思考,拓展思路,使谈话处于高峰状态。

(2) 抓住要领。当对方讲到要点的时候,表示赞同,点一点头实质是在发出一个信号,让对方知道你在赞许他,这时候他会兴致盎然地继续讲下去。有的人在听讲话的时候会轻微地摇头,尽管这个动作是无意的,但经常会引起对方的误解,使他们认为你并不以为然,或者认为他说得不对。

对谈话中的要点,你可以要求对方谈得再详细一些,这说明你对交谈的话题很重视。需要有进一步的了解,引导他做更深入的工作和更进一步的阐述,便于你获取更多的信息。

对谈话没有听清楚或没有听明白的时候,要等对方讲完以后再询问,切忌在中途随意打断对方的话头,否则对方会因为思路或兴致被中断而不悦。

对方的话我们听得越明白,就越能理解对方。每个人都有一定的思想感情,让别人不好理解。如果被别人所理解,对自己来说就是莫大的喜悦和幸福。

(3) 提问适时。通过提问,暗示你的确对他的谈话感兴趣,同时启发对方引出你感兴趣的话题。我们应当知道并不是人人都一见如故,都会向你畅所欲言,交谈也有冷场的时候。沉默和尴尬往往使谈话不顺利,这时你可以寻找话题,及时提问。再好的话题也有说完的时候。当交谈者的兴趣减弱时,只重复一些没有新意的问题是枯燥无味的,这时就应该提出一些新的话题。

对于众所周知的道理,一般定论是事物和所见略同的问题不必老调重弹,你可以选择新角度,开发新层次和联系新事例,提出自己的观点和看法,引导对方乐于与你进行更多更广泛的交谈,这样有利于你主动掌握话题,更深入地倾听和了解对方。

认真地倾听,往往事半功倍。如果你通过倾听真正了解对方,那么你就成了对方的知音,到一定的时候,人生与事业会有意想不到的惊喜。

据社会学家兰金研究,在人际交往中,一个人说的时间应占全部社交时间的30%,而听的时间占50%,因为,能倾听别人意见的人,必是一个富于思想、有缜密见地、有谦虚性格的人。学会倾听吧,因为它是获取公众信息的关键!

4. 讲究提问技巧

交谈的基本形式是提问和回答,善于提问往往能更顺利地与对方接近、相识,加深了解,能解除疑点,获得信息,能启发对方思维,控制交谈言路的方向,打破交谈的僵局,使交谈活动得以顺畅地进行,因此提问在交谈中占主导地位,它往往是交际的起点。在交谈中要讲究提问技巧,问得其所,问到所需。

(1) 看清对象。在交谈提问时一定要看清对象,“上什么山唱什么歌”,见什么人发什么问。提问要因人而异,从对方的年龄、身份、职业、性格、知识水平以及不同的民族文化背景出发,选择不同的提问方式。如对几岁的小孩,用文言词语发问,无异于“对牛弹琴”;反之,对高龄老人,就不宜问:“你几岁了?”而应问:“您高寿?”“您高龄?”为公关人员熟知的“对男士不问薪水,对女士不问年龄”的提问禁忌都是这一原则的具体体现。

(2) 瞄准时机。在交谈中,要善于掌握对方的心理脉搏,瞄准发问的时机。有些问题时机掌握得好,发问效果才佳。例如,美国推销员帕特为了推销一套空调设备,与某公司已周旋好几个月,但对方仍迟迟不作决定,当时正值春夏之交,在董事会上,帕特面对着对他的推销毫无兴趣的董事们心急如焚,全身冒汗。谁知他“热”中生智,向在场的董事们发出了一个祈使问句:“今天天气很热,请允许我脱去外衣好吗?”说罢,他边脱衣边用手帕不停地擦汗。这一言行神奇般地产生了“感应效应”——董事们一个个顿觉闷热难忍,纷纷脱去外衣,并一个接一个地掏出了手帕,自然而然地都认真考虑起购置空调机的问题。帕特在此抓住时令与环境的特点巧妙设问,趁对方心理无防,击其要害,一“问”中的,终于化被动为主动,做成了一笔交易。一般来说,当对方很忙或正处理急事时,不宜提琐碎无聊的问题;当对方伤心或失意时,不宜提太复杂、太生硬、会引起对方不愉快的问题;当对方遇到困难或麻烦,需要单独冷静思考时,最好不要提任何问题。

(3) 抓住关键。那些大而泛的问题,往往让对方摸不着头脑,觉得回答起来无从下手,自然也就不可能回答好。相反,抓住关键,问题提得具体,反而可以引导对方的思路。如意大利著名女记者法拉奇采访邓小平时,提的第一个问题就是:“天安门上保留下来的毛主席像,是否要永远保留下去?”这个问题很具体,然而包含着丰富的内容,这不单单是毛主席照片是否保留在天安门上的问题,而是涉及我们党和全国人民对毛泽东同志和毛泽东思想的评价问题,具有相当的分量。只有抓住关键进行提问,才能问得明白。

(4) 精选类型。不是任何人一开始就愿意如实回答你所提出的问题,他往往借“无可奉告”“我也不太清楚”等话来推托你的问题。所以,应准备多种提问方式,一种提问方式不行,要试着换另一种方式提问。提问方式大体可以分以下几种类型。

① 正面直问。开门见山,直接提出你想了解的问题。这是以求知和解疑为目的的。

② 两面提问。既问主要的,也问次要的;既问好的,也问坏的。这种提问是最了解人的全貌和事物发展的全过程所必需的,可以帮助我们克服思想方法的主观片面性。公关人员在调查研究、寻求事件发生的原因时多用这种提问。

③ 迂回侧问。若正面或反面都不好问,就从侧面或另一角度入手,然后再回到正面主题上来。

④ 假言设问。站在对方的立场上,提出一些假设,启发对方思考,诱使对方回答。

⑤ 步步追问。随着对方的谈话,步步深入,打破砂锅问到底。

当然,想使对方愿意回答自己提出的问题,还要注意自身形象的塑造,着装得体,大方自然,称呼得当,给人以真诚感和可信任的印象,这样在“问者谦谦,言者谆谆”的心理氛围中极易沟通信息,创造和谐的关系。

7.2 能力开发

7.2.1 案例讨论

案例1

老周的尴尬

中方公司和德国某公司有一个合作项目,双方技术人员要并肩合作一个月。中方公司安排老周任组长。

刚开始的几天,双方交流得很愉快。第三天的时候,发生了一件令老周尴尬的事情。

那天正是中午十二点的时候,老周刚吃过午饭。德方技术人员Tony来找老周有事,老周热情地出来迎接,客气地寒暄:"你吃了吗?"Tony竟然一脸兴奋地反问道:"我正饿着呢。老周,那就吃炸酱面好吗?"说着,就拉着一脸尴尬的老周进了面馆。

(资料来源:未来之舟.职场礼仪[M].北京:中国经济出版社,2009.)

思考题:

(1) 老周的尴尬是什么原因造成的?

(2) 在交际中标准的问候语是什么?

案例2

一句礼貌语保全性命

第二次世界大战期间,有一个叫西蒙·史佩拉的犹太传教士被派到德国的一个小镇去传教。有个年轻的农民叫米勒,每天总是早早地来到田里工作。西蒙每次从他的地头走过时,总是笑着高声说:"早安!米勒先生!"米勒对犹太人并没有什么好感。开始,西蒙每次向他打招呼,他只当没听见,连头也不回一下。可是,西蒙却依然每天向米勒问候。终于有一天,米勒被西蒙的礼貌和热情所感染,他也举了举帽子,笑着回答:"早安,西蒙先生。"后来,纳粹党上台,米勒被纳粹征召入伍,西蒙也被纳粹关进了集中营。

这天,西蒙排在长长的队列中等待发落。在行列的尾端,他远远地看到营区的一个指挥官手里拿着指挥棒,一会儿向左指,一会儿向右指。西蒙知道,发配到左边的人就只有死路一条,发配到右边的只是进工厂,还有生还的机会。他的心脏怦怦跳动着,越靠近那个指挥官就跳得越快,因为他清楚这个指挥官有权将他送入焚尸炉中。过了不久,西蒙突然听到有人喊自己的名字"西蒙·史佩拉",他紧张地应了一声"到"。

就在这时,那个手拿指挥棒的军官转过身来,西蒙和他的目光相遇了。西蒙认出了那个手拿指挥棒的军官是谁,并且下意识地喊了一声:"早安,米勒先生!"听到问候,米勒那双原本冷酷无情的眼睛突然闪动了几下。随后,米勒举起了指挥棒:"右!"

在德国纳粹党当政时,有数百万犹太人被残忍地杀害。而西蒙因为平常的一句礼貌语,在关键时刻感化了刽子手,唤醒了米勒心中被纳粹夺去的人性,一句礼貌语的价值就是生命！

（资料来源：侯爱兵. 一句礼貌语保全性命[J]. 演讲与口才，2009(12).）

思考题：

（1）问候语在社交中有何作用？

（2）本案例对你有哪些启示？

案例3

提　问

国内某大型制药企业要招聘一个高级营销经理。面试由该企业华中区大区经理王总亲自担任主考官，在半小时里，他对一位候选人问了三个问题。问题一："这个职位要带领十几个人的队伍，你认为自己的领导能力如何？"问题二："你觉得自己的团队精神好吗？"问题三："这个职位是新设的，压力特别大，需要经常出差，你觉得自己能适应吗？"候选人是这样回答三个问题的。回答一："我管理人员的能力非常强。"回答二："我的团队精神非常好。"回答三："能适应，非常喜欢出差。"

（资料来源：佚名. 招聘面试营销经理的问题[EB/OL]. [2020-11-03]. https://www.ahsrst.cn/a/201509/63503.html.）

思考题：

（1）你觉得主考官的提问有何不妥？

（2）如果你是主考官，你将怎样提问？

案例4

成功的交易

一位女顾客的视力不太好，她使用的手表指针必须长短针分得非常清楚才行。可这种手表非常难找，她费了很大力气，总算在一家名表店发现了一只。但是，这只手表的外观实在丑陋，很可能因此一直卖不出去，并且2000元的价格似乎贵了点。以下是顾客与经理的对话。

顾客："2000元好像太贵了吧？"

经理："这个价格是非常合理的，这只手表精确到一年只差几秒钟而已。"

顾客："时间太精确的表对我来讲并不重要，你看我现在这只'天王'表，才800元钱，已经使用10多年了，这只表就很好用。"

经理："喔！这只表已经用了10多年，以您的身份应该有只更名贵的手表了。"

顾客："可是价格有些贵了。"

经理："你是不是希望手表让您看得清楚一些？"

顾客："是的。"

经理："我从来没有看过一只表只是为了让人们看得更清楚而进行了专门设计。那再给您便宜一点，1680元，数字也好听。"

顾客："好吧，既然优惠了一些，那我就买了吧。"

（资料来源：佚名. 商务谈判与礼仪[EB/OL]. [2018-11-30]. https://www.taodocs.com/p-185664796.html）

思考题：

(1) 请结合本案例谈谈交谈的语言要求。

(2) 本案例对你有何启示？

7.2.2 实训项目

项目1 礼貌用语

实训目标：掌握常用的礼貌用语及使用方法。

实训学时：1学时。

实训地点：大屏幕教室。

实训准备：数码照相机、摄像机等。

实训方法：将学生按每组4～6人分组。每组设计交际场景，演示下来，在交际过程中要使用礼貌用语，并注意使用礼貌用语时的正确身体姿态和面部表情。用摄像机、数码照相机记录学生的交际过程，回放这一过程，学生进行相互评价，教师最后总结点评学生存在的个性问题和共性问题。

训练手记：通过训练，我的收获是________________________________。

项目2 设计开场白

实训目标：掌握交谈开场白的技巧。

实训学时：1学时。

实训地点：教室。

实训方法：假设在朋友的生日会上，你要认识一位陌生的朋友，请根据这一场景设计开场白。根据情况还可设计一些其他场景的开场白，在全班演示，最后师生点评。

训练手记：通过训练，我的收获是________________________________。

项目3 交谈场景训练

实训背景：新学期开始，班上一位同学因为家境贫寒，生活拮据，产生自卑感，不愿和大家交往，性格有点孤僻。一次，班级组织大家春游，大家都踊跃报名，只有他一声不吭地待在寝室里。班主任让你找他谈谈，动员他参加这次集体活动。你面对他打算从哪里谈起？

实训目标：掌握交谈的技巧。

实训学时：2学时。

实训地点：教室。

实训方法：

(1) 选几位同学扮演这位有点自卑的同学，每人将自己最希望别人和你交谈的话题写在纸条上。

(2) 其他同学扮演“你”，通过2分钟的准备，上前搭话，进行交谈。

(3) 然后打开纸条看看自己的搭话和对方此时想要听的话有多大的联系。

训练手记：通过训练，我的收获是________________________________。

课后练习

1. 请根据交谈礼仪的要求与同学模拟一次交谈。

2. 以下交际用语请在与人交谈中注意使用，将会使你增色不少。

初次见面应说：幸会　看望别人应说：拜访
等候别人应说：恭候　请人勿送应用：留步
对方来信应称：惠书　麻烦别人应说：打扰
请人帮忙应说：烦请　求给方便应说：借光
托人办事应说：拜托　请人指教应说：请教
他人指点应称：赐教　请人解答应用：请问
赞人见解应用：高见　归还原物应说：奉还
求人原谅应说：包涵　欢迎顾客应叫：光顾
老人年龄应叫：高寿　好久不见应说：久违
客人来到应用：光临　中途先走应说：失陪
与人分别应说：告辞　赠送作品应用：雅正

3. 以下是交际语言中的“八戒”，请对照自己以往交际的实际情况，检查一下是否说了废话、胡话、玄话、俏话、混话、空话、套话、俗话。对不好的地方要在今后坚决杜绝。

一戒连篇累牍，语无伦次，无的放矢，文不对题的废话。
二戒颠三倒四，七拼八凑，文理不通，是非混淆的胡话。
三戒荒诞怪论，子虚乌有，装腔作势，故作高深的玄话。
四戒滥用辞藻，自鸣得意，吟风弄月，华而不实的俏话。
五戒牵强附会，大言不惭，含糊其词，模棱两可的混话。
六戒张冠李戴，不着边际，平淡乏味，冗词累赘的空话。
七戒言不及义，陈词滥调，千篇一律，人云亦云的套话。
八戒无中生有，低级趣味，风花雪月，斗鸡走狗的俗话。

4. 在人际交往中，语言文明是处理好人际关系的基本要求，语言文明应以真诚自然为最高准则，避免烦琐。在宴请时客人到来，或舞会结束并且舞伴要离开两种常见的情境下，请说明应分别以怎样的文明用语应对。

5. 讨论在交谈中遇到以下三种情况该如何处理。

(1) 对方不知不觉将话题扯远了。
(2) 对方心血来潮，忽然想到了他得意的事。
(3) 对方故意转变话题，不愿意再谈原来的事。

任务8

涉　外

海内存知己，天涯若比邻。

——（唐）王勃

外事无小事，事事是大事。

——佚名

任务目标

- 具备涉外的礼仪修养，并能够在涉外交往中贯彻实施。
- 涉外迎送、会见会谈、参观游览、国旗悬挂等要符合礼仪规范要求。
- 出国旅行讲究基本礼仪规范。

情境导入

1983年6月，美国总统里根出访完欧洲回国时，由于他在庄重严肃的正式外交场合没有穿黑色礼服，而穿了一套花格西装，引起了西方舆论一片哗然。有的新闻媒体批评里根生性极不严肃，缺乏责任感，与其演艺生涯有关；有的新闻媒介评论里根自恃大国首脑，狂妄傲慢，没有给予欧洲伙伴应有的尊重和重视。

（资料来源：佚名．国际交往礼仪［EB/OL］．［2015-03-08］．https://www.doc88.com/p-1498501165441.html.）

任务分析

涉外礼仪是指在涉外活动中的各种礼节规范，以及对外国客人表示尊重、友好的各种惯用形式。千万不能像里根那样犯这方面的错误。

涉外礼仪是指在对外交往活动中或不同文化背景的人们交往中向交往对象表示尊重、友好的各种惯用交际礼宾形式及各种礼节、仪式和习惯的礼仪规范。

现代社会，科学技术的高度发达使地球变成了一个大村落。国际交往早已不限于国家政府间，而是扩大到了民间。常有国际友人欢聚一堂，或举行活动，或洽谈生意，或旅游观光，但都要遵循一定的礼仪规范。来自不同文化背景的人们走到一起，交际容易出现障碍，及时有效地克服这些交际障碍是跨文化交际取得成功的关键，这对促进国际的文化、政治、经济交流有着极其重要的意义。

在交往活动中，到位的礼仪，会给外交活动增色不少；而欠妥的礼仪，也会给双方带来尴尬。俗话说"外事无小事"，涉外交往若不讲规则，不讲礼仪，不尊重对方的风俗，是不可能取得良好的涉外交际效果的，"情境导入"中的案例所反映的情况正是一个很好的例证。

因此，每一位现代人都应对涉外礼仪常识有一定了解，以便在对外交流中更好地树立良好的个人和国家形象。

8.1 知识储备

8.1.1 涉外礼仪修养

与外国人交往，必须了解和掌握涉外交往的基本原则，它既是对国际交往管理的基本概括，又是对参与涉外交际的中国人的指导。这些基础礼仪是涉外交往礼仪中必备的基本修养。

1. 信守约定

某年，国内的一家企业前往日本寻找合作伙伴。到了日本之后，通过多方的努力，这家企业终于寻觅到了自己的"意中人"——一家具有国际声望的日本大公司。经过长时间的讨价还价，双方商定，首先草签了一个有关双边实行合作的协议。当时，在中方人士看来，合作基本上可以算是大功告成了。

到了正式草签中日双方合作协议的那一天，由于种种原因，中方人员阴差阳错，抵达签字地点的时间比双方预先约定的时间晚了十五分钟。当他们气喘吁吁地跑进签字厅时，只见日方人员早已衣冠楚楚地排列成一行，正在恭候他们的到来。不过在中方人员跑进来之后，还没容他们做出任何有关自己迟到的解释，日方人员便整整齐齐、规规矩矩地向他们鞠了一个大躬，随后便集体退出了签字厅。也就是说，因为中方人员在签字仪式举行时迟到了十五分钟，双方的合作竟然搁浅了。事过之后，日方为此所做的解释是："我们绝不会为自己寻找一个没有时间观念的合作伙伴。不遵守约会时间的人，永远都是不值得信赖的。"

假如对这一个个案进行认真的剖析，就一定会得出公正的结论：在这一事件中，错在中方，日方是没有任何错误的。中方的最大错误，就是在涉外交往中没有认真地做到"信守约定"，违背了这一国际惯例。

在人际交往中，必须认真严格地遵守自己的所有承诺，说话务必要算数，许诺一定要兑现，约会必须要如约而至，尤其要恪守时间方面的约定。信守约定，讲求信用，从一点一滴做起，它事关信誉与形象，失实与失约的失礼行为，往往是使自己所做的工作走向失败的开端。

为此要做到以下三点。

(1) 必须谨慎许诺。一切从自己的实践能力及客观可能性出发,切勿草率从事,轻易承诺,凡承诺和约定必须慎之又慎,一定要字斟句酌,考虑周全。

(2) 必须如约而行。承诺一旦做出,就必须要兑现,要如约而行,应尽可能地避免对已有的约定任意进行修正变动,随心所欲地乱作解释。做到"言必信,行必果",只有这样才能赢得交往对象的好感与信任。

(3) 失约必须致歉。如果由于遭受不可抗力,致使自己单方面失约,或是有约难行,需要尽早向有关各方通报,如实地解释,并且还要郑重地向对方致以歉意,并主动承担给对方造成的损失。

2. 不必过谦

中国人在待人接物时,讲究的是含蓄和委婉,奉行"满招损,谦受益"的古训,在对自己的所作所为进行评价时,中国人大都主张自谦、自贬,不提倡多作自我肯定,尤其是反对自我张扬。在这方面若不好自为之,就会被视之为妄自尊大、嚣张放肆、不够谦逊、不会做人。实际上,在对外交往时,过于自谦并非益事,它经常会引起他人的疑惑和不满,不利于涉外交际的顺利进行。

遵守不必过谦的原则,会使人感到自己为人诚实,充满自信,反之过分的自谦、客套,只能给人以虚伪、做作的感觉。在涉外交往中,特别是在面临如下情况时,更要敢于、善于充分地从正面肯定自己。

(1) 面对赞美时。当外国友人赞美自己的相貌、衣着、手艺、工作、技术等时,一定要落落大方高兴地道一声"谢谢!"而不是加以否认和自我贬低,说什么"哪里,哪里"。接受外国人的赞美是对其本人的接纳和承认,是自己自信和见过世面的表现。曾有这样一个笑话:一个法国朋友在称赞一位中国姑娘漂亮时,那位中国姑娘表现得十分谦虚,连忙说:"哪里,哪里!"没想到这一说却出了洋相。因为那位法国朋友误以为对方是在问他自己:"哪里漂亮?"便立即答道:"你的眼睛很漂亮。"可对方依然谦虚如故:"哪里,哪里。"法国朋友又答道:"你的鼻子也漂亮"……结果南辕北辙了。

(2) 赴宴、馈赠时。宴请外国人出席宴会时,不必说:"今天没什么好菜,随便吃一点。"当送礼给外国人时,也不要说"礼品很不像样子,真不好意思拿出手来"之类的话,而应得体大方地说"这是本地最有特色的菜""这是这家饭店烧的最拿手的菜""这是我特意为您挑选的礼物"等。反过来,在接受外国人的赴宴邀请或接受外国人送的礼物时,也不应过于谦虚地没完没了地说"真不敢当""受之有愧"之类的话,它会使人产生不愉快的感觉,使宴请和送礼者感到难堪,及时表示谢意是这时得体的做法。

(3) 做客、拜访时。到外国人家做客、拜访时,对主人准备的小饮不要推辞不用。如果主人问"喝点什么,茶还是咖啡",你可以任选一种;若桌上备有小吃,可随意取用,但不可失态。若主人问是否加糖或加牛奶,则可按自己的喜好谢绝或选择其中一种。

(4) 交往应酬时。当自己同外国友人交往应酬时,一旦涉及自己正在忙什么、干什么的时候,无论如何都不要脱口而出,说什么自己是"瞎忙""混日子""什么正经事都没有干",这样会被对方认为自己是不务正业之人。

3. 讲究次序

涉外交际中，对出席活动的国家、团体、人士的位次按某些规则和惯例进行排列，这种排列的先后次序被称为礼宾次序。为使国际交往顺利进行，必须讲究礼宾次序。

(1) 礼宾次序的依据。在国际交往中，其礼宾次序主要按宾客的身份与职务高低，依次排列。在多边活动中，有的可按姓氏的顺序排列；有时可按参加国的字母顺序(一般以英文字母为准)排列；有时则可按代表团组成日期的先后排列；有时则可按代表团抵达活动地点的时间先后排列，等等。

(2) 礼宾次序的具体要求。在各类涉外交际中，大到政治磋商、商务往来、文化交流，小到私人接触、社交应酬，凡确定礼宾次序必须从其总的原则出发，这一总的原则就是"以右为尊"，即一般以右为大、为长、为尊；以左为小、为次、为卑。

按照惯例，在并排站立、行走或者就座的时候，为了表示礼貌，主人理应主动居左，而请客人居右。男士应当主动居左，而请女士居右。晚辈应当主动居左，而请长辈居右。未婚者应当主动居左，而请已婚者居右。职位身份较低者应当主动居左，而请职位、身份较高者居右。

在不同场合也有特殊要求：

两人同行，以前者、右者为尊。

三人行，并行以中者为尊，前后行，以前者为尊。

上楼时，尊者、妇女在前，下楼时则相反。

迎宾引路时，主人在前，送客时，则主人在后。

宴请排位，主人的右边是第一贵客，左边次之。

4. 尊重隐私

所谓隐私，就是指一个人出于个人尊严和其他某些方面的考虑，因而不愿意公开，不希望外人了解或是打听的个人秘密、私人的事宜。在涉外交际中，人们普遍讲究尊重个人隐私，并且将尊重个人隐私与否，视作一个人在待人接物方面有没有教养，能不能尊重和体谅交际对象的重要标志之一。

在涉外交际中，首先要避免与对方交谈时涉及个人隐私，要做到"八不问"。

(1) 年龄不要问。在国外，人们普遍将自己的实际年龄当作"核心机密"，不会轻易告之与人。这主要是因为外国人，尤其是英美人对年龄都十分敏感，希望自己永远年轻，对"老"字则讳莫如深，对年龄守口如瓶。因而与外国人交往，打听对方的年龄，说对方老成，都属于不礼貌的行为。我国的传统向来对年龄比较随意，不仅如此，社会交往中还习惯于拔高对方的辈分，以示尊重。比如年轻男子相聚，彼此之间总喜欢以"老李""老张""老赵"相称，为了表示对对方的尊敬，人们会使用"老人家""老先生""老夫人"等一类尊称，实际上，这一类尊称在外国人听起来却似诅咒谩骂一般。在交往中，照套我国的传统，会使对方十分难堪。

有位从事外事工作的女士曾经接待过一位 82 岁高龄的美国加州老太太，她是来华旅游并参加短期汉语学习班的，见面时这位女士对老太太说："您这么大年纪了，还到外国旅游、学习,可真不容易呀!"这话要换了同样高龄的中国老太太听了,准会眉开眼笑,高兴一番。可是那位美国老太太一听,脸色即刻晴转多云,冷冷地应了一句:"噢,是吗?你认为老人出国旅游是奇怪的事情吗?"弄得中国姑娘十分尴尬。姑娘的本意是表示礼貌尊重,效果却事与愿违,原因在于西方人对年龄、对"老"的忌讳。

在外国,人们最不希望他人了解自己的年龄,所以有这样一种说法:一位真正的绅士,应当永远记住女士的生日,忘却女士的年龄。

(2)收入不要问。在国际社会里,人们普遍认为:任何一个人的实际收入,均与其个人能力和实际地位有直接的因果关系。所以,个人收入的多少,一向被外国人看作自己的脸面,十分忌讳他人进行直接、间接的探询。如果一位中国人问一位外国人:"您一个月挣多少钱?"那位外国人会觉得:"这个中国人真没有教养,怎么能问我的工资呀!"

除去工资收入以外,那些可以反映个人经济状况的问题,例如,纳税数额、银行存款、股票收益、私宅面积、汽车型号、服饰品牌、娱乐方式、度假地点等,因与个人收入相关,所以在与外国人交谈时也不宜提及。

(3)婚姻不要问。中国人的习惯是对亲友、晚辈的恋爱、婚姻、家庭生活时时牵挂在心,但是绝大多数外国人却对此不以为然。西方人将此视为纯粹的个人隐私,向他人询问是不礼貌的行为。

在一些国家,跟异性谈论此类问题,会被对方视为无聊之举,甚至还会因此被对方控告为"性骚扰",从而吃官司。

(4)工作不要问。在我国人们相见,会询问对方"您正在忙些什么""上哪里去""怎么好久不见你了"等问题,其实这只是些习惯问题,回答不回答并不重要。但你若拿这些问题问外国人,他们会觉得你不是好奇心过盛,而是你不懂得尊重别人,或者是别有用心,因为这些问题在外国人看来都属于个人隐私,不想被外人知道!

(5)住址不要问。对于家庭住址、住宅电话,中国人在人际交往中都是愿意告之于人的,是不保密的。但在国外却恰恰相反,外国人大都视自己的私人居所为私生活领地,非常忌讳别人无端干扰其宁静。西方人认为,留给他人自己的住址,就该邀请其上门做客,在一般情况下,他们一般不大可能邀请外人前往其居所做客。为此他们都不喜欢轻易地将个人住址、住宅电话号码等纯私人信息"泄密"。在他们常用的名片上,也没有此项内容。

(6)学历不要问。初次见面,中国人之间往往喜欢打听一下交往对象"是哪里人""哪一所学校毕业的""以前干过什么"等。总之是想了解一下对方的"出处",打探一下对方的"背景",然而外国人大都将此项内容视为自己的"底牌",不愿意轻易让人摸去。外国人甚至认为一个人对初次见面的对象过多了解其过去的经历,并不见得是坦诚相见,相反却有很大可能是别有用心。

(7)信仰不要问。在国际交往中,由于人们所处的社会制度、政治体系和意识形态多有不同,所以要真正实现交往的顺利、合作的成功,就必须不以社会制度画线,而以友谊为重,以信仰为重。动辄对交往对象的宗教信仰、政治见解评头论足,将自己的政治观点、见解强加于人,这样做对交往对象来说,都是不友好、不礼貌、不尊重他人的表现。所以对宗教信仰、政治见解,这些在外国人看来非常严肃的话题,还是避而不谈为好。

(8) 健康不要问。中国人彼此相见,会互相问候:"身体好吗?"如果已知对方身体曾经一度欠安,还会问:"病好了没有?"如果彼此双方关系密切,还会询问:"吃了些什么药,怎么治疗的?"甚至还会向对方推荐名医或偏方。

可是在外国,人们在闲聊时一般都是"讳疾忌医",非常反感其他人对自己的健康状况关注过多,对他人的这种过分关心,外国人是会觉得不自在的。

此外,与个人隐私相联系,对于私人住宅,有的国家受到法律保护,擅自闯入要受到制裁。到外国人家里做客,不经主人允许和邀请,不能要求参观主人的住房。即使双方很熟悉,也不能去触动书籍、花草以外的个人物品以及室内陈设的其他物品。

与外国人交往时,不仅不要涉及在场人的个人隐私,对不在场人的个人隐私也应尊重。在背后议论同事的好坏、上级的能力、女人的胖瘦、路人的服饰等,都会被外国人视为喜好窥探隐私,纯属无聊之举。

5. 女士优先

我们在听演说时,演讲者总是首先这样称呼"女士们,先生们",从没有人称呼"先生们,女士们",为什么这样呢?原来这与国际社会公认的一条重要礼仪原则——"女士优先"有直接的关系。

"女士优先"主要是指成年异性间进行社交活动时的一个礼仪规范和礼仪原则。其含义是:在一切社交场合,每一位成年男子,都有义务主动自觉地去尊重、照顾、体谅、关心、保护女性,并且想方设法为女士排忧解难,只有这样才能体现出绅士风度。外国人强调"女士优先"并非因为妇女被视为弱者,值得同情、怜悯,最重要的原因是,他们将妇女视为"人类的母亲",处处对妇女给予礼遇,是对"人类母亲"的感恩之意。

在交往中,讲究"女士优先"时,作为男士要注意对所有的女士要一视同仁,不仅对待同一种族的女士要如此,对待其他种族的妇女也要如此;不仅对待熟悉的女士要如此,对待陌生的女士也要如此;不仅对待年轻貌美的女士要如此,对待年老色衰的女士也要如此;不仅对待有权势的女士要如此,对待一般的女士也要如此……具体地要从以下方面做起。

(1) 行走。在室外行走时,如果是男女并排走,则男士应当自觉地请女士走在人行道的内侧,而自己主动行走在外侧,这样做既可以防止女士因疾驶的车辆而感到不安全,担惊受怕,还可避免汽车飞驶而溅起的污泥浊水弄脏女士的衣裙。

当具体条件不允许男女并行时,男士通常应该请女士先行,而自己随行其后,并与之保持大约一步的距离。当男士与女士"狭路相逢"时,前者不论与后者相识与否,均应礼让,闪到路边,请女士率先通过。男士在路上遇到认识的女士时,应点头致意,并把手抽出衣袋,且不能嘴里叼着烟。

当男士与女士走到门边时,男士应赶紧上前几步,打开屋门,让女士先进,自己随后。

(2) 乘车。陪伴女士或同乘火车、电车时,男士应设法给女士找一个较为舒适、安全的座位,然后再给自己找一个尽可能靠近她的座位;如果找不到,应站在她面前,尽可能离其近一些。

乘出租车时,男士应首先走近汽车,把右侧的车门打开,让女士先坐进去,男士再绕到车左边,坐到左边的座位上。有时,为了在马路上上下车安全起见,出租车左侧车门用安全装置封闭了,那么男士只好随女士其后从右侧上车,坐在本应由女士坐的尊贵的右边座位上,这种情况不算失礼。

当男士自己驾驶汽车时,他应先协助女士坐到汽车驾驶座旁的前排座位上,然后绕到另一侧坐到驾驶座上。抵达目的地后,男士要先下车,然后绕到汽车的另一侧,打开车门,协助女士下车。

(3) 见面。参加社交聚会时,男宾在见到男、女主人后,应当先行向女主人问好,然后方可问候男主人。男宾进入室内后,需主动向先行抵达的女士问候。女士们如果已经就座,则此时不必起身回礼。

而在女宾进入室内时,先到的男士均应率先起身向其致以问候,已入座的男士也应起身相迎。不允许男士坐着同站立的女士交谈,而女士坐着同站立的男士交谈则是允许的。

当女士在场时,男士不得吸烟,在女士吸烟时,则不准男士对其加以阻止,如有必要,男士还要给女士点烟。

主人为不相识的来宾进行介绍时,通常应当首先把男士介绍给女士,以示对女士的尊重。当男女双方进行握手时,只有当女士伸过手来之后,男士才能与之相握,否则如果男士抢先出手,是违背“女士优先”原则的。为了表示对女士的尊重,男士与女士握手时还必须摘下帽子,脱下手套,而女士在一般情况下则没有必要这样做。

(4) 上下楼。在上下楼梯时,男士要跟随在女士的后面,相隔一两级台阶的距离;下楼梯时,男士应该先下。如果是乘电梯上下楼,进电梯时,男士应请女士先进去,然后自己再进入电梯。在电梯里,男士负责按电钮,礼貌地询问女士所上的楼层。

(5) 进餐馆。如果男士预定了餐桌,则应走在前面为女士引路,如果不是这样,行进的顺序应该是:侍者—女士—男士。在餐桌旁,男士应协助女士就座,把椅子从桌边拉开,等女士即将坐下时再把椅子移近桌子。坐定后,男士应把菜单递给女士,把选择菜品的权利先交给女性。一般餐毕也总是由男士付账的。

若出席宴会,女主人是宴会上“法定”的第一顺序。也就是说,其他人在用餐时的一切举动,均应跟随女主人而行,不得贸然先行。按惯例女主人打开餐巾,意味着宣布宴会开始,女主人将餐巾放在桌上,则表示宴会到此结束。

(6) 看影剧。进影剧院或是听音乐会时,应由男士拿着入场券给检票员检票。在存衣室,男士应先协助女士脱下大衣、披风,然后再自己脱去外套。如果没有专人引导入座,男士就应走前几步为女士引路。从两排之间穿行,走向自己的座位时,应面向就座的观众,并且女士走在男士的前面。如果是几个男士和几个女士一起去观看影剧或听音乐会,那么最先和最后穿过就座观众的应是男士,女士夹在中间进去,这样,可以使女士不与陌生人坐在一起。散场人挤时,男士应走在女士前面;不挤时,女士稍前或并排与男士同行。

(7) 助臂。男士应该帮助他所陪伴的女士携带属于她的较重的或拿着不方便的物品,如购物袋、旅行包、伞等。

女士携带的东西掉在了地上,男士不论相识与否,都应帮她拾起。

在女士可能失足、滑倒的时候,男士应该以臂相助。

值得说明的是,以上“女士优先”的具体做法主要使用于社交场合。在商务场合,人们强调的是“男女平等”,或是“忽略性别”,因而不太讲究“女士优先”。

8.1.2 涉外基本礼仪

涉外交往中必须重视交际对象的特殊性,努力掌握如下涉外基本礼仪。

1. 涉外迎送

迎送是国际公共关系中常见的社交礼节。迎送不仅是整个社交活动的开始,也是对不同身份外宾表示相应尊重的重要仪式。给外宾留下良好的第一印象,加深双方的友谊与合作,都发挥着重要作用。

(1) 迎送的安排。迎送活动的安排主要有两种不同档次:一是举行隆重的欢迎仪式,这主要适用于对外国国家元首、政府首脑、军方高级领导人的来访,以示对他们来访的欢迎与重视。二是一般迎送,适用于一般来访者。无论是官方人士、专业代表团的来访,还是长期在我国工作的外交使节,常驻我国的外国人士、记者和专家等,当他们到任或离任时,都可安排相应的人员前往迎送,以示尊重和友谊。

(2) 迎送规格的确定。关于迎送规格,各国的规定不尽相同。在确定迎送规格时,主要是依据来访者的身份、访问的性质和目的,并且适当考虑两国之间的关系,同时还要注意国际惯例,综合平衡。一般按照国际惯例的“对等原则”,主要迎送人员应与来宾的身份相当。如果由于各种原因而不能完全对等时,可灵活变通,由职位相当的人士或副职出面,并向对方做出解释。

(3) 成立接待班子。为了接待重要的贵宾和代表团、队,东道主一般会成立一个接待班子来履行接待任务。接待班子的工作人员由外事、翻译、安全警卫、后勤、医疗、交通、通信等方面的工作人员组成。

(4) 收集信息、资料。接待班子要注意收集来访者的有关信息和资料,了解其本次访问的目的,对会谈、参观访问、签订合同等事项的具体要求,前来的路线、交通工具,抵离时间,来访者的宗教信仰、生活习惯、饮食爱好与禁忌等。据报载:一位英国商人应邀前来我国与某地区洽谈投资项目,该地领导为了图个吉利,准备了一辆车号为“666”(六六大顺)的轿车前去机场迎接。谁知这位英国商人下了飞机,一看轿车后,直皱眉头,随即又乘机离去。后来我方人员才知道这位英国商人信教,十分崇拜《圣经》,在《圣经》中“666”表示“魔鬼”。在英国司机、乘客对带有这种号码的车辆退避三舍,英国警察部门已做出决定,逐步取消这个号码。由此可见多了解来访者的情况是十分重要的。

(5) 拟订接待方案。接待方案包括各项活动的项目、日程及详细时间表,项目负责人和接待规格、安全保卫措施等。日程确定后,应翻译成客方使用的文字并打印好,发给客方,以便及时与客方进行沟通。

拟订接待方案重点要落实好食、宿、行,并制订合理的费用预算,保证接待隆重得体又不铺张浪费。

(6) 掌握抵离时间。必须准确掌握外宾乘坐的飞机(火车、船舶)抵达及离开的时间,迎送人员应在来宾抵达之前到机场(车站、码头)。送行人员应在外宾离行前抵达送行地点,切勿迟到、早退。

(7) 献花。献花是常见的迎送外宾时用来表达敬意的礼仪之一。一般在参加迎送的主要领导人与客人握手之后,由青年女子或儿童将花献上,也有的由女主人向女宾献花,献花者献花后要向来宾行礼。献花须用鲜花,并注意保持花束整洁、鲜艳,一般忌用菊花、杜鹃花、石竹花及黄色花卉(黄色具有断交之意)等。有的国家习惯送花环,或者送一两枝名贵兰花、玫瑰花等。在接待信仰伊斯兰教的人士时,不宜由女子献花。

(8) 介绍。主宾见面应互相介绍其随从人员。主要的迎送人员在与来宾见面致意(如握手等)后,他还可以担负起介绍其他迎送人员的任务。一般是在客人的内侧引领客人与各位迎送人员见面,并把他们介绍给来宾。然后再由主要迎送人员将客人按一定身份一一介绍给主人。若主宾早已相识,则不必介绍,双方直接行见面礼即可。

(9) 陪车。来宾抵达后,在前往住地或临行时由住地前往机场、码头、车站时,一般都安排迎送人员陪同乘车。陪车时应请宾客坐在主人右侧。两排座轿车,翻译人员坐在司机旁;三排座轿车,翻译人员坐在主人前面的加座上。当代表团为9人以上乘大轿车时,原则上低位者先上车,下车顺序相反。但前座者可先下车开门,大轿车以前排为最尊贵的位置,自右向左,按序排列。上车时应当请客人首先上车,客人从右侧门上;如果外宾先上车坐到了左侧座位上,则不要再请外宾移动位置。陪同人员在替客人关门时,应先看车内人是否坐好,既要注意不要轧伤客人的手,又要确保将门关好,保证安全。

(10) 具体事项。迎送中一些具体事项要引起我们的注意,主要包括以下内容。

① 在客人到达之前最好将客房号、乘车号码等通知客人,如果做不到,可印好住房、乘车表,在客人刚到达时,及时发到客人手里。

② 指派专人协助客人办理出入境手续、机票(车、船票)和行李提取或托运手续等事宜。客人到达后,应尽快进行清点并将行李取出并运送到住处,以便客人更衣。

③ 客人到达后,一般不要立刻安排活动,应让客人稍事休息,倒换时差。可在房间中适当放些新鲜水果或鲜花等。

④ 迎送的整个活动安排要热情、周到、无微不至、有条不紊,使客人有宾至如归的感觉。接待人员要始终面带微笑、彬彬有礼,不能表现得冷漠、粗心、怠慢或使客人感到紧张、不便。

⑤ 陪同人员应尽力安排好客人的食、住、行,对客人的要求做出反应,给予答复。翻译应如实翻译,不能掺进自己的意见和看法,不能打断双方的谈话或在一方一句话还没说完就翻译,就餐时不可因餐饮影响翻译工作。

⑥ 司机在行车时,应集中精力驾驶,不能边驾驶边说话。如果司机主动与客人甚至陪同人员或翻译人员说话聊天,只会使客人感到不安全和被冷落。

⑦ 在为外宾送行时,送行人员应在外宾临上飞机(火车、轮船)之前,按一定顺序同外宾一一握手话别。飞机起飞(火车、轮船开动)之后,送行人员应向外宾挥手致意,直至各交通工具在视野中消失方可离去。外宾一登上飞机(火车、轮船),送行人员就立即离去,是很失礼的。尽管只是几分钟的小事情,却可能因小失大。

2. 会见和会谈

会见和会谈都是国际公共关系交往的重要方式。会见,国际上通称接见或拜会。凡身份高的人士会见身份低的人士,主人会见客人,人们通常称其为接见或召见;凡身份低的人士会见身份高的人士,客人会见主人,人们通常称其为拜会或拜见。接见和拜会后回访,通常称为回拜。我国通常对此不作细分,统称会见。

会谈是指双方或多方就某些重大的政治、经济、科技、文化、军事、宗教及其他共同关心的问题交换意见,洽谈协商。会谈一般专业性、政策性较强,形式比较正规。会见多是礼节性的,而会谈多为解决实质性问题。有时会见、会谈也难以区分。因为会见时双方也常谈专业性或政治性问题,以上区分只是相对而言。

1) 会见的礼仪

会见就其内容来说,多为礼节性的,也有政治性、事务性的会见,或兼而有之。礼节性会见一般时间短,话题也较为广泛;政治性会见一般涉及国与国之间的双边关系、国际局势及对一些重大国际问题的看法或意见等;事务性会见一般涉及贸易争端、业务交流与合作等。会见的礼仪主要有以下内容。

(1) 确定参加会见的人员。会见来访者,一般情况下应遵循"对等"的原则,但有时由于某些政治或业务的需要,上级领导或下级人士也可会见来访者。参加会见的人员不宜过多。

(2) 确定会见的时间、地点。会见的时间一般安排在来访者抵达的第二天或举行欢迎宴会之前。会见的具体时间不宜过长,一般以半小时左右为宜。会见的地点多安排在客人住地的会客室、会议室或办公室,也可在国宾馆等正式的会客场所。

(3) 做好会见的座位安排。会见时座位的安排必须依据参加会见人数的多少、房间的大小、形状、房门的位置等情况来确定。会见的座位安排有多种形式,宾主可以穿插坐,也可分开坐,通常的安排是将主宾席、主人席安排在面对正门位置,客人坐在主人的右边。其他客人按照礼宾顺序在主人、主宾两侧就座。译员、记录员通常安排在主宾和主人的后面。座位不够时可在后排加座。

(4) 掌握会见的一般礼节。会客时间到来之时,主人应在门口迎候客人,问候并同客人一一握手,宾主互相介绍双方参加会见的人员,然后引宾入座。主人应主动发言,创造一种良好的气氛。双方可自由交谈,就共同感兴趣的话题发表自己的看法。交谈时应注意坐姿,不要跷二郎腿,不可左顾右盼,漫不经心。主人与主宾交谈时,旁人不可随意插话,外人也不可随意进出。会见时可备饮料招待客人。主人应控制会见时间,最好以合影留念为由头结束会见。合影后,主人将客人送至门口,目送客人离去。

(5) 注意合影的礼宾次序。合影时,一般主人居中,男主宾在主人右边;主宾夫人在主人左边,主人夫人在男主宾右边,其他人员穿插排列。但应注意,最好不要把客人安排在靠边位置,应让主人的陪同人员在边上。

2) 会谈的礼仪

会谈的形式多种多样,常见的有领导人之间单独会谈,有少数领导人及其助手与来访者进行的不公开发表内容的秘密会谈,有的是就有关重要而又复杂的问题,有关官员进行预备性问题等而举行的正式会谈,也可称为谈判。

会谈的礼仪主要包括以下内容。

(1) 确定会谈的时间、地点、人员。会谈的时间、地点由双方协商确定。会谈的人员应慎重选择,会谈的专业性较强,一方面,要求有专业特长;另一方面,还要考虑专业互补和群体智慧。会谈人员既要懂得政策、法律,又要能言善辩,善于交际,应变能力强,并确定主谈人和首席代表。

(2) 会谈的座位安排。涉外双边会谈通常采用长方形或椭圆形会谈桌。多边会谈或小型会谈也可采用圆形或正方形会谈桌。

不管什么形式,均以面对正门为上座,宾主相对而坐,主人背向门落座,而让客人面向大门。其中主要会谈人员居中,其他人按着礼宾次序左右排列。

这里需要说明的是,许多国家把译员和记录员安排在主要会谈人员的后面就座。我国习惯上把译员安排在主要谈判人座位的右侧就座,这主要取决于主人的安排,说到这个习惯上的小差别,还有一段历史背景。当初,我国也是按国际上通用的做法把译员安排在后面就座的,但新中国成立不久,中国总理兼外交部部长周恩来认为这个惯例不符合中国的情况,因为西方的译员大多是临时雇用的,不属于参加会谈的人员,而我国的译员却是参加会谈的重要人员之一,理应受到尊重,所以周总理在出访时坚决要求对方允许我方译员坐在主要会谈人员的右侧。从那时起,我国就有了这个做法并一直采用至今。

如果长方桌的一端向着正门,则以入门的方向为准,右为客,左为主。

如果是多边会谈,可将座位摆成圆形或正方形。

此外,小范围的会谈,也可像会见一样,只设沙发,不摆长桌,按礼宾顺序安排。

3. 涉外参观游览

涉外参观游览是指外国客人在访问或旅游期间对一些风景名胜、单位设施等进行实地游览、观看和欣赏。来访的外国人员及我国的出访人员,为了了解去访国家情况,达到出访目的,都应组织一些参观游览活动。参观游览应注意以下礼仪。

(1) 选定项目。选择参观游览项目,应根据访问目的、性质和客人的意愿、兴趣、特点及我方当地实际条件来确定。对于外国政府官员、大财团、大企业家一般应安排参观反映我国经济发展情况的部门单位和经济开发区,以及重点招商项目。对于一般企业家、商人和有关专业人员可安排参观与其有关的部门、单位,同时安排一些有地方特色的游览项目。年老体弱者不宜安排长时间步行的项目,心脏病患者不宜登高。一般来说,对身份高的代表团,事前可了解其要求;对一般代表团,可在其到达后,提出方案。如果确有困难,可如实告知,并做适当解释。

(2) 安排日程。当参观游览项目确定后,应制订详细活动计划和日程,包括参观线路、座谈内容、交通工具等,并及时通知有关接待单位和人员,以便各方密切配合。

(3) 陪同参观。按国际惯例,外宾前往参观时,一般都安排相应身份的人员陪同。如有身份高的主人陪同,宜提前通知对方。接待单位要配备精干人员出面接待,并安排解说介绍人员,切忌前呼后拥。参观现场的在岗人员,不要围观客人。遇客人问话,要有礼貌地回答。

(4) 解说介绍。参观游览的重头戏是解说介绍。有条件的可先播放一段有关情况纪录片,这样既可节省时间,又可实现让客人对情况有所知,经过实地参观,效果会更好。我方陪同人员应对有关情况有所准备,介绍情况要实事求是,运用材料、数据要确切,不可一问三不知,也不可含糊其词。确实回答不了的问题,可表示自己不清楚,待咨询有关人员后再进行答复。遇较大团组,宜用扩音话筒。另外,遇有保密部位的,则不能介绍,如客人提出要求,应予婉拒。

(5) 乘车、用餐和摄影。在出发之前,要及时检查车况,分析行车路线,预先安排好用餐。路远的还要预先安排好中途休息室,要把出发、集合和用餐的时间地点及时通知客人和全体工作人员。一般地方均允许客人摄影。如有不能摄影处,应事先向客人说明,现场要树立"禁止摄影"对应的英文标志牌。

(6) 在国外参观游览的礼节。出访人员、团组要求参观,可通过书面、电话或面谈方式向接待单位提出,经允许后方能成行。参观内容,要符合访问目的和实际,要注意客随主便,不要强人所难。在商定之后,要核实时间、地点和路线。参观过程,应专心听取介绍,不可因介绍枯燥或不对口味而显露出不耐烦和漫不经心状,这是极不礼貌的。同时应广泛接触、交谈,以增进了解,加深友谊。注意尊重对方的风俗和宗教习俗。如要摄影,事先要向接待人员了解有无禁止摄影的规定。参观游览,对服装要求不严格,不必穿礼服,穿西装可以不打领带,但应注意整洁整齐,仪容亦宜修整。参观完毕,应向主人表示感谢,上车离开时应在车上向主人挥手道别。

4. 国旗悬挂

国旗是国家的一种标志,是国家的一种象征。悬挂国旗是一种外交礼遇与外交特权。人们往往通过悬挂国旗,表示对本国的热爱或对他国的尊重。在国际交往中,悬挂国旗要遵循以下惯例。

(1) 悬挂国旗的场合。按国际关系准则,国家元首、政府首脑在他国领土上访问,在其住所和交通工具上悬挂国旗(有的是元首旗)是一种外交特权。

接待来访的外国元首、政府首脑的隆重场合,东道国在贵宾下榻的宾馆,乘坐的汽车上悬挂对方(或双方)的国旗(或元首旗),是一种礼遇。

在国际会议上,除会场悬挂与会国国旗外,各国政府代表团团长亦按会议组织者的有关规定,在一些场所或在车辆上悬挂本国国旗(也有不挂国旗的)。

有些展览会、体育比赛等国际活动,也往往悬挂有关国家的国旗。在大型国际比赛中,还往往为获得前三名的运动员升起其代表国家的国旗。

随着我国加入 WTO,双边、多边的经贸往来必将日趋频繁,在谈判、签字仪式上也应悬挂代表国家的国旗。

(2) 悬挂国旗的要求。在建筑物上或室外悬挂国旗一般应在日出升旗、日落降旗。升降国旗时,服装要整齐,要立正脱帽行注目礼。不能使用污损的国旗。升国旗时一定要升至杆顶。

悬挂双方国旗,按照国际惯例,以右为上、左为下。但这是以旗面本身为准的,搞不好会弄错,所以还应记住以挂旗人为准,"面对墙壁左为上,右为下"。挂旗时,挂旗人必然面对墙壁，这时左为上，悬挂客方国旗，右为下，悬挂主方国旗。乘车时应记住"面对车头左为上"，左边挂客方国旗，右边挂主方国旗（有时以汽车行进方向为准，驾驶员右手为上）。所谓主客标准，不以在哪国举行活动为依据，而以举办活动的主方为依据。如外国代表团来访，东道国举办欢迎宴会，东道国是主人；外国代表团答谢宴会，来访国则是主人。由于国旗是一个国家的标志与象征，代表一个国家的尊严，所以挂国旗时，一定不能将国旗挂倒。

这里值得一提的是"下半旗"。"下半旗"也称"降半旗"，是一种国家行为，一般是在某些重要人士逝世或重大不幸事件、严重自然灾害发生时来表达全国人民的哀思和悼念的重要礼节，是当今世界上通行的一种志哀方式，全国各公开场合的国旗，驻国外的使、领馆的国旗均应下半旗志哀。它并不是将国旗下降至旗杆的一半处，也不是直接把国旗升至旗杆的一半处，而是先将国旗升至杆顶，然后下降到离杆顶约占全杆 1/3 处。降旗时，也应先将旗升至杆顶，然后再下降。这种做法最早见于 1612 年。一天，英国船"哈兹·伊斯"号在探索北美北部通向太平洋的水道时，船长不幸逝世。船员们为了表示对已故船长的敬意，将桅杆旗帜下降到离旗杆的顶端有一段距离的地方。当船只驶进泰晤士河时，人们见它的桅杆上下着半旗，不知何意。一打听，原来是以此悼念死去的船长。到 17 世纪下半叶，这种致哀方式流传到大陆，遂为各国所采用。从中不难看出，下半旗这一致哀方式自古有之，至今已有 400 多年的历史。

5. 出国旅行礼仪

1）乘国际航班应注意的问题

乘坐国际航班，乘客应在飞机预定时间前 1～1.5 个小时到达飞机场，因为在这段时间里，需要核查机票及订座，办理海关申报、行李过磅和装运等相关手续。

（1）办理海关申报及登机手续。抵达机场，首先是向海关申请办理有关物品的出关手续，如携带外币、金银制品、照相机、录音机、摄像机、文物、动植物等应如实填报，并办理相关手续，之后再办理乘机手续。

（2）登机时的礼仪。上、下飞机时，旅客应向站在机舱门口迎送乘客的航空小姐点头致意。机舱内分头等舱和二等舱（或称为商务舱和普通舱），头等舱（商务舱）较为宽敞、饮食较丰富，服务周到。购头等舱机票的乘客，不论是否对号入座，都不要抢占座位。其他乘客不能坐到头等舱中去。

（3）乘机时的礼仪。国际航班上免费供应饮料、茶点、食品、早餐和正餐。用餐后，所有餐具和残留物要收拾好，由服务员收回，不要随意将餐具收起来带走；不能带走供乘客阅读的报纸、杂志；乘客在飞机上不要大声说话和喧哗，以免影响他人；要注意飞机上的坐卧姿势，既不要影响他人坐卧，也不要有失雅观。

（4）下机后的礼仪。旅客到达目的地后，办理完入境手续即可凭行李卡认领托运的行李，不要将自已的行李放在过道或路口影响他人行走。旅客可以用机场为乘客准备的手推车靠右（或靠左）行走，将行李推出机场。如请行李搬运员协助搬运行李，必须要付小费。万一发现行李丢失，也不要慌张，可通过机场行李管理人员或有关航空公司寻找。如一时找不到，可填写申请报告单交航空公司。如行李确实遗失，航空公司会照章赔偿，千万不要在机场吵闹。

2）国外住店礼仪

（1）饮用房间内饮料的礼节。国外旅店一般都不供应热水，往往会提供一瓶免费的矿泉水。有的旅店，酒或饮料一旦拿出冰箱即自动记账；也有的旅店，房间设有自动出售各种饮料或小食品的装置，只要按动开关，食品、饮料便自动出来，同时自动记账，结算时统一付款；旅客如要喝热饮料，可向服务员索取，但要付现金及小费。找服务员可在室内按电铃或打电话呼叫，服务员一旦上门服务，一定要致谢，并付小费。

（2）正确使用房间内的设备。房间和卫生间里的某些设备，如自己不会使用，应先请教他人，特别是外国旅店房间内的电气设备和洗澡用的开关，形式多种多样，应注意其不同的使用方法。使用旅店卫生间内的用品只要打开封条即可。旅店房间内提供的用品仅供在旅店内使用，除交费物品外，其他都不能带出旅店。

3）拜访单位或会见亲友时的礼仪

（1）遵守时间。参加各种活动要按约定的时间到达。过早抵达会使主人因准备未毕而感到难堪，迟迟不到又会让主人和其他客人因等待过久而不安。因故迟到要向主人和其他客人表示歉意；因故不能赴约，要尽早礼貌地通知主人，并以适当的方式表示歉意。

（2）尊重老人和妇女。在社交场合，如上下楼梯、坐车或进出电梯时，应让老人和妇女先行，主动对他们予以照顾。进出大门时，要主动帮助老人和妇女开门、关门。国外有按主人指定的座位入座的习惯，因此，当进入主人家里时，如没有刻意指定，可以选一个自己认为合适的座位，但在女客人还站着的时候，男客人不要先坐下。在后来的客人到达时，男客人应该起立致意，并等候主人介绍，而女客人可不必起立。如果后来的客人是年龄较大的妇女，或是特殊重要人物，女客人也应起立致意。

（3）在外国朋友家做客时的礼仪。在外国朋友家里做客时，若由于自己不慎而发生了异常情况，例如，因用力过猛使刀叉撞击盘子而发出响声，不小心打翻了酒水等，不要大呼小叫，应保持沉着冷静，轻轻向主人说一声“对不起”。如将酒水打翻溅到邻座身上，可表示歉意后协助擦干；如对方是妇女，只要把干净的餐巾或手帕递上，由她自己擦干即可。用餐完毕，至少应该待半小时后再告辞。告辞时，千万别忘了向女主人表示歉意，可以说“谢谢您的招待”“很高兴在您家里度过周末，我非常愉快”等感谢的话。回到自己家中，应立即给主人写信或打电话，以表感谢等。

4）付小费的礼仪

客人付小费，表达的含义颇为丰富。它既能代表客人对服务人员付出劳动的尊重，也可以表达客人对服务工作的一种肯定和感谢之情。从另一层面来说，也体现了客人的文化修养。相传“付小费”之风源于18世纪的伦敦。当时，在有些饭店的餐桌上，摆着写有“保证服务迅速”的小碗。顾客一旦将零钱投入其中，便会得到服务员迅速而周到的服务。久而久之，就形成“小费”之风。这种做法渐渐扩展到其他服务行业，并逐渐演变成一种固定的用来感谢服务人员的报酬形式，成为今天世界上许多国家约定俗成的一种常规礼仪形式。

（1）小费要付给谁。按照惯例，入住饭店，要给为你打扫房间的服务生小费，也要给为你送早点的服务员小费。饭店的行李员如果帮你将行李提到了房间，那么，你理所应当付小费给他。出租车的司机把你送到目的地，你要在计价器显示数字的基础上增加一点车费当作小费。在国外参加团队旅游,你要付给导游员和在旅途中掌握方向的驾驶员小费,这一直是惯例。

(2) 怎样付小费。付小费有一些技巧和惯例。付小费通常用美金支付,不应张扬,在私下进行即可。所付小费有时放在菜盘、餐盘下;有时放在杯底下;有时放在房间床头,切忌放在枕头底下,如果那样会被服务生误认为是客人自己的东西;有时放在写字台上,若能同时留一张 Thank you 的字条,会备受服务生的欢迎和尊重;有时以不收找零钱作为小费付给服务员;付小费给行李员,最好是在与他握手表示感谢的同时将小费悄悄给他;给导游、司机的小费,则要由团员一起交齐后放到信封里,由一位代表当众给他们。付小费时最忌讳给硬币,曾有过客人将一把硬币当面给行李员作为小费,使行李员十分恼怒从而拒收的例子。因此随身携带一些小额现钞是非常必要的。

(3) 小费付多少合适。向服务人员付小费的具体金额颇有讲究,既不能不给、少给,也不必多给。国际上通用的计算小费的方法之一就是:小费通常由消费者按照本人的消费总额的一定比例来支付。在餐馆就餐、酒吧娱乐时,消费者需要付给服务员的小费为消费总额的10%;在搭乘出租车时,一般应当按照车费的15%付给司机作为小费。

在国外住宿酒店时,通常会将你需要支付的小费明码实价地列在正式的账单中,收取总消费额的10%～15%作为小费,不用额外支付。此外,还有一些约定俗成的规矩,付给门童的小费约为1美元;付给客房服务员的小费为1～2美元;给行李员小费一般要按照自己的行李具体件数来计算,通常一件行李应付0.5～1美元;而付给保洁员的小费,一般为0.5美元。

到不同的国家去旅行,除了天气、景观、风俗等事情外,小费也是必须事先弄明白的一件事情。因为每个国家的具体情况略有不同,所以各项服务要付多少小费,还是在到达这个国家时向当地的导游咨询较为妥当。

8.2 能力开发

8.2.1 案例讨论

案例1

接 待

泰国某机构为泰国一项庞大的建筑工程向美国公司招标。经过筛选,最后剩下4家候选公司。泰国人员派遣代表团到美国亲自和各家公司商谈。代表团到达芝加哥时,那家工程公司由于忙乱而出了差错,又没仔细复核飞机到达时间,未去机场迎接泰国客人。但是泰国代表尽管初来乍到不熟悉芝加哥,还是自己找到了芝加哥商业中心的一家旅馆。他们打电话给那位急促不安的美国经理,在听了他们的道歉后,泰国人同意在第二天11点在经理办公室会面。第二天美国经理按时到达办公室等候,直到下午3点才接到客人的电话说:"我们一直在旅馆等候,始终没有人前来接我们。我们对这样的接待实在不习惯。我们已订了下午的飞机赴下一个目的地。再见吧!"

(资料来源:佚名.商务礼仪与职业形象[EB/OL].[2017-08-20]. https://max.book118.com/html/2015/0513/16887605.shtm.)

思考题:

(1) 请结合本章所学内容对此案例进行分析。

(2) 本案例对你有何启示?

案例2

表 扬

一位英国老妇到中国旅游观光,对接待她的导游小姐评价颇好,认为她服务态度好,语言水平也很高,便夸奖该导游小姐说:"你的英语讲得好极了!"导游小姐按照中国人的习惯,谦虚地回应说:"我的英语说得不好。"英国老妇一听生气了,心想:"英语是我的母语,难道我都不知道英语该怎么讲?"她越想越气,第二天坚决要求旅行社给她换导游。这件事在旅游行业乃至所有的窗口行业引起极大反应。

(资料来源:佚名.商务礼仪案例集[EB/OL].[2019-02-23]. https://ishare.iask.sina.com.cn/f/bxtrVHG3sPf.html.)

思考题:

(1) 造成案例中的现象的原因是什么?

(2) 面对外宾的表扬,应怎样得体地回答?

案例3

周总理送客

1957年国庆节后,周总理去机场送一位外国元首离京。当那位外国元首的专机腾空起飞后,外国使节、武官的队列依然整齐,并对元首座机行注目礼。而我国政府的几位部长和一位军队的将军却疾步离开了队列。他们有的想往车里钻,有的想去吸烟。周总理目睹了这一情况后,当即派人把他们叫回来,一起昂首向在机场上空盘旋的飞机行告别礼。随后,待送走外国的使节和武官,总理特地把中国的送行官员全体留下来,严肃地给大家上了一课:"外国元首的座机起飞后绕机场上空盘旋,是表示对东道国的感谢,东道国的主人必须等飞机从视线里消失后才能离开,否则就是礼貌不周。我们是政府的工作人员和军队的干部,我们的举动代表着人民和军队的仪表,虽然这只是几分钟的事,如果我们不加以注意,就很可能因小失大,让国家的形象受损。"

(资料来源:佚名.社交礼仪[EB/OL].[2018-08-22]. https://www.liuxue86.com/k_%E9%80%81%E5%AE%A2%E7%A4%BC%E4%BB%AA/.)

思考题:

(1) 此案例对你有哪些启示?

(2) 与外宾道别应注意什么?

案例 4

尊　严

20 世纪 90 年代中期，国内的一名中学生应邀前往一个拉美国家参加民间外交活动。有一天，当他前去出席在那个国家举行的一次国际性会议时，发现在会场周围悬挂的各与会国国旗之中竟然缺少中华人民共和国国旗，便当即向会议的组织者指出了这一问题，并且严正地表示："不悬挂我国国旗，就是缺乏对我国的尊重，假如不马上改正，我将拒绝出席这次会议，并且立即回国。"

经过据理力争，中国国旗终于飘扬在会场的上空。在会议的组织者再三地表示了歉意之后，那位中学生才终于步入会场，出席会议。在他入场时，有不少与会者主动起立，向他热烈地鼓掌表示欢迎。当地的报纸事后为此发表评论说："连一名中学生都具有那么强烈的民族自尊心，中国人的确是值得尊重的。"那位中学生之所以受到人们的尊重，主要是因为他能够在涉外交往中表现得不卑不亢。

（资料来源：佚名. 涉外礼仪[EB/OL]. [2020-03-09]. http://www.guayunfan.com/baike/86870.html.）

思考题：

(1) 对本案例的中学生你有何评价？

(2) 悬挂国旗有哪些礼仪要求？

案例 5

礼宾次序

某沿海城市的一家公司这段时间一直与美国的一家公司进行接触，经过双方多次沟通，确定了初步合作意向。接下来的两天，美国公司的总经理将带队来中方公司考察。中方公司外贸部的工作人员开始有条不紊地做着准备工作，与美方沟通来访行程，整理公司的宣传手册及光盘，修改介绍本公司产品的英文稿，确定现场参观的路线，布置会议室等。在美方人员来访的前一天，外贸部李主任来检查准备工作，当他检查完所有的资料后，来到会议室，他站在门口环顾了一下谈判现场：电子屏上显示表示欢迎的字样，长方形谈判桌摆在了大厅中间，桌上铺了墨绿色的台布，长桌左侧一溜儿摆放着美方人员的桌签，右面则是中方人员的桌签，桌面上放置着每人一份的谈判资料，墙上贴着公司的介绍，公司产品的样品也陈列在会议室一角，会议室温度适宜。李主任满意地点点头，可是当他的目光再次落在桌面上时，发现桌签的摆放有问题。他叫来负责布置会议室的罗浩，告诉他桌签摆错了，罗浩看了看说："没错呀，我是按照您给我的次序排列的。"李主任说："若接待国内来宾，你的摆放是没错的，但是按照国际惯例，以右为尊，你的摆放正好相反了。"罗浩恍然大悟："原来是这样呀，我马上改过来。"说完，他马上动手重新摆放了双方的桌签。李主任看了看，又问罗浩："以后你应该知道如何安排座次了吧？"罗浩回答说："我知道了，不会再出错了。"李主任笑着点了点头。

第二天，美方人员如约来到公司，参观后来到会议室进行磋商。双方在友好的气氛中经过商讨,最终达成了合作意愿,美方对这次中方公司的接待和整个考察谈判过程的安排非常满意,双方开启了长期合作。

(资料来源:程洪莉.职场礼仪故事51则[M].北京:机械工业出版社,2018.)

思考题:

(1) 以上接待美国公司来宾的准备过程给了我们哪些启示?

(2) 涉外交往中的"以右为尊"还应体现在哪些方面?

案例6

话 题

中国某外贸公司总经理应英国合作方的要求到英国进行访谈,双方要讨论下一步的合作方案。英方对中方提出的合作方案十分感兴趣,合作事宜基本确定,就等着签合同。等待期间,英国代表出于礼貌邀请该外贸公司总经理到他家里参加宴会,该总经理欣然应邀。

到达英方代表家里之后,他为了拉近双方的距离,一开始就问英国代表:"您的脸色看起来不太好,是不是昨天晚上没有休息好?"还详细追问是不是生病了,还是其他的原因,后来感觉到英方代表的脸色不是很好看才住口。为了表示自己的品位高他又问英方代表:"您的房子装修得很漂亮,应该花了不少钱吧?"拜访结束后不久,英方代表就派人通知总经理取消了合同。理由是英国代表觉得这位总经理不尊重他,进而对总经理的合作诚意产生了怀疑。

(资料来源:赵敏,王辉.商务礼仪[M].北京:人民邮电出版社,2017.)

思考题:

(1) 中方总经理做错了么?

(2) 本案例对你有何启示?

案例7

女士优先

北京某行业协会计划今年完成外资项目对接工作,为保证外商与项目方的洽谈效果,提高外资的使用效率,促进行业经济快速发展,协会准备下个月在某酒店举办外商洽谈会。同时邀请了美、英、日等国家的相关企业代表到会洽谈。

为了办好此次洽谈会,协会成立了筹备组,小李因为年轻干练被抽调到筹备组负责接待工作。为此小李下了不少工夫,提前学习了很多礼仪知识,特别是涉外礼仪知识。

会议当天,一辆黑色的高级轿车停在酒店门口,小李看到后排坐着两位男士,前排副驾驶位上坐着一位外国女士,小李正准备上前为后排客人开车门,因为通常后排座位为上座,应该优先为重要客人开车门。但小李突然想起涉外礼仪中女士优先的原则,立即上前一步,以优雅礼貌的动作,为副驾驶座上的女士打开车门……一天的接待工作圆满结束了,小李不由得松了一口气。礼仪知识是门大学问,还真需要在工作生活中不断学习和实践!

(资料来源:程洪莉.职场礼仪故事51则[M].北京:机械工业出版社,2018.)

思考题：

(1) 小李在这次涉外接待中有哪些可圈可点之处？

(2) 涉外交往中“女士优先”还应体现在哪些方面？

8.2.2 实训项目

项目1 模拟涉外迎送

实训目标：掌握涉外迎送的礼仪规范。

实训学时：2学时。

实训地点：实训室。

实训方法：8～10人一组，分别扮演相关角色，模拟迎送外国贸易代表团(具体是哪国由学生自拟)，模拟见面、接站、送行、乘车的具体礼仪。

训练手记：通过训练，我的收获是____________________________________。

项目2 到外国朋友家做客

实训目标：掌握涉外拜访的礼仪。

实训学时：2学时。

实训地点：实训室。

实训准备：道具、小礼物。

实训方法：学生分组扮演角色，可以表演到日本、法国、美国等不同国家的朋友家做客的情况，中方代表1～2人，外国友人为一对夫妇(他们对中国的了解程度各小组自定)。教师可以和推选出的4名学生担当裁判，根据各组表演情况，从语言表达、个人仪容仪表和举止、台词设计、表演技巧和风格、小组配合等方面综合评价，决出最佳礼仪先生、礼仪小姐和最佳礼仪团队。

训练手记：通过训练，我的收获是____________________________________。

课后练习

1. 对“女士优先”的交际原则你是怎样理解的？
2. 中西方文化差异对礼仪有哪些影响？
3. 与同学模拟跟外宾聊天的情境，评议其中有没有不礼貌之处。
4. 接待外宾为什么要热情有度？
5. 留意观察电视上接待外宾的系列情境，并对照教材有关内容加深理解。
6. 模拟涉外交往中交换礼物的情境。
7. 在涉外旅游活动中，展示中国人的文明礼仪素养有何重要意义？
8. 请在网上搜集《中国公民出境旅游文明行为指南》，并谈谈你对中央文明办、国家旅游局要颁布这一文件的看法。

项目3

交际活动礼仪

课程思政要求

- 进行社会主义核心价值观教育；
- 进行爱国主义教育；
- 开展诚信教育、法律意识教育和道德意识教育；
- 塑造职业理想，提高职业素养；
- 促进学生全面发展。

任务9

会　务

商务礼仪是企业及管理者在商务场合中的脸面，如果不注重礼仪，就会失去脸面。

——［日］松下幸之助

有什么样的目的，就有什么样的礼仪。

——［古罗马］西赛罗

任务目标

- 组织发布会、展览会等专题会议，在会议进程中注重讲究礼仪规范。
- 组织联欢会、远程视频会等礼仪活动并有得体的表现。
- 签字仪式、开业仪式、剪彩仪式符合礼仪规范。
- 较好地进行各类仪式的准备工作，在仪式进行中注重礼仪规范。
- 成功地组织各类仪式活动。

情境导入

海达公司的新产品发布会即将开始，总经理秘书小叶正站在会议大厅的入口处，她一边做着最后的检查一边等着嘉宾的到来。她在检查主席台上放置的名签时，发现有问题，一位嘉宾因故不能前来，名签却没有被撤掉；而另一位嘉宾刚才来电话说要来参加新产品发布会，名签却没有准备。这时她的手机又响了，原来是接电视台记者的汽车在路上抛锚了，重新派车已经来不及了。同时，会议秘书组的人员来报，宣传材料不够。此时嘉宾已经陆续到来。

（资料来源：佚名．秘书办公会案例［EB/OL］．［2019-03-25］．https://ishare.iask.sina.com.cn/f/33A0JVcYQ3o.html.）

任务分析

会议是指3人以上参加、聚集在一起进行讨论和解决问题的一种社会活动形式。人们通过会议交流信息、集思广益、研究问题、决定对策、协调关系、传达知识、布置工作、表彰先进、鼓舞士气等。随着社会的发展,人们已经难以想象"没有任何会议"的情形,而会务礼仪正是适应会议工作内容的需要而产生的。

本任务"情境导入"中的案例说明开好一次会议绝非易事,如何有条不紊地做好各项会务工作是每个服务行业从业人员必须面对而又必须做好的事情。

9.1 知识储备

9.1.1 专题会议礼仪

1. 发布会礼仪

发布会一般是指新闻发布会,又称记者招待会。政府、企业、社会团体或个人都可公开举行,邀请各新闻媒介的记者参加。举行发布会主要是为了把组织较为重要的成就以及信息报告给所有新闻机构,所以,在发布会上发布的消息对于产品和产品形象、组织和组织形象、先进人物和重要人物的宣传具有重要的价值。

1) 发布会的准备

筹备发布会,要做的准备工作很多,其中最重要的是要做好时机的选择、人员的安排、记者的邀请、会场的布置和材料的准备等。

(1) 时机的选择。在确定发布会的时机之前,应明确两点:一是确定新闻的价值,即对某一消息,要论证其是否具有专门召集记者前来予以报道的新闻价值,要选择恰当的新闻"由头"。二是应确认新闻发表紧迫性的最佳时机。以企业为例,新产品的开发、经营方针的改变或新举措、企业首脑或高级管理人员的更换、企业的合并、逢重大纪念日、发生重大伤亡事故等事件时,都可以举行发布会。如果基于以上两点,确认要召开新闻发布会,要选择恰当的召开时机:要避开节日与假日,避开本地的重大活动,避开其他单位的发布会,还要避开与新闻界的宣传报道重点相左或撞车。恰当的时机选择是发布会取得成功的重要保障。

(2) 人员的安排。发布会的人员安排关键是要选好主持人和发言人。发布会的主持人应由主办单位的公关部长、办公室主任或秘书长担任。其基本条件是仪表堂堂、年富力强、见多识广、反应灵活、语言流畅、幽默风趣,善于把握大局、引导提问和控制会场,具有丰富的主持会议的经验。

新闻发言人由本单位主要负责人担任,除了在社会上口碑较好、与新闻界关系较为融洽之外,对其基本要求是修养良好、学识渊博、思维敏捷、能言善辩、彬彬有礼。

发布会还要精选一批负责会议现场工作的礼仪接待人员,一般由相貌端正、工作认真负责、善于交际应酬的年轻女性担任。

值得注意的是,所有出席发布会的人员均需在发布会上佩戴事先统一制作的胸卡,胸卡上面要写清姓名、单位、部门与职务。

(3) 记者的邀请。对出席发布会的记者要事先确定其范围,具体应视问题设计范围或事件发生的地点而定,一般情况下,与会者应是与特定事件相关的新闻界人士和相关公众代表。组织为了提高单位的知名度,扩大组织的影响而宣布某一消息时,邀请的新闻单位通常多多益善;而在说明某一活动、解释某一事件,特别是本单位处于劣势而这样做时,邀请新闻单位的面则不宜过于宽泛。邀请时要尽可能地先邀请影响大、报道公正、口碑良好的新闻单位;如事件和消息只涉及某一城市,一般就只请当地的新闻记者参加即可。

另外,确定邀请的记者后,请柬最好要提前一星期发出,会前还应打电话提醒。

(4) 会场的布置。发布会的地点除了可考虑在本单位或事件所在地举行外,还可考虑租用大宾馆、大饭店举行,如果希望造成全国性影响的,则可在首都或某一大城市举行。发布会现场应交通便利、条件舒适、大小合适。会议地点确定后,应进行实地考察,在会议召开前应认真进行会场布置,会议的桌子最好不用长方形的,要用圆形的,大家围成一个圆圈,显得气氛和谐、主宾平等,当然这只适用于小型会议。大型会议应设立主席台席位、记者席位、来宾朋友席位等。

(5) 材料的准备。在举行发布会之前,主办单位要事先准备好以下材料:一是发言提纲。它是发言人在发布会上进行正式发言时的发言提要,它要紧扣主题,体现全面、准确、生动、真实的原则。二是问答提纲。为了使发言人在现场正式回答提问时表现自如,可在对被提问的主要问题进行预测的基础上,形成问答提纲及相应答案,以供发言人参考。三是报道提纲。事先必须精心准备一份以有关数据、图片、资料为主的报道提纲,并认真打印出来,在发布会上提供给新闻记者。在报道提纲上应列出本单位的名称、联系方式等,便于日后联系。四是形象化视听材料。这些材料供与会者利用,可增强发布会的效果,材料包括图表、照片、实物、模型、录音、录像、影片、幻灯片、光盘等。

2) 发布会进行过程中的礼仪

(1) 搞好会议签到。要搞好发布会的签到工作,让记者和来宾在事先准备好的签到簿上签下自己的姓名、单位、联系方式等内容。记者及来宾签到后,接待人员按事先的安排把与会者引到会场就座。

(2) 严格遵守程序。要严格遵守会议程序,主持人要充分发挥主持者和组织者的作用,宣布会议的主要内容、提问范围及会议进行的时间,一般不要超过2小时。主持人、发言人讲话时间不宜过长,过长了则影响记者提问,对记者所提的问题应逐一予以回答,不可与记者发生冲突。会议主持人要始终把握会议主题,维护好会场秩序,主持人和发言人会前不要单独会见记者或提供任何信息。

(3) 注意相互配合。在发布会上,主持人和发言人要相互配合。为此,首先要明确分工,各司其职,不允许越俎代庖。在发布会进行期间,主持人和发言人通常要保持一致的口径,不允许公开顶撞、相互拆台。当新闻记者提出的某些问题过于尖锐难于回答时,主持人要想方设法转移话题,以免发言者难堪。而当主持人邀请某位记者提问之后,发言人一般要给予对方适当的回答,不然,对那位新闻记者和主持人都是不礼貌的。

(4) 态度真诚主动。发布会自始至终都要注意对待记者的态度,因为接待记者的质量如何直接关系到新闻媒介发布消息的成败。作为普通人,记者希望接待人员对其尊重热情,并了解其所在的新闻媒介及其作品等;作为专业人,希望提供工作之便,如一条有发表价值的消息,一个有利于拍到照片的角度等,记者的合理要求要尽量满足。对待记者千万不能趾高气扬、态度傲慢,一定要温文尔雅、彬彬有礼。

3) 发布会的善后事宜

发布会举行完毕后,主办单位需在一定的时间内对其进行一次认真的评估善后工作,主要内容如下。

(1) 整理会议资料。整理会议资料有助于全面评估发布会会议效果,为今后举行类似会议提供借鉴。发布会后要尽快整理出会议记录材料,对发布会的组织、布置、主持和回答问题等方面的工作进行回顾和总结,从中吸取经验,找出不足。

(2) 收集各方反映。首先要收集与会者对会议的总体反映,检查在接待、安排、服务等方面的工作是否有欠妥之处,以便今后改进。其次要收集新闻界的反映,了解一下与会的新闻界人士中有多少人为此次新闻发布会发表了稿件,并对其进行归类分析,找出舆论倾向,同时,对各种报道进行检查,若出现不利于本组织的报道,应做出良好的应对策略。若发现不正确或歪曲事实的报道,应立即采取行动,说明真相;如果是由于自己失误所造成的问题,应通过新闻机构表示谦虚接受并表达歉意,以挽回声誉。

2. 展览会礼仪

组织通过举办展览会,运用真实可见的产品和热情周到的服务,全面透彻的资料、图片介绍和技术人员的现场操作来吸引大量的参观者,使其留下深刻的印象。它是组织重要的公共关系活动之一。

1) 展览会的特点

(1) 形象的传播方式。展览会是一种非常直观、形象、生动的传播方式。展览会通常以展出实物为主,并进行现场示范表演,如在产品展览会上,有专人讲解和示范产品的使用方法。这种直观、形象的活动,容易给参观者留下深刻的印象。

(2) 极好的沟通机会。展览活动给组织提供了与公众直接沟通的极好机会,通常展览会上都有专人解答参观者的问题,并就他们感兴趣的问题进行深入讨论。这样参展单位在让公众了解本组织的同时,还能及时了解公众对本组织传播内容的反映,参展单位可以根据公众反馈的信息进一步做好工作。

(3) 多种传媒的运用。展览会是一种复合的传播方式,是同时使用多种媒介进行交叉混合传播的过程,其集多种传播媒介于一体,有声音媒介,如讲解、交谈和现场广播;又有文字媒介,如印刷的宣传手册、资料;同时还有图像媒介,如各种照片、录像、幻灯片等。这种复合性的沟通效果是其他传播媒介无法比拟的。

2) 展览会的组织

举办展览会要精心组织,做好以下细致全面的工作。

(1) 明确展览会的主题。每一次、每种类型的展览会都应有明确的主题和目的。只有主题明确,才能提纲挈领,对所有展品进行有机的排列组合,充分展示展品的风采。否则主题不明,眉毛胡子一把抓,很难把展品、各类资料有机地结合起来,杂乱无章,势必影响展览效果。

(2) 搞好展览整体设计。任何一项展览都是一项系统工程,要求必须有一个详细的整体设计。展览场地(如图 9-1 所示为日本爱知世界博览会中国馆,张岩松摄)、标语口号、展览徽标、参展单位及项目、辅助设备、相关服务部门的设置和人员安排、信息的发布与新闻界的联络、对工作人员的培训等都需要全面设计,周密安排。在某一个环节上安排不当都会影响整个展览的效果。

图 9-1 日本爱知世界博览会中国馆

(3) 成立对外新闻发布机构。成立对外新闻发布的专门机构,负责与新闻界进行密切的联系,展览过程中往往会发生许多有新闻价值的东西,这就需要有关人员以敏锐的观察力去挖掘、去分析并写成各种新闻稿件发表,以扩大影响,同时,要组成专门的机构,专门负责新闻发布的计划,如确定发布内容、发布时机、发布形式等,这样效果会更好一些。

(4) 进行展览的效果测定。展览的效果一般体现在观众对展品的反映,对组织形象的认识及对整个展览会从内容到形式的总体看法等方面。为了检验展览会大小,检验举办各类展览活动的目的是否达到要求,必须对展览效果进行检测。测定的方法很多,如设立观众留言簿,召开座谈会听取反映,检验公众对展品的满意程度等。

3) 展览会的礼仪

展览会的工作人员应当具备良好的素质,明确办展览的目的和主题,了解展览的知识和技能,具备与展览产品有关的专业素质,还要懂得礼仪,从各自不同的角度影响公众,使公众满意。

(1) 主持人礼仪。主持人是展览会的操纵者,应该表现出决定性人物的权威性。在着装上,要穿西服套装、系领带,拿一个真皮公文包,显示出气派的样子,由此使公众对其主持的展览会和产品产生信赖感。主持人的形象就是组织实力的一种体现。与宾客握手时,主持人应先伸出手去,等宾客先放手后再放手。

(2) 讲解员礼仪。讲解员应热情礼貌地称呼公众,讲解流畅,不用冷僻字,让公众听懂。介绍的内容要实事求是,不弄虚作假,不愚弄听众。语调清晰流畅,声音响亮悦耳,语速适中。解说完毕,应对听众表示谢意。讲解员着装要整洁大方,打扮自然得体,不要过于新奇和怪异而喧宾夺主。举止庄重,动作大方。

(3) 接待员礼仪。接待员站着迎接参观者时,双脚略开,与肩同宽,双手自然下垂或在身后交叉,这种站姿不仅大方而且有力。站立时切勿双脚不停地移动来表现出内心的不安稳和不耐烦,也不要一脚交叉于另一只脚前,因为这是不友善的表示。接待人员则不可随心所欲地趴在展台上或跷着"二郎腿",嚼着口香糖,充当守摊者。随时要与参观者保持目光距离,目光要坚定,不可游移不定,也不可眼看别处,表示你的坦然和自信。

3. 联欢会礼仪

联欢会是一个比较宽泛的概念,它包括各种组织举办的节日联欢会(如新年联欢会、春节联欢会)、各种文艺晚会(如歌舞晚会、电影晚会、戏曲晚会、相声小品晚会)、游艺晚会等。联欢会对于提高组织凝聚力、向心力,活跃员工的文化生活,加强与外部公众的文化沟通,提高组织形象都起着积极的作用。联欢会重在娱乐,但也不可忽视其礼仪,否则会事倍功半。

1) 联欢会的准备

(1) 确定主题。为了使联欢会起到"教人"和"娱人"的双重作用,要精心确定联欢会的主题,使其有明确的指导思想和预期的目标。在此基础上选择联欢会的形式,适宜的形式对联欢会的成功意义重大。联欢会的形式可以不拘一格,可以不断进行创新。

(2) 确定时间、场地。联欢会的时间一般应选在晚上,有时也可根据情况选择在白天。其会议长度一般在 2 小时左右为宜。联欢会的场地选择非常重要,最好选择宽敞、明亮,有舞台、灯光、音响的场地。场地应加以布置,给人以温馨、和谐、喜庆、热烈之感。联欢会的座次要事先安排好,一般应将领导安置在醒目位置,其他公众最好穿插安排,以便于交流沟通。

(3) 选定节目。要从主题出发来选定节目,尤其是开场和结尾的节目一定要精彩、有吸引力。节目应多种多样,健康而生动,各种形式穿插安排,不可头重尾轻,更不可千篇一律。正式的联欢会上,要把选定的节目整理编印成节目单,开会时发给观众,为观众提供方便。

(4) 确定主持人。主持人是联欢会的关键人物,应选择仪表端庄,表达能力强,有一定的组织能力、应变能力,熟悉各项事物的人担当主持人。一场联欢会上的主持人最好不少于两人(通常为一男一女)。主持人也不可过多,以免给人以凌乱无序之感。

(5) 彩排。正式的联欢会一定要事先进行彩排。这样有助于控制时间、堵塞漏洞,增强演职人员的信心。非正式的联欢会也要对具体事宜逐项落实,做到万无一失。

2) 观众的礼仪规范

参加联欢会的观众,观看演出时应严守礼仪规范,这主要包括以下方面。

(1) 提前入场。在一般情况下,在演出正式开始之前一刻钟左右,观众应进入演出现场,注意不要迟到。入场后要对号入座,在自己的座位上就座时,要悄无声息,坐姿优雅。切勿将座椅弄得直响或坐姿不端。

(2) 专心观看。参加联合会观看节目时要专心致志,全神贯注。不能交头接耳,窃窃私语;不能进行通信联络,要自觉关闭手机等移动通信设备或处于"静音"状态;不要吃东西,不要吸烟,更不能随意走动或大声讲话、起哄等。总之要自觉维护全场的秩序,保持安静,使联欢会顺利进行。

(3) 适时鼓掌。当主要领导、嘉宾入场或退场时,全场应有礼貌地鼓掌。演出至精彩处时也应即兴鼓掌,但时间不宜太长,演出结束时也要鼓掌以示感谢。对表演不佳的演员,要予以谅解,不要鼓倒掌,更不能吹口哨、扔东西等,因为这些做法是非常没有修养的表现。演出结束时,全体演员登台谢幕时,观众应起立鼓掌,再次感谢演员的表演,不能熟视无睹,扬长而去。

4. 远程视频会议礼仪

远程视频会议,也称视频云会议。"见屏如面"的远程视频云会议将变为高频次、常态化的会议方式,所以需常识性礼仪提示来确保视频会议高效有序地开展。除了一些常识性的会议礼仪,如守时,避免吃喝,注意肢体语言,尊重发言人之外,还有以下几个基本的相关礼仪提示。①

(1) 穿着打扮。视频云会议也是正式的商务会议,根据不同的会议场合进行着装选择,着装需得体大方。

(2) 避免背景噪声/保持充足光线。视频云会议首先需要一个安静的、保持充足光线的环境,另外,不发言时,参会者主动"闭麦"也是一个良好的习惯。如果你用手机参加会议,请避免因手持手机而引起的视频晃动。

(3) 确保在开始时介绍每一个人。当你的工作需要进行有若干人同时参与的视频会议时,为确保部门与部门之间的人员都能够认识并有基础的了解,会议的主持人应该在会议开始的时候,进行简短有效的与会人员介绍。

(4) 确保有一个干净适合的工作背景。有一个干净的环境,有适合工作的装饰,可有机会减少参会者分心。

(5) 说话时看着摄像头而不是自己。一定要把网络摄像头和显示器放在眼睛的同等高度,这样你就可以看着摄像头,模拟与其他与会者的目光交流。

(6) 排除干扰,专注于会议议程。在进行视频会议之前,我们应该像进行实际的会议一样,将一些电子产品进行消音处理,减少这些干扰有助于在会议过程中集中注意力。

(7) 注意你的音频和视频设置。检查你的麦克风、摄像头,以确保所有与会者在你发言时都能听到并看到你。如果你注意到会议中有人在讲话,但他们的麦克风是静音的,你应该及时通过留言或其他方式通知对方,以确保视频会议正常有序地进行。

(8) 视频云会议期间,自始至终应端坐办公桌前,不可随意走动或者去一边干别的事情。

礼仪是我们在生活中不可缺少的一种能力,讲究视频云会议礼仪可以帮助大家高效有序地开好会议,从而推动各项事业的发展。

---

① 佚名. "见屏如面"的远程会议,也得讲究"云礼仪"[EB/OL]. [2020-03-23]. https://hzdaily.hangzhou.com.cn/cb/2020/03/23/article_detail_4_20200323A033.html.

9.1.2 仪式活动礼仪

仪式是指在人际交往中,特别是在一些比较重大、比较庄严、比较隆重、比较热烈的正式场合里,为了激发起出席者的某种情感,或者为了引起其重视,而郑重其事地参照合乎规范与管理的程序,按部就班地举行某种活动的具体形式。在现实生活中,我们可能接触到的仪式很多,诸如签字仪式、剪彩仪式、交接仪式、庆典仪式等。

从根本上讲,仪式是现代社会发展的产物。因为利益与仪式作为人们生活中的行为模式、行为规范,是属于社会的上层建筑,由社会经济基础决定的,并随着经济基础的变化而变化。随着社会实践的发展而不断地丰富发展,而社会生产力水平决定了一个社会的经济基础,所以礼仪及仪式的产生和发展最终是由社会生产力水平所制约和决定的,随着现代社会生产力水平的提高而提高。随着人们物质文化水平的提高,社会所固有的仪式也在不断地发展和臻于完善。

当今社会,对组织而言仪式有着重要的作用,它有利于提高组织的知名度和美誉度,塑造组织形象;有利于鼓舞员工的士气,激发员工对本组织的热爱,培育组织员工的价值观念,增强组织的凝聚力;有利于传递组织的信息,使组织赢得更多的成功机会和合作伙伴;有利于沟通情感、传达意愿、增进友情。讲究仪式礼仪是现代交际的一项重要内容,也是组织成功的关键。

1. 签字仪式

签字仪式是组织与对方经过会谈、协商,从而形成了某项协议或协定,再互换正式文本的仪式。它是一种比较隆重的活动,礼仪规范也比较严格。

1) 签字仪式的准备

签字仪式是组织具有"里程碑"意义的大事,组织应予以充分准备,确保做到万无一失。

(1) 准备待签文本。洽谈或谈判结束后,双方应指定专人按谈判达成的协议做好待签文本的定稿、翻译、校对、印刷、装订、盖印等工作。文本一旦签了字就具有法律效力,因此,对待文本的准备应当郑重严肃。

在准备文本的过程中,除了要核对谈判协议条件与文本的一致性以外,还要核对各种批件,主要是项目批件、许可证、设备分交文件、用汇证明、订货卡等是否完备,合同内容与批件内容是否相符等。审核文本必须对照原稿件,做到一字不漏,对审核中发现的问题,要及时互相通报,通过再谈判,达到谅解一致,并相应调整签约时间。在协议或合同上签字的有几个单位,就要为签字仪式提供几份样本。如有必要,还应为各方提供一份副本。与外商签订有关的协议、合同时,按照国际惯例,待签文本应同时使用宾主双方的母语。

待签文本通常应装订成册,并以仿皮或其他高档质料作为封面,以示郑重。其规格一般为大八开,所用的纸张务必高档,印刷务必精美。作为主办方应为文本的准备提供准确、周到、快速的服务。

(2) 布置签字场地。签字场地有常设专用的,也有临时以会议厅、会客室来代替的,布置它的总原则是要庄重、整洁、清净。

一间标准的签字厅,室内应当铺满地毯,除了必要的签字用桌椅外,其他一切的陈设物品都不需要,正规的签字应用长桌,其上面最好铺设深绿色的台布。

按照仪式礼仪的规范,签字桌应当横放。在其后方,可摆放适量的座椅。签署双边性合同时,可放置两张座椅,供签字人就座。签署多边性合同时,可以仅放一张座椅,以供各方签字人签字时轮流就座。也可为每位签字人都各自提供一张座椅。

在签字桌上,应事先安放好待签文本以及签字笔、吸墨器等签字时所用的文具。

与外商签署涉外商务合同时,须在签字桌上插放有关各方的国旗。插放国旗时,在其位置与顺序上,必须依照礼宾序列而行。例如,签署双边性文本时,有关各方的国旗须插放在该方签字人座椅的正前方。如签署多边性合同、协议等时,各方的国旗应依一定的礼宾顺序插在各方签字人的身后。

(3) 安排签字人员。在举行签字仪式之前,有关各方应预先确定好参加签字仪式的人员,并向其有关方面通报。客方尤其要将自己一方出席签字仪式的人数提前给主方,以便主方安排。签字人要视文件的性质来确定,可由最高负责人签字,但双方签字人的身份应该对等。参加签字的有关各方事先还要安排一名熟悉签字仪式详细程序的助签人,并商定好签字的有关细节。其他出席签字仪式的陪同人员,基本上是双方参加谈判的全体人员,按一般礼貌做法,人数最好大体相等。为了表示重视,双方也可对等邀请更高一层的领导人出席签字仪式。

由于签字仪式的礼仪性极强,签字人员的穿着也有具体要求。按照规定,签字人、助签人以及随员在出席签字仪式时,应当穿着具有礼服性质的深色西装套装或西装套裙,并且配以白色衬衫与深色皮鞋。

在签字仪式上露面的礼仪、接待人员,可以穿自己的工作制服或是旗袍一类的礼仪性服装。

签字人员应注意仪态、举止,要落落大方,得体自然,既不要严肃有余,也不要过分喜形于色。

2) 签字仪式的程序

虽然签字仪式的时间不长,但它是合同、协议签署的高潮,其程序规范、庄重而热烈。主要有以下几项。

(1) 签字仪式开始。有关各方人员进入签字厅,在既定的位次上坐好。签字者按照主居左、客居右的位置入座,对方其他陪同人员分主客两方各自职位、身份高低为序,自左向右(客方)或自右向左(主方)排列站于各签字人之后或坐在已方签字者的对面。双方助签人分别站在己方签字者的外侧,协助翻揭文本,指明签字处,并为已经签署的文件吸墨防洇。

(2) 签字人签署文本。签字人签署文本通常的做法是先签署己方保存的合同文本,再接着签署他方保存的合同文本,这一做法在礼仪上称为“轮换制”。它的含义是在位次排列上轮流使有关各方有机会居于首位一次,以显示机会均等,各方平等。

(3) 交换合同文本。双方签字人,正式交换已经有关各方正式签署的文本,交换后,各方签字人应热烈握手,互致祝贺,并相互交换各自方才使用过的签字笔,以示纪念。这时全场人员应该鼓掌，表示祝贺。

(4) 共同举杯庆贺。交换已签订的合同文本后，礼仪小姐会用托盘端上香槟酒，有关人员，尤其是签字人当场喝上一杯香槟酒，这是国际上通用的旨在增添喜庆色彩的做法。

(5) 有秩序退场。接着请双方最高领导者及客方先退场，然后东道主再退场。整个签字仪式以半个小时为宜。

2. 开业仪式

开业仪式是指在单位创建、开业，项目完工、落成，某一建筑物正式启用或是某工程正式开始之际，为了表示庆贺和纪念，而按照一定的程序所隆重举行的专门仪式。筹备和举行开业仪式始终应按“热烈、隆重、节约、缜密”的原则进行。

1) 开业庆典的准备

(1) 做好舆论宣传。举办开业仪式的主要目的是提高组织的知名度和美誉度，塑造良好的组织形象，吸引社会各界对组织的重视与关心，因此必须运用传播媒介，广泛刊登广告以引起公众的注意。这种广告的内容一般应包括：开业仪式举行的日期、地点，企业的经营特色，开业时对顾客的优惠等。同时别忘记邀请新闻界的记者光临开业仪式，对组织的开业仪式进行采访、报道，进一步扩大组织的影响。

(2) 拟订宾客名单。开业仪式成功与否，在很大程度上是与参加典礼的主要宾客的身份、人数有直接关系。因此，在开业典礼前应邀请上级领导、知名人士、有关职能部门、社区负责人、社团代表及新闻媒介等方面的人士参加。对邀请出席的来宾，应将请柬送达，以示对客人的敬重。请柬要精美、大方，一般用红、白、蓝色。填写好的请柬应放入信封内，提前一周左右的时间邮寄或派人送到有关单位和个人处。

(3) 布置现场环境。举行仪式的现场可以是正门之外的广场，也可是正门之内的大厅。在现场应悬挂开业仪式的会标、庆祝或欢迎词语等。由于开业仪式一般是站立举行的，所以要在来宾站立处铺设红色地毯，以示尊敬和庄重。会场两边可放置来宾赠送的花篮，四周悬挂彩带和宫灯，还要准备好音响、照明设备，使整个场地显得隆重、热烈。对于音响、照明设备以及开业仪式举行之时所需使用的用具、设备，必须事先认真进行检查、调试，以防其在使用时会出现差错。

(4) 安排接待服务。对来宾的接待服务工作一定要指派专人负责，重要来宾的接待应由组织负责人亲自完成。要安排专门的接待室，接待室要求茶杯洁净，茶几上放置烟灰缸，如不允许吸烟，应用礼貌标语标牌放置在接待室中，提示来宾；要准备好来宾的签到处，准备贵宾留言簿，最好是红色或金色锦缎面高级留言册，同时准备好毛笔、砚、墨等留言用的文具。为了便于来宾了解组织的情况，可以印刷一些材料，如庆典活动的内容、意义，来宾名单和致辞，组织经营项目和政策等。

(5) 拟订仪式程序。为了使开业仪式顺利进行，在筹备之时必须草拟具体程序，并选定好称职的主持人。开业仪式的程序包括：确定主持人、介绍重要来宾、组织负责人或重要来宾致辞、剪彩或参观、座谈、联欢等。

(6) 准备馈赠礼品。开业仪式上向来宾赠送的礼品是一种宣传性传播媒介，只要准备得当，往往能产生很好的效果。礼品要突出纪念性，具有一定的纪念意义，让人珍惜，同时也要突出其宣传性,可以在礼品的包装上印上组织标志、庆典开业日期、产品图案、企业口号和服务承诺等。

2）开幕仪式礼仪

开幕仪式是开业仪式常见的形式之一,通常是指公司、企业、宾馆、商店、银行等正式起用前或各类商品的展示会、博览会、订货会正式开始之前,所正式举行的相关仪式。每当开幕仪式举行之后,公司、企业、宾馆、商店、银行等将正式营业,有关商品的展示会、博览会、订货会将正式接待顾客与观众。一般举行开幕式时要在比较宽敞的活动空间中进行,如门前广场、展厅门前、室内大厅等处,都是较为合适的地点。

开幕式的主要程序如下。

(1）宣布仪式开始,全体肃立,介绍来宾。

(2）邀请专人揭幕或剪彩。揭幕时揭幕人行至彩幕前恭敬地站立,礼仪小姐双手将开启彩幕的彩索递交给对方。揭幕人随之目视彩幕,双手拉起彩索,展开彩幕。全场目视彩幕,鼓掌并奏乐。

(3）在主人的亲自引导下,全体到场者依次进入幕门。

(4）主人致辞答谢。

(5）来宾代表发言祝贺。

(6）主人陪同来宾参观,开始正式接待顾客或观众,对外营业或对外展览宣告开始。

3）奠基仪式礼仪

奠基仪式是指一些重要的建筑物,如大厦、场馆、亭台、纪念碑等,在动工修建前,正式举行的庆贺性活动。其举行地点应选择在动工修建建筑物的施工现场,一般在建筑物的正门右侧,在奠基仪式的举行现场设有彩棚,安放该建筑物的模型、设计图、效果图,并使各种建筑机械就位待命。

用来奠基的奠基石应是一块完整无损、外观精美的长方形石料。在奠基石上文字应当竖写,在其右上款写上建筑物的名称,正中央应有"奠基"两个大字,左下款刻有奠基单位的全称以及举行奠基仪式的具体年、月、日。奠基石上的字体,大多采用楷体字刻写,并且最好用白底金字或黑字。在奠基石的下方或一侧,还应安放一只密闭完好的铁盒,内装与该建筑物相关的各有关资料以及奠基人的姓名。届时,它将同奠基石一道被奠基人等培土掩埋于地下,以示纪念。

奠基仪式的程序如下。

(1）仪式正式开始,介绍来宾,全体起立。

(2）奏国歌。

(3）主人对建筑物的功能、规划设计等进行介绍。

(4）来宾致辞道贺。

(5）正式进行奠基,奠基人双手持握系有红绸的新锹为奠基石培土,再由主人与其他嘉宾依次为之培土,直至将其埋没为止。奠基时应演奏喜庆乐曲或敲锣打鼓,营造良好的气氛。

4）落成仪式礼仪

落成仪式也称竣工仪式,它是指本单位所属的某一建筑物或某项设施建设、安装工作完成之后或是某一纪念性、标志性建筑物——诸如纪念碑、纪念塔、纪念堂等建成之后，以及某种意义特别大的产品生产成功之后，所专门举行的庆贺性活动。落成仪式一般应在现场举行，如新落成的建筑物之外，纪念碑、纪念塔的旁边等。参加落成仪式要注意情绪，在庆贺工厂大厦落成、重要产品生产等时应表现出欢乐和喜悦之情，在庆祝纪念碑、纪念塔落成等时应表现得庄严而肃穆。

落成仪式的程序如下。

(1) 宣布仪式开始。全体起立，介绍各位来宾。

(2) 奏国歌，并演奏本单位标志性乐曲。

(3) 本单位负责人发言，以介绍、回顾、感谢为主要内容。

(4) 进行揭幕或剪彩。

(5) 全体人员向刚刚落成的建筑物行注目礼。

(6) 来宾致辞。

(7) 全体人员进行参观。

3. 剪彩仪式

剪彩仪式是有关的组织为了庆贺其成立开业、大型建筑物落成、新造的车船和飞机出厂、道路桥梁落成首次通车、大型展销会或展览会的开幕而举行的一种庆祝活动。

剪彩作为一种庆典仪式，可以在开业典礼中举行，也可举行专门的剪彩仪式，以期引起社会各界的重视。

1) 剪彩仪式的由来

剪彩仪式起源于开张。据说美国人做生意保留着一种习俗，即一清早必须把店门打开，为了使人们知道这是一个新开张的店铺，还要特地在门前横系上一条布带。因为这样做既可以防止店铺未开张前闲人闯入，又能起到引人注目、标新立异的作用。等店铺正式开张时才将布带取走。

1912年，美国的圣安东尼州的华狄密镇上有一家大百货公司将要开张，老板威尔斯严格地按照当地的风俗办事，在早早开着的店门前横系着一条布带，万事俱备，只等开张。这时，老板威尔斯10岁的女儿牵着一只哈巴狗从店里匆匆跑出来，无意中碰断了这条布带。这时在门外等候的顾客及行人以为正式开张营业了，蜂拥而入，争先恐后地购买货物，真是生意兴隆。不久，当老板的一个分公司又要开张时，想起第一次开张时的盛况，又如法炮制。这次是有意让小女把布带碰断。果然财运又不错。于是，人们认为让女孩碰断布带的做法是一个极好的兆头，因而争相效法，广为推行。此后，凡是新开张的商店都要邀请年轻的姑娘来撕断布带。

后来，人们又用彩带取代色彩单调的布带，并用剪刀剪断代替用手撕，有的讲究用金剪子。这样一来，人们就给这种正式做法取了个名——“剪彩”。剪彩的人也逐步被一些德高望重的社会名流甚至是国家元首代替。

2) 剪彩仪式的礼仪规则

(1) 邀请参加者。参加剪彩仪式的人员主要分为：主办单位负责人和组织仪式的人员、上级领导、主管单位负责人、知名人士、记者等来宾；主办单位企业的员工；有关管理人员和技术人员。通过参加仪式使参加者身临其境,感受项目或展览的重要性,从而形成深刻难忘的印象。对仪式的参加者应做好接待工作。当宾客到达时,接待人员要请宾客签到,然后引领他们到指定的位置。

(2) 准备工作。剪彩仪式的主席台要事先布置好,蒙好台布,摆放好茶水和就职人员的名牌。为了增添热烈而隆重的喜庆气氛,可以邀请礼仪小姐参加仪式。礼仪小姐可以从本组织中挑选,也可以到礼仪公司聘请。对礼仪小姐要求仪容、仪表、仪态文雅、大方、端庄。着装宜选择西式套装或红色旗袍,穿高跟鞋,配长筒丝袜,化淡妆,并以盘起发髻的发型为佳。人员确定后,要进行必要的分工和演练。剪彩仪式的用品如剪刀、白纱手套、托盘应按剪彩者人数配齐,系有花结的大红缎带约 2 米,馈赠的纪念性小礼品也应准备好。

(3) 剪彩者形象。剪彩者是剪彩仪式的主角,其仪表举止直接关系到剪彩仪式的效果和组织形象。因此作为剪彩者,要有荣誉感和责任感,衣着大方、整洁、挺括,容貌要适当修饰,剪彩过程中要保持稳重的姿态、洒脱的风度和优雅的举止。

(4) 仪式开始。仪式主持人在宣布仪式开始时,声音要高亢响亮。然后,向到会者介绍参加剪彩仪式的领导人、负责人与知名人士,并对他们表示谢意,同时,也对在场的其他与会者表示感谢。感谢还要用掌声来表示,主持人把两手高举起一些,以作为对在场各位鼓掌引导的暗示。仪式上可以安排简短发言,要言简意赅,充满热情,两三分钟即可,发言者一般为东道主的代表,向东道主表示祝贺的上级主管部门、地方政府及其他协作单位的代表。

(5) 进行剪彩。主持人宣布正式剪彩之后,剪彩者应在礼仪小姐的引导下,步履稳健地走向剪彩位置,如有几位剪彩者时,应让中间主剪者走在前面,其他剪彩者紧随其后走向自己的剪彩位置。主席台上的人员一般要尾随至剪彩者身后 1～2 米处站立。当礼仪小姐用托盘呈上白手套、新剪刀时,剪彩者可用微笑表示谢意并随即接过手套和剪刀。剪彩前要向手拉缎带的礼仪小姐点头示意,然后,全神贯注、表情庄重地将缎带一刀两断,如果几位剪彩者共同剪彩,要注意协调行动,处在外段的剪彩者应用眼睛余光注视处于中间位置的剪彩者的动作,力争同时剪断彩带。还应与礼仪小姐配合,让彩球落于托盘中,剪彩者在放下剪刀后,应转身向周围的人鼓掌致意,并与主人进行礼节性的谈话,然后在礼仪小姐引导下退场。

(6) 参观庆贺。剪彩后,一般要组织来宾参观工程、展览等。有时候要宴请宾客共同举杯庆祝。

9.2 能力开发

9.2.1 案例讨论

案例 1

就 座

某分公司要举办一次重要会议,请来了总公司总经理和董事会的部分董事,并邀请当地政府要员和同行业知名人士出席。由于出席的重要人物较多，领导决定用U形的桌子来布置会议桌。分公司领导坐在位于长U形桌横头处的下首。其他参加会议者坐在U形桌两侧。在会议的当天开会时，贵宾们都进入了会场，按安排好的座签找到自己的座位入座，当会议正式开始时，坐在横头桌子上的分公司领导宣布会议开始，这时发现会议气氛有些不对劲，有贵宾相互低语后借口有事站起来要走，分公司的领导人不知道发生什么事或出了什么差错，非常尴尬。

（资料来源：佚名. 交际礼仪[EB/OL].[2015-03-25]. https://www.docin.com/p-1103719787.html.）

思考题：

(1) 请指出此案例中的失礼之处。

(2) 本案例对你有哪些启示？

案例 2

会场的"明星"

小刘的公司应邀参加一个研讨会，该研讨会邀请了很多商界知名人士以及新闻界人士参加。老总特别安排小刘和他一起去参加，同时也让小刘见识一下大场面。

开会这天小刘睡过了头，等他赶到时，会议已经进行了20分钟。他急急忙忙推开了会议室的门，"吱"的一声脆响，他一下子成了会场的焦点。刚坐下不到5分钟，肃静的会场响起了摇篮曲，是谁放的音乐？原来是小刘的手机响了！这下子，小刘可成了全会场的"明星"……

没过多久，听说小刘就离开了该公司。

（资料来源：佚名. 社交礼仪[EB/OL].[2017-06-18]. http://www.doc88.com/p-8925671147664.html.）

思考题：

(1) 小刘失礼的地方表现在哪里？

(2) 参加各种会议应该注意哪些礼仪？

案例 3

"请张市长下台剪彩！"

某公司举行新项目开工剪彩仪式，请来了张市长和当地各界名流嘉宾参加，请他们坐在主席台上。仪式开始时，主持人宣布："请张市长下台剪彩！"却见张市长端坐没动；主持人很奇怪，重复了一遍："请张市长下台剪彩！"张市长还是端坐没动，脸上还露出一丝恼怒。主持人又宣布了一遍："请张市长剪彩！"张市长才很不情愿地勉强起来去剪彩。

（资料来源：佚名. 仪式礼仪[EB/OL].[2016-07-24]. https://max.book118.com/html/2016/0724/49152760.shtm.）

思考题：

(1) 请指出本案例中的失礼之处。

(2) 本案例对你有哪些启示?

案例 4

焦小姐的“行为不慎”

焦雪梅是一名白领丽人,她机敏漂亮,待人热情,工作出色,因而颇受重用。有一回,焦小姐所在的公司派她和几名同事一起前往东南亚某国洽谈业务。可是,平时向来处事稳重、举止大方的焦小姐,在访问那个国家期间,竟然由于行为不慎而招惹了一场不大不小的麻烦。

事情的经过是这样的:焦小姐和她的同事一抵达目的地,就受到了东道主的热烈欢迎。在为她们举办的欢迎宴会上,主人亲自为每一位来自中国的嘉宾递上一杯当地特产的饮料,以示敬意。轮到主人向焦小姐递送饮料时,左撇子的焦小姐不假思索,自然而然地抬起自己的左手去接饮料。见此情景,主人骤然变色,对方没有把饮料递到焦小姐伸过去的左手上,而是将它重重地放在餐桌上,随即理都不理焦小姐就扬长而去,大家觉得非常的纳闷儿和不解。

(资料来源:国英.公共关系与现代交际礼仪案例[M].北京:机械工业出版社,2004.)

思考题:

(1) 焦小姐的“行为不慎”指的是什么?

(2) 为什么会由此而招惹了一场不大不小的麻烦呢?

案例 5

中国入世议定书签字仪式

时间:11 月 10 日 18:20—20:20(北京时间 10 日 23:20 至 11 日 01:20)

地点:卡塔尔首都多哈喜来登饭店,WTO 第四届部长级会议全会大厅,即萨尔瓦大厅

会场情况:会场将悬挂中英文“中国加入世界贸易组织签字仪式”的横幅;会场中间设签字台。签字台上摆放中国国旗、签字笔、签字文本、鲜花等。

会议具体程序如下。

(1) 18:20,会议主席、卡塔尔财政、经济和贸易大臣迈尔宣布大会转入第 2 项议题“部长行动”,并开始该议题下第 1 个分议题,中国加入 WTO 问题。会议主席将就与本议题有关的程序等作相关介绍。

(2) WTO 中国工作组主席、瑞士驻 WTO 大使吉拉德向大会报告工作组的工作,并向大会提交《中国加入 WTO 议定书(草案)》,以及工作组代拟的部长级会议《关于中国加入 WTO 的决定(草案)》,提请大会审议和通过。

(3) 会议主席请大会通过关于中国加入 WTO 的决定。

(4) 关于中国加入 WTO 的决定将以协商一致的方式通过,无须进行表决。决定通过时,会议主席将敲槌。中国代表团和与会代表鼓掌。

(5) 会议主席随后请中国政府代表团团长、外经贸部部长石广生发言。石广生部长

在外经贸部国际司副司长张向晨的引导下走上讲台。石部长发言时间约10分钟,他将在发言中使用中文、英语、法语三种语言。

(6) 会议主席随后请各成员国代表发言祝贺。

另外,中国加入世贸组织议定书的签字仪式程序也已经确定。签字仪式前,中国代表团已向WTO秘书处提交了朱镕基总理授权石广生部长签署中国加入世贸组织议定书的全权证书。

出席人员如下。

(1) 中方44人:中国代表团全体成员。

(2) 外方7人:会议主席、卡塔尔财政、经济和贸易大臣迈尔,WTO总干事穆尔,WTO现任总理事会主席、中国香港常驻WTO代表哈宾森,WTO副总干事拉维耶,中国工作组主席吉拉德,WTO秘书处加入司司长侯赛因,法律司司长凯普。

签字仪式具体程序:19:20,石广生部长、会议主席、WTO总干事入场;石广生在本文最后一页签字,签日期,并标注中文"须经批准"字样;石广生离席先作简短发言,后请总干事简短发言;中国加入WTO议定书签署后,石广生部长将约见WTO总干事穆尔,向其提交由中国国家主席江泽民签署的中国加入世贸组织批准书。30天以后,中国将正式成为世贸组织成员。

(资料来源:佚名. WTO部长级会议通过《关于中国加入WTO的决定》的具体程序[EB/OL]. [2001-11-10]. http://news.enorth.com.cn/system/2001/11/10/000187625.shtml.)

思考题:

(1) 体会中国入世议定书签字仪式的礼仪规范。

(2) 个人参加此类会议活动、仪式活动应注意哪些礼仪?

9.2.2 实训项目

项目1 模拟新闻发布会

实训目标:掌握新闻发布会的组织,锻炼提问的能力和回答问题的能力。

实训学时:2学时。

实训地点:实训室。

实训准备:采访用话筒、桌牌、发言提纲、录像机等。

实训方法:某班刚刚组建班委会,准备一次"新闻发布会"活动,会上班委会将要发布"施政纲领",还将接受班级同学的提问,请进行现场演练。要求如下:

(1) 进行会场布置。

(2) 挑选主持人、发言人,其余同学扮演各"媒体"记者。

(3) 每位发言人都以相应身份、角色发言,每位记者都应提问。

(4) 新闻媒体的名称由学生自拟,采访用的话筒、身份牌由学生自行准备。

(5) 发言材料及提问自行设计。

(6) 将新闻发布会录像,待实训结束后,在班里播放,进行评价。

训练手记:通过训练,我的收获是______________________________。

项目2　举办企业标识展览会

实训目标：通过模拟训练让学生掌握展览会的组织和相关礼仪。

实训学时：1学时。

实训地点：实训室。

实训准备：企业标识、展板、实物、文字说明等。

实训方法：5～6人为一组，分组进行准备。经过一周的准备后进行展示，每组一块展板，安排一名学生进行讲解。要求如下：

(1) 尽可能收集一些企业的标识。

(2) 设计布置展台。

(3) 设置签到席。

训练手记：通过训练，我的收获是＿＿＿＿＿＿＿＿＿＿＿＿＿＿＿＿＿＿＿＿。

项目3　模拟开业庆典

实训目标：掌握开业庆典的组织和相关礼仪规范。

实训学时：2学时。

实训地点：实训室。

实训准备：布置会场、挂横幅、准备致辞等。

实训方法：模拟某企业开业庆典仪式，使仪式落实在某个商业组织上。要求如下：

(1) 编制一份庆典仪式程序，仪式按照程序进行。

(2) 重要领导和来宾的单位、职务可由学生自己拟订，分别扮演相关角色。

(3) 编制一份庆典仪式程序。

(4) 庆典结束后，学生评析，教师总结。

(5) 实训可分组进行，让学生轮流模拟演示各个角色。

训练手记：通过训练，我的收获是＿＿＿＿＿＿＿＿＿＿＿＿＿＿＿＿＿＿＿＿。

项目4　模拟签字仪式

实训目标：掌握签字仪式的程序以及相关礼仪。

实训学时：2学时。

实训地点：实训室。

实训准备：准备有关签字仪式的道具如文本、文件夹、旗帜、签字笔、签字单、吸水纸、酒杯、香槟酒、横幅、照相机、摄像机、会议桌子等。

实训背景：中国清泉饮品公司将迎来一批来自美国的摩尔集团商务考察团人员，清泉饮品公司准备向摩尔集团订购两条先进的罐装流水线设备。在这次考察活动中要进行谈判，将签订合同，举行签字仪式。

实训方法：草拟一份签字仪式的准备方案，布置签字厅并模拟演示签字仪式。要求如下：

(1) 实训分组进行，学生分别扮演相关角色。

(2) 参加实训的双方须简单演示见面礼仪，在着装上适当修饰。

训练手记：通过训练，我的收获是＿＿＿＿＿＿＿＿＿＿＿＿＿＿＿＿＿＿＿＿。

课后练习

1. 作为会议或仪式的组织者，在会议或仪式之前应该做好哪些准备？

2. 作为会议或仪式的参加者应当遵循哪些礼仪原则？

3. 晓丹是五湖四海股份公司的办公室主任，公司董事会决定在北京举行年度股东大会，晓丹受聘负责会议筹备与接待服务工作。请问晓丹应该从哪些方面着手组织这次会议呢？

4. 某职业技术学院为推荐毕业生就业，专门邀请了10家企业的领导进行会谈。请模拟演示这次会谈程序，最后安排企业领导与师生合影。

5. 五湖四海公司为了答谢新老顾客对公司的厚爱，决定在公司会议室举办一次座谈会。如果让你来组织，你将怎样做？

6. 在全班模拟组织一次新闻发布会，以学校或系新近发生的较大的新闻事件为主题，同学们分别扮演发言人、记者、会议服务行业从业人员。

7. 中国北京的兴盛公司与美国的伟达公司经过近一年的谈判，终于达成了正式合作的协议，双方将在北京某大饭店举行签字仪式，如果此次签字仪式由你准备，请列出准备的具体内容和签字仪式的现场布置工作。

任务10

服　务

礼貌使有礼貌的人喜悦，也使那些受人以礼貌相待的人们喜悦。

——［法］孟德斯鸠

客无亲疏，来者当敬。

——谚语

任务目标

- 根据酒店服务的不同岗位和对象，选择合适的礼貌用语、服务方式。
- 能够熟练运用导游服务流程中的礼仪和常用的礼仪语言进行服务。
- 能够根据酒店服务礼仪和导游服务礼仪的特点，有针对性地选择参加宴会和导游活动。
- 养成习惯进行酒店礼仪或导游礼仪的自我训练和检验。

情境导入

在某酒店总台，一位服务员正在给客人办理离店手续。

这时，总台电话铃响，小姐拎起话筒。她接到值班经理的电话，原来，预订915房的客人即将到达，而915房的客人还未走，其他同类房也已客满，如何通知在房的客人迅速离店，而又不使客人觉得我们在催促他，从而感到不快呢？

小姐一皱眉，继而一努嘴，拨通了915房间客人的电话。

“陈先生吗？我是总台的服务员，您能否告诉我打算什么时候离店，以便及时给您安排好行李和出租车。”

915房间的陈先生：“哈哈，我懂你的意思啦，马上安排一辆的士吧。”

就这样问题迎刃而解了。

（资料来源：佚名.酒店服务[EB/OL].[2019-12-02]. https://www.360kuai.com/pc/94da833118bc7f82b?cota=4&kuai_so=1&tj_url=so_rec&sign=360_57c3bbd1&refer_scene=so_1.）

服务礼仪通常是指礼仪在服务行业的具体应用，服务人员在工作岗位上，通过言谈、举止、行为等，对顾客表示尊重和友好应遵守的行为规范。也就是说，服务人员在自己的工作岗位上向服务对象提供服务的标准的、正确的做法。

在市场经济条件下，商品的竞争就是服务的竞争。在与服务对象打交道的过程中，讲究服务礼仪，遵守服务规范，学会与顾客交往和沟通，能够展现一名服务行业从业人员的外在美和内在修养，拉近服务行业从业人员与顾客的距离，赢得顾客的满意和对企业的忠诚，提升企业的形象，实现品牌的增值。

10.1 知识储备

10.1.1 酒店服务礼仪

1. 前厅服务礼仪

1）前厅部的主要工作职责

(1) 销售客房。前厅部的首要职责是销售客房。目前，我国有相当数量酒店的赢利，前厅部占整个酒店利润总额的50%以上。前厅部推销客房数量的多与少，达成价格的高与低，不仅直接影响着酒店的客房收入，而且住店人数的多少和消费水平的高低，也间接地影响着酒店餐厅、酒吧等设施的收入。

(2) 正确显示房间状况。前厅部必须在任何时刻都正确地显示每个房间的状况——住客房、走客房、待打扫房、待售房等，为客房的销售和分配提供可靠的依据。

(3) 提供相关服务。前厅部必须向客人提供优质的订房、登记、邮件、问询、电话、留言、行李、委托代办、换房、钥匙、退房等各项服务。

(4) 整理和保存业务资料。前厅部应随时保持最完整最准确的资料，并对各项资料进行记录、统计、分析、预测、整理和存档。

(5) 协调对客服务。前厅部要向有关部门下达各项业务指令，然后协调各部门解决在执行指令过程中遇到的新问题，联络各部门为客人提供优质服务。

(6) 建立客账。建立客账是为了记录客人与酒店间的财务关系，以保证酒店及时准确地得到营业收入。客人的账单可以在预订客房时建立(记入订金或预付款)或是在办理入住登记手续时建立。

(7) 建立客史档案。大部分酒店为住店一次以上的零星散客建立客史档案。按客人姓名字母顺序排列客史档案，记录相关内容。

2）客房预订服务礼仪

(1) 受理预订，要做到接待热情、报价准确、记录清楚、手续完善、处理快速、信息资料输入计算机或预订控制盘无误，订单资料分类摆放整齐规范，为后面的预订承诺、订房核对等提供准确的信息。

(2) 受理电话预订,要及时接听,主动问好并询问要求。若有客人要求的房间,应主动介绍设备,询问细节,帮助客人落实订房,并做好记录;若无客人要求的房间,应向客人致歉。

(3) 当前台接收到预订网站发来的预订传真时,应立刻根据客房销售情况迅速回复传真,并注意保留网站的传真底本。

(4) 当客人来到服务台预订房间时,应主动热情接待客人,询问细节,根据客人要求迅速帮助客人落实订房。

3) 门厅服务礼仪

(1) 服饰挺括华丽,仪容端庄大方,精神饱满,恭候宾客的光临。

(2) 见到宾客抵达时,要立即主动迎上,引导车辆停妥,接着拉开车门;问候客人要面带微笑,热情地说"您好,欢迎光临",并致15°鞠躬礼。

(3) 遇下雨天,事先准备好雨具,及时为客人遮雨;对年老体弱者给予必要的帮助,观察车内是否有遗留物品,帮有行李的客人整理行李,并呼唤大厅行李生将客人引领到总台办理入住登记手续。

(4) 客人离店时,要引领车开到客人容易上车的位置,并拉开车门请客人上车,在看清客人已坐好且衣裙不影响关门时,再轻关车门,并向客人致意道别,欢迎客人再次光临。

4) 行李部服务礼仪

(1) 着装整洁,仪容端庄,精神饱满,客人抵达时,热情相迎,微笑问候。

(2) 主动帮助客人提携行李,并问清行李件数,陪同客人到总服务台办理入住手续时,应站在客人身侧后两三步处等候,看管好客人行李并随时接受宾客的吩咐。

(3) 待客人办完手续后,应主动上前向客人或总台服务员取房间钥匙,提上行李引送客人到房间。在此过程中,行李员在客人右前方1米左右,遇到转弯应回头向客人示意。并注意根据客人情况介绍饭店设施。

(4) 引领客人至电梯,先将一只手按住电梯门,请客人先进电梯,进电梯后应靠近电梯按钮站立,以便于操作电梯,出电梯时自己携行李先出,出梯后继续在前方引领客人到房间。

(5) 随客人进入房间后,将行李放在行李架上或按客人吩咐将行李放好;根据客人情况向客人介绍房间设备的用法;房间介绍完毕后,征求客人是否还有吩咐,若客人无其他要求,即向客人道别,并祝客人住店期间愉快。将房门轻轻关上,迅速离开。

(6) 客人离开饭店时,行李员在接到搬运行李的通知后,进入客房之前无论房门是否关着,均要按门铃或敲门通报,听到"请进"声,方可进入房间,并说"您好,我是来运送行李的,请吩咐"。当双方共同点清行李件数后,即可提携行李,并负责运送到车上。如客人跟行李一起走,客人离开房间时,行李员要将门轻轻关上,尾随客人到大门口,安放好行李后,行李员要与大门接应员一起向客人热情告别,方可离开。

5) 总台接待服务礼仪

(1) 当客人来到总台时,应面带微笑问候客人,确认客人是否有预订,如有预订,应复述客人的订房要求,并请客人填写入住登记表;如无预订,开房员应首先了解客人的用房要求，运用一定的客房销售技巧，促使客人选择一种类型的客房。

（2）当客人确认某一种客房类型时，请客人填写登记表；验看、核对客人的证件与登记表时要注意礼貌，确认无误后，要迅速交还证件，并表示感谢；把住房钥匙或磁卡交给客人时，应注意礼貌。如客房已客满，要耐心解释，并请客人稍等。

（3）客人住下后要求换房，先询问原因，在房间允许、不和预订冲突的情况下，应同意客人换房。

（4）客人住下后，若有提前离店、延期住宿、人数变化等情况，应根据房间情况分别处理。

（5）重要客人入住接待过程，要根据接待规格在接待安排、房间准备、加摆鲜花水果、办理入住手续等方面给予特别照顾或适当优惠，以使客人亲身感受到贵宾服务的亲切感、自豪感。

（6）总台接待服务用语如下。

① 您好！

② 欢迎光临！

③ 这里是接待处，可以为您效劳吗？

④ 先生（女士），请稍等一下。

⑤ 对不起，让您久等了。

⑥ 这里是××饭店，非常愿意为您效劳。

⑦ 先生（女士），您喜欢什么样的房间呢？

⑧ 先生（女士），请问您尊姓大名？

⑨ 您对这间房感到满意吗？

⑩ 先生（女士），您对我们的服务感到满意吗？

⑪ 请慢走！

⑫ 祝您好运！

⑬ 欢迎您再次光临！

6）问询服务礼仪

（1）对大多数住店客人来说，饭店所在城市是陌生的，客人很可能会遇到很多麻烦，作为问询员，要耐心、热情地解答客人的任何疑问，做到有问必答、百问不厌。

（2）了解客人通常要问的问题。类似问题主要有：离这里最近的教堂在什么地方？你能为我叫一辆出租车吗？这里最近的购物中心在什么地方？我要去最近的银行，怎么走？我要去看电影，怎么走？哪里有比较好的中式餐厅、墨西哥餐厅、法国餐厅？附近有旅游景点吗？

（3）掌握有关店内设施及当地情况的业务知识。这包括：酒店所属星级；酒店各项服务的营业时间；车辆路线、车辆出租公司、价格等；航空公司的电话号码；地区城市地图；本地特产及名胜古迹；其他一些酒店、咖啡厅的营业时间，餐厅营业时间和商场的营业时间等。

7）总机服务礼仪

（1）话务员是饭店“看不见的服务员”。虽然不和客人直接见面，但通过声音，也可从侧面反映饭店服务的水平和质量。故话务员在服务中应做到：坚守岗位，集中精神，话务时坚持用礼貌用语，接外线时，应立即问候并报出饭店的中外名称，切忌一开口就“喂”。为客人接线，动作要快而准，务必不出差错。

(2) 话务员的发音要准确、清晰，语速快慢要适中，保证客人听得懂、听得清，音质要甜润、轻柔，语调要婉转、亲切，语气要友好、诚恳。接线中语言要简练，用词要得当，避免使用“我现在很忙”“急什么”等不耐烦的语句。

(3) 话务服务必须热心、耐心、细心，如果接听电话的客人不在时，应问清对方是否留言，如需留言，应认真做好记录，复述肯定；讲究职业道德，不偷听他人电话；通话结束后，应热情告别，待对方挂断电话后，方可切断线路。

(4) 如遇到客人要求叫醒服务，应记录清楚，准确操纵自动叫醒机或准时用电话叫醒，不得耽误，无人接听时，可隔两三分钟叫一次，三次无人接听时应通知客房服务员。

8) 大堂副理处理投诉的技巧

(1) 注意投诉的地点和场合。可根据投诉性质来选择地点，在办公室或现场，但不宜在大堂、餐厅等人流多的地方处理投诉。

(2) 认真听取客人的投诉。面对客人的投诉，要保持头脑冷静，面带微笑，仔细倾听，并做好记录以表重视。要以自己谦和的态度感染客人，让客人的情绪渐趋平静。

(3) 对客人的投诉表示理解、同情和感谢。理解，就意味着尊重；同情，容易让客人觉得你值得信赖；感谢，让客人感觉到自己的投诉有望得到妥善解决。

(4) 及时处理好客人的投诉。听完投诉后，能够立刻判断出是酒店方面出错的，要立即向客人表示歉意，做出处理，并征求客人对解决投诉的意见，以示酒店对客人的重视。当投诉处理涉及酒店其他部门时，应立即通知部门经理，查清事实做出处理，大堂副经理必须跟紧事件，妥善解决问题。

(5) 处理完客人的投诉后，要再次向客人表示关注、同情及歉意，以消除客人因该事引起的不快。

(6) 处理投诉应详细记录投诉客人的姓名、房号、投诉时间、投诉事由和处理结果。将重大投诉或重要意见整理成文，呈总经理批示。

2. 客房服务礼仪

1) 楼层迎宾服务礼仪

(1) 在客人到来之前，整理好房间，调节好客房空气和温度，掌握客情，准备好香巾、茶水。

(2) 仪表整洁大方，提前到达电梯口，主动问候客人，并说出自己的身份。

(3) 核对房卡，接过客人的房间钥匙，征求客人意见是否需要帮助提行李。

(4) 引领客人到客房，帮助客人打开房门，退到门边，请客人进房，并根据客人要求摆放行李。

(5) 客人坐下后，及时送上香巾、茶水，根据客人精神状态，详略得当地介绍房间设施和使用方法，以及相关服务项目。

(6) 在确认客人暂时无须其他服务后，祝客人住得愉快，礼貌退出客房，面向客人轻轻关上房门,回到工作间写好工作记录,随时准备为客人提供服务。

2)客房清洁服务礼仪

(1)填写钥匙领取登记表,领取客房钥匙,了解客房状态,将自己负责的房间分成退房、住房、预走房、空房、维修房等几类,决定清扫顺序,清理好工作车,准备好吸尘器等清洁工具。

(2)来到客房门前,用食指关节,力度适中,缓慢而有节奏地敲门,并通报"客房服务员"。若客人开门,要礼貌问好并说明来意,征得客人允许后方可进入;若房内无人,则用钥匙开门,并把"正在清洁"牌挂在门把手上,开始客房清洁工作。

(3)按照客房清洁流程和质量标准,做好客房清洁工作,一般流程如下。

开——开门、开空调、开窗帘。

撤——撤出用过的用品、用具、倒去茶水。

扫——扫蛛网、尘污,清去所有垃圾杂物。

铺——铺设床上用品。

抹——抹家具、设备。

摆——按陈设布置的要求补充好摆设用品、用具。

洗——洗卫生间。

封——封马桶消毒。

补——补充卫生间用品并摆好。

吸——吸尘。

看——看清洁卫生和陈设布置的效果。

关——关窗帘、关灯、关门。

填——填写客房清洁的日报表。

(4)住房的清扫一般在客人外出时进行,要特别留意,客人房内一切物品,应保持其原来位置,不要随便移动。不可随意翻阅客人的书刊、文件和其他材料,也不可动客人的手机、背包等物品,更不得拆阅其书信和电报。

(5)房间整理完离开时,若客人不在,要切断电源锁好门,若客人在房,要礼貌地向客人道歉:"对不起,打扰了。"然后退出房间,轻轻关上房门。

3)客房日常服务礼仪

(1)客人到达前,应了解其国籍、风俗习惯、生活特点、到达时间等情况,以便有针对性地搞好服务工作。工作前严禁吃葱、蒜等有浓烈气味的食物。工作中要热情诚恳,谦虚有礼,稳重大方,使客人感到亲切温暖。

(2)日常工作中要保持环境的安静。搬动家具、开关门窗要避免发出过大的声响。禁止大声喧哗、开玩笑、哼唱歌曲。应客人呼唤也不可声音过高,若距离较远可点头示意,对扰乱室内安静的行为要婉言劝止。

(3)在楼道与客人相遇,应主动问好和让路。同一方向行走时,如无急事不要超越客人,因急事超越时,要说"对不起"。

(4)进入客人房间,须先轻轻敲门,经允许方可进入,敲门时不要过急,应先轻敲一次,稍隔片刻再敲一次,如无人回答,就不要再敲,也不要开门进去,特别是夫妇房间,更不能擅自闯入。

(5) 凡客人赠送礼物、纪念品,应婉言谢绝,如不能谢绝时,接受后应立即上报。

(6) 要关心客人健康,对病员要多加照顾。对饮酒过度或精神反常的客人,除妥善照顾外,应及时向上级报告。

(7) 服务台要随时掌握来往人员情况,发现不认识的人,要有礼貌地查问,防止无关人员进入客人房间。

(8) 客人到服务台办事,服务员要起立,热情接待。与客人说话,要自然大方,切忌态度生硬,语言粗鲁。

(9) 客人离开饭店后,应即刻清查房间,尤其是枕下、椅下等处,发现遗忘物品,若时间来得及,应追赶上并当面交给客人;如来不及,则速交接待单位。

4) 客房个性化服务礼仪

要使顾客高兴而来,满意而归,光凭标准的、严格的、规范化服务是不够的,只有在规范化的基础上,逐渐开发和提供人性化服务,才能给客人以惊喜,才能让客人感觉到"宾至如归",才能使客人"流连忘返"。以下相关做法会给我们以启发。

(1) 服务员早上清扫房间时发现,客人将开夜床时已折叠好的床罩盖在床上的毛毯上,再看空调是23℃。这时服务员立即主动加一床毛毯给客人,并交代中班服务,夜床服务时将温度调到26℃左右。

(2) 服务员为客人清扫房间时,发现客人的电动刮须刀放在卫生间的方石台面上,吱吱转个不停,客人不在房间。分析客人可能因事情紧急外出,忘记关掉运转的刮须刀,这时,服务员要主动为客人关闭刮须刀开关。

(3) 服务员清扫房间时,发现一张靠背椅靠在床边,服务员不断地观察,才发现床上垫着一块小塑料布,卫生间还晾着小孩衣裤,服务员这才明白,母亲怕婴儿睡觉时掉到地上,服务员随即为客人准备好婴儿床放入房间。

(4) 服务员清扫住房时,发现暖水瓶盖开着,不知是客人倒完开水,忘记盖好瓶塞,还是客人喜欢喝凉开水,故意打开瓶塞的?疑虑不解,难以断定。为满足客人的需要,服务员为客人送去了装满凉开水的凉水瓶;同时,暖水瓶照例又更换好了新的开水。

(5) 服务员发现客房中放有西瓜,想必是旅客想品尝一下本地的西瓜,绝对不会千里迢迢带个西瓜回家留个纪念。所以,服务员主动为客人准备好了一个托盘、水果刀和牙签。

5) 客房服务礼貌用语

(1) 您好!欢迎您光临我们酒店。

(2) 我是客房服务员,非常高兴能为您服务。

(3) 我可以帮您拿行李吗?

(4) 请往这边走。

(5) 这是您的房间,请进。

(6) 祝您节日愉快!

(7) 祝您玩得开心!

(8) 请好好休息,有事请打电话到服务台。

(9) 对不起,打扰您了。

(10) 我现在可以为您打扫房间吗?

(11) 您有衣服要洗吗?

(12) 先生(女士),听说您不舒服,我们感到很不安。

(13) 我能为您做些什么事吗?

(14) 对不起,让您久等了。

(15) 对不起,等我弄清楚了再答复您好吗?

(16) 请告诉我您今天早上大概是什么时候走。

(17) 请对我们的工作提出宝贵意见。

(18) 欢迎您下次再来,请慢走!

3. 餐厅服务礼仪

1) 餐厅服务员的个人卫生

餐厅服务员经常要与食物、餐具打交道,所以对个人卫生要求非常严格。餐厅服务员平常要勤洗澡、勤理发、勤剪指甲、勤刮胡须、勤洗手、勤刷牙,工作前不吃有刺激气味的食品。上班时应穿着干净整洁的制服,不佩戴首饰,不浓妆艳抹,不梳披肩发。在宾客面前不掏耳朵,不抓头发,不剔牙,不打哈欠,不挖鼻孔。如不得已要打喷嚏、咳嗽,应背转身体,用手帕遮住口鼻,并向宾客致歉。

2) 餐厅领位服务礼仪

(1) 着装美观,仪容整洁,仪表大方,面带微笑,在餐厅门口恭候客人。

(2) 见到前来用餐的客人,要主动上前迎接问候,热情招呼客人。

(3) 有礼貌地问清客人基本情况,根据客人意愿合理安排餐位。若餐厅座位已满或客人需要等人,可先请客人在休息室或沙发上等候。

(4) 迎客走在前,送客走在后,客过要让路,同走不抢道。领位员引领宾客时,应在宾客左前方1米左右的距离行走,并不时回头示意宾客。

(5) 引导客人来到餐位后,应先问:"这个位置您满意吗?"然后再按先女宾后男宾、先主宾后随从的顺序拉椅让座,并把值台服务员介绍给客人。

3) 中餐值台服务礼仪

(1) 仪表整洁大方,主动问候客人,为客人拉椅让座。

(2) 待客人入座后,先为客人递上香巾斟好茶,再用双手递上菜单。

(3) 客人点菜时,不要催促客人,要耐心等候,并适当介绍菜谱,让客人有充分的时间考虑或商量决定。如宾客点的菜已经无货供应,应礼貌致歉,求得谅解。

(4) 斟酒时手指不能触摸酒杯杯口,应按酒的不同种类决定斟酒的程度。倒香槟或冰镇饮料时,酒瓶应用餐巾包好,以免酒水滴落到宾客身上。

(5) 上菜时要看准方向,摆放平稳,手指不能碰及菜肴,不可碰倒酒杯餐具等。上菜还要讲究艺术,服务员要根据菜的不同颜色摆成协调的图案。凡是花式冷盘,如孔雀、凤凰等冷盘,以及整鸡、鸭、鱼的头部要朝着主宾。上好菜后,服务员退后一步,站稳后报上菜名,并对特色菜肴略作介绍。

(6) 派菜服务时,应遵循先女宾后男宾、先主宾后主人的顺序,或者从主宾开始,按顺时针方向逐次派菜。

(7) 撤换餐具时要先征得客人同意,撤盘过程中如果菜汤不小心撒在同性客人的身上,可亲自为其揩净;如撒在异性客人身上,则只可递上毛巾,并表示歉意。

(8) 如宾客不慎掉落餐具,应迅速为其更换干净的餐具,不能在宾客面前一擦了事。

(9) 宾客吸烟,应主动上前点火。宾客的物品不慎落到地上,应主动上前帮助拾起,双手奉上。

(10) 如有宾客的电话,应走近宾客轻声提醒,不能在远处高喊。

(11) 对宾客应一视同仁,生意不论大小都应服务周到。逢年过节,要对每一位宾客致以节日的问候。

(12) 工作中必须随时应答宾客的召唤,不能擅离岗位或与他人聊天。

(13) 客人示意结账时,应把账单放在托盘中,正面朝下递给宾客。宾客付账后,要致谢。

(14) 宾客起身后,服务员应拉开座椅,并提醒宾客不要忘记随身携带的物品,帮助宾客穿大衣戴帽子,在餐厅门口与宾客友好话别:"欢迎您再次光临!"

4) 西餐服务礼仪

(1) 西餐服务流程包括如下步骤。

① 迎宾。先打招呼、问候,然后引客人入座,要求2分钟内让客人落座。

② 餐前服务。服务面包和水:客人入座后2分钟内完成。客人点餐前饮料:客人入座后2分钟内完成。呈递菜单、酒单:客人入座后5分钟内完成;解释菜单:一般在客人入座后10分钟内,即在服务饮料时解释菜单。服务饮料:客人入座后10分钟内完成。点菜记录:客人入座后15分钟内完成,或在服务饮料后进行,如果必要,可在呈递菜单时,即客人入座后5分钟进行。送点菜单到厨房:记录完点菜立即送到厨房。

③ 开胃品服务。服务开胃品:客人入座15分钟后进行。服务开胃酒:应在上开胃品前服务到餐桌。开瓶、倒酒可在上开胃品前,也可在上开胃品后进行。清理开胃品盘:全桌客人用完后撤盘、杯。加冰水:清理完盘、杯后,主动为客人加满冰水,直到服务甜点。

④ 汤或色拉(第二道菜)服务。服务汤或色拉:在清理完开胃品盘后10分钟内进行。服务第二道菜用酒:同第二道菜一起服务。清理第二道菜餐具:全桌客人用餐完毕,撤走餐具及酒杯,除非另有规定。加冰水:清理完盘、杯后,主动为客人加满冰水,直到服务甜点。

⑤ 主菜服务。服务主菜:清理完第二道菜的餐具后10分钟内进行。服务主菜用酒:酒杯在上主菜前摆好,上菜后递酒、开瓶、倒酒。清理主菜盘及餐具:客人用完主菜后清理主菜盘、旁碟、空杯等,只留水杯或饮料杯,撤换桌上的烟灰缸。清理调料:撤走所有调料,如盐、胡椒等。

⑥ 清扫桌上面包屑。用刷子将桌上面包屑扫进餐盘,而不是扫到地上。

⑦ 餐后服务。布置甜点餐具:摆上甜点盘、甜点叉、甜点刀、茶匙。布置服务咖啡或茶的用品:摆上乳脂、糖、牛奶等以及热杯与杯碟。服务甜点:清理完主菜餐具后15分钟

内进行。服务咖啡或茶：服务甜点后或与甜点同时服务。清理甜点盘：当全部客人用餐完毕后进行。服务餐后饮料：客人点完饮料后10分钟内进行。加满咖啡或茶：应主动问客人是要咖啡还是茶，并为客人加满咖啡或茶，不要等客人要求时再加。

⑧ 收尾工作。呈递账单：闲暇用餐服务，要等客人要求时呈递。快速用餐服务，在上完主茶或者加咖啡或加茶时呈递。收款：根据餐馆规定收取现金、信用卡、旅行支票、个人支票等。送客：当客人离开时要说"谢谢光临，很高兴为您服务"，并欢迎再次光临。

（2）西餐上菜具体流程如下。

① 头盘。西餐的第一道菜是头盘，也称开胃品。开胃品的内容一般有冷头盘和热头盘之分，品种有鱼子酱、鹅肝酱、熏鲑鱼、鸡尾杯、奶油鸡等。开胃菜味道以咸和酸为主，风味独特，而且数量少，质量较高。

② 汤。西餐的第二道菜就是汤。西餐的汤大致可分为清汤、奶油汤、蔬菜汤和冷汤四类。品种有牛尾汤、各式奶油汤、海鲜汤、美式蛤蜊汤、意式蔬菜汤、俄式罗宋汤、法式葱头汤。冷汤的品种较少，有德式冷汤、俄式冷汤等。

③ 副菜。鱼类菜肴一般作为西餐的第三道菜，也称为副菜，品种包括各种淡、海水鱼类、贝类及软体动物类。通常水产类菜肴与蛋类、面包类、酥盒菜肴品都称为副菜。因为鱼类等菜肴的肉质鲜嫩，比较容易消化，所以放在肉类菜肴的前面，叫法上也和肉类菜肴主菜有区别。西餐吃鱼类菜肴讲究使用专用的调味汁，品种有鞑靼汁、荷兰汁、酒店汁、白奶油汁、大主教汁、美国汁和水手鱼汁等。

④ 主菜。肉、禽类菜肴是西餐的第四道菜，也称为主菜。肉类菜肴的原料取自牛、羊、猪、小牛仔等各个部位的肉，其中，最有代表性的是牛肉或牛排。牛排按其部位又可分为沙朗牛排（也称西冷牛排）、菲利牛排、T骨牛排、薄牛排等。其烹调方法常用烤、煎、铁扒等。肉类菜肴配用的调味汁主要有西班牙汁、浓烧汁、蘑菇汁、白尼斯汁等。禽类菜肴的原料取自鸡、鸭、鹅，通常将兔肉和鹿肉等野味也归入禽类菜肴。禽类菜肴品种最多的是鸡，有山鸡、火鸡、竹鸡，可煮、炸、烤、焖，主要的调味汁有黄肉汁、咖喱汁、奶油汁等。

⑤ 蔬菜类菜肴。蔬菜类菜肴可以安排在肉类菜肴之后，也可以和肉类菜肴同时上桌，所以可以算为一道菜，或称为一种配菜。蔬菜类菜肴在西餐中称为沙拉。和主菜同时服务的沙拉，称为生蔬菜沙拉，一般用生菜、西红柿、黄瓜、芦笋等制作。沙拉的主要调味汁有醋油汁、法国汁、干岛汁、奶酪沙拉汁等。沙拉除了蔬菜外，还有一类是用鱼、肉、蛋类制作的，这类沙拉一般不加味汁，在进餐顺序上可以作为头盘。还有一些蔬菜是熟的，如花椰菜、煮菠菜、炸土豆条。熟食的蔬菜通常和主菜的肉食类菜肴一同摆放在餐盘中上桌，称为配菜。

⑥ 甜品。西餐的甜品是主菜后食用的，可以算作是第六道菜。从真正意义上讲，它包括所有主菜后的食物，如布丁、煎饼、冰淇淋、奶酪、水果等。

⑦ 咖啡、茶。西餐的最后一道是上饮料、咖啡或茶。喝咖啡一般要加糖和淡奶油。茶一般要加香桃片和糖。

5）餐厅服务礼貌用语

（1）您好！欢迎您光临我们餐厅。

（2）请您稍等，我马上给您安排。

(3) 请往这边走。请跟我来。请坐。

(4) 对不起,现在可以点菜吗?

(5) 这是今天的特色菜,欢迎各位品尝!

(6) 真对不起,这个菜今天已经卖完了。

(7) 您喜欢喝点什么酒?

(8) 饭后您想吃点甜品吗?

(9) 请问还需要什么?

(10) 现在可以上菜了吗?

(11) 对不起,让您久等了,这是您的菜。

(12) 我可以撤掉这个盘子吗?

(13) 对不起,打扰您了。谢谢您的帮忙。

(14) 现在可以为您结账吗?

(15) 对不起,我们这里不可以签单,请付现款好吗?

(16) 希望您吃得满意。谢谢,欢迎您再次光临!

4. 康乐服务礼仪

1) 康乐服务员的素质要求

(1) 性格气质:康乐服务员的性格最好是外向型,比较热情、乐观。

(2) 道德素养:为人正派,诚实可靠,待人热情,乐于助人,能吃苦耐劳,有奉献精神。

(3) 形体形象:身体健康,精力充沛;五官端正,身材适中。康乐服务员的形象最好能给人健康、阳光的感觉。

(4) 专业知识:熟悉饭店服务的基本知识,掌握某项和某几项康乐项目的专业知识,包括项目知识、运动知识、裁判知识、设备知识等。

(5) 业务能力:有较强的人际沟通能力和一定的专业技能,普通岗服务员应具备完成一般接待服务的工作能力;特殊岗的服务员除具备所在岗的服务能力外,还应通过考试取得相应的专业合格证书,如按摩师、游泳救护员、教练员等。

2) 常见康乐服务项目

(1) 健身房服务礼仪如下。

① 顾客到来,笑脸迎客,礼貌问候;

② 热情主动地介绍设备器材性能和操作方法,介绍健身项目的运动规则;

③ 客人借用或租用物品,应以礼貌的态度示意客人此物完好,提醒用毕归还;

④ 客人要求指导时,应立即示范,热情讲解;

⑤ 客人健身完毕,要礼貌送客,热情告别。

(2) 游泳池服务礼仪如下。

① 检查游泳池水质、水温,做好迎客准备;

② 端庄站立在服务台旁,恭候客人的到来;

③ 礼貌地递送衣柜钥匙和毛巾,引领客人到更衣室,并提醒客人妥善保管好自己的衣物;

④ 客人游泳时,时刻注意观察水中情况,确保客人安全;

⑤ 根据客人需要,适时提供酒水和饮料,提示客人在游泳时最好不要饮用烈性酒;

⑥ 客人离开时,主动收回衣柜钥匙,并礼貌地提醒客人衣物是否遗忘;送客到门口,向客人表示谢意,欢迎再次光临。

(3) 保龄球服务礼仪如下。

① 客人到来时,要热情问候,迅速为客人办理领鞋、开道等手续,并把干净完好的保龄球鞋双手递给客人;

② 对初次来的客人,要根据他们的性别、年龄、体重等,帮助选择重量适当的保龄球,详细介绍活动的步骤与方法,恭敬地分配好路道,并送上记分单,主动询问是否需要协助记分;

③ 客人打保龄球期间,服务人员应认真巡视、查看球场,确保设备运行正常,并维护好球场秩序,及时为客人提供服务;

④ 客人所购球局已满,服务台应立即关闭机器,并及时通知客人;

⑤ 活动结束后,要礼貌地收回保龄球鞋,恭请结账,礼貌告别。

(4) 台球室服务礼仪如下。

① 顾客到来,笑脸迎客,礼貌问候,迅速为客人办理相关手续;

② 引导客人到指定球台,挑选球杆,为客人码好球;

③ 客人需要示范或陪练时,陪练人员应认真服务,根据客人心理要求掌握输赢尺度;

④ 根据客人需要,适时提供酒水和饮料;

⑤ 客人打完球,将球杆收好,球码放整齐,台面清理干净;

⑥ 客人离开时,送客到门口,向客人表示谢意,欢迎再次光临。

(5) 桑拿浴服务礼仪如下。

① 客人来到桑拿浴服务台,要热情问候欢迎,并迅速为客人办理好相关手续;

② 对初次光临的客人,要根据情况适当介绍桑拿浴的方法与注意事项;

③ 主动帮助客人寻找相应的更衣柜,并提示客人锁好更衣柜;

④ 客人享用桑拿浴期间,每10分钟巡视一遍,确保客人的安全;

⑤ 随时等候客人召唤,及时提供客人要求的各项服务;

⑥ 客人离开时,要提醒是否遗忘物品,热情道别。

(6) 歌舞厅(KTV)服务礼仪如下。

① 客人来到舞厅,要热情欢迎,并引领客人到厅房内适当的位置上;

② 根据客人需要,迅速将酒水、食品送到客人的桌上,递送酒水时不要挡住客人的视线;

③ 主动向客人介绍歌曲,帮助客人查找歌名;

④ 在合适的时机为客人鼓掌,调动客人情绪;

⑤ 结束后,全体服务员到门口欢送,礼貌道别。

3) 康乐服务礼貌用语

(1) 您好,欢迎光临!

(2) 对不起,让您久等了!

(3) 请问您贵姓?
(4) 很荣幸为您服务!
(5) 这边请/那边请。
(6) 请让我请示我的上级,看是否能够帮您解决。
(7) 请让我请教我的同事,看是否能够帮您解决。
(8) ××先生(女士)不在这里。
(9) ××先生(女士)马上出(下)来。
(10) 请问需要留言吗?
(11) 我马上帮您联系,请稍候。
(12) 感谢您提出宝贵意见,我们一定改正。
(13) 谢谢您,我们酒店不收小费。
(14) 您经常来就是我们最大的心愿!
(15) 谢谢您,欢迎再来!

10.1.2 旅游服务礼仪

1. 旅行社服务礼仪

1) 门市部接待礼仪

(1) 环境宜人,赏心悦目。门市是旅行社以销售为主要目的部门,其实就是市场营销学的终端,是消费者能够和商品直接接触并做出购买行为的场所。门市选址要尽量接近有效消费市场,面积不需要太大,应处于人流量多的街区,有良好的交通通达性,并辅以醒目的街边招牌以及橱窗粘贴画。门店内部由办公桌设计改为柜台设计或休闲式设计,店内设施齐全,尽量增加顾客区域而减少员工区域。可以考虑选择旅行社门市相对集中的区域,这样既有利于借鉴同行的经验,取长补短,又有助于变竞争压力为动力,拓展经营,也符合顾客"货比三家"的购买心理。

门市柜台一般设有写字台、电话、打印机、复印机、办公计算机等物件,其摆放应整齐合理,以美观、方便、高效、安全为原则。门市柜台上不要堆放过多的书包、文件,常用的材料也要摆放整齐。若用玻璃台板,应注意玻璃下的整洁,不要横七竖八地压着各种车票、请柬、发票、文字报告等。应特别重视门市柜台的卫生。试想一下,客户来联系、洽谈业务,门市柜台里满地烟头、果皮,连找个干净点的沙发都难以如愿,这笔业务还能顺利做成吗?门市部的布置,应给人以宁静、整洁的印象。墙上也可挂些各地的风景名胜、地图、旅行社的荣誉、旅行社徽标等物,显得清新大气。还可贴上工作计划表、经营图表、市场网络等,以示公司的业绩和员工的努力。此外,要注意室内空气清新,保持适宜的室温和湿度。

旅行社门市的5S管理可以提高工作效率、减少资源成本的浪费,提高员工士气,提升企业形象。旅行社门市的5S(日语音译)管理包括:整理(seiri)——坚决清理不必要的东西,腾出有效使用空间,防止工作时误用或掩盖需要的物件;整顿(seiton)——合理放置必要物品;清扫(seiso)——彻底清洁工作场所内的物品,防止污染源(污迹、废物、噪声)

的产生，达到四无（无废物、无污迹、无灰尘、无死角）标准；清洁（seiketsu）——制度化、规范化，并监督检查；素养（shitsuke）——培养员工良好的职业习惯，积极向上的工作态度和状态。从小事做起，养成良好的习惯，从而创造一个干净、整洁、舒适、合理的工作场所和空间环境。

（2）讲究礼仪，主动热情。一个旅行社员工的素质，待人接物的礼仪水平，是从每个员工的言谈举止中体现出来的，门市部虽然不大，但它既是工作的地方又是社交的场所，门市部的工作人员的礼仪如何，往往是客商评价公司的重要依据。

① 注重仪表。旅行社接待人员要仪容得体，服饰整洁大方，仪态大方，体现出良好的精神状态，给顾客端庄文雅、自尊自信的良好形象。

② 遵守制度。遵守旅游公司的管理制度，按时上下班，不迟到，不早退，不能无故不上班。办公室不拨打或接听私人电话，不占用工作时间去上街买菜、逛商店，不在写字间打扑克等。在门市部工作，要注意保持安静。与同事谈工作时，声音不宜太高，不要在过道里、走廊上大声呼唤同事。拨打电话或接听电话时，语调要平和、文明。

③ 礼貌待人。旅游咨询者走进门市部后，门市部服务行业从业人员要仔细观察、判断旅游咨询者进入门市的意图，要转向旅游者，用眼神来表达关注和欢迎，注目礼的距离以五步为宜；在距对方三步的时候就要面带微笑，热情地问候"您好，欢迎光临"，并用手势语言敬请旅游咨询者坐下。门市部服务行业从业人员要主动为旅游咨询者提供帮助，可通过接触搭话使旅游咨询者从无意注意转向有意注意，或者从对旅游产品的注意发展到对该产品的兴趣。在与旅游咨询者搭话以后，应尽快出示旅游产品，使旅游咨询者有事情可做，有东西可看，有引起兴趣、产生联想的对象。

门市部人员应实事求是地说明产品的有用信息，并列举旅游产品的一些卖点，根据旅游咨询者的情况，在旅游咨询者比较、判断的阶段刺激旅游咨询者购物欲望，促成购买，列举旅游产品的一些卖点或者亮点等特色，向旅游咨询者说明。促进旅游咨询者对打算购买的旅游产品的信任，坚定旅游咨询者的购买决心。当推销成功，旅行社门市部应当依法与旅游咨询者订立书面旅游合同，其目的是维护旅游者和旅游经营者的合法权益。旅游咨询者一旦签好旅游合同后，门市部服务行业从业人员就应该收取费用，并为旅游者开好发票。核对团款时要认真仔细，避免发生错收、错付情况。门市部服务行业从业人员在为旅游者开好发票、结束销售时，还应询问旅游咨询者是否有亲人或者朋友一起去旅游？告知旅游者出发前要注意哪些事项，什么时间、地点和导游或者全陪导游联系，并可以告知旅游途中要注意的事项。这可以使旅游者体验到门市部是真心实意地为他们服务的，从而对门市部留下美好的回忆，起到良好的宣传效果。

（3）散客代办，业务精到。办理散客代办业务要讲究流程，有条不紊地做好各项代办业务，不同的散客代办业务要区别对待。参照洪美玉主编的《旅游接待礼仪》一书（人民邮电出版社，2006年），具体如下。

① 门市接待人员接到办理散客来本地的委托代办业务。首先，了解对方旅游者的有关情况，详细记录对方（委托方）旅行社名称、委托人姓名及通话时间等，以便有据可查，根据实际情况认真填写好任务通知书并立即按内容进行预订，若客人需提供导游服务，应及时落实导游人员。当委托的某些项目无法提供时，应在24小时内通知委托者，以便委托

方随时准备。

② 代办散客赴外地的委托业务。当门市接待人员在接受和办理赴外地旅游的委托时,应热情周到,耐心询问客人的要求并记录。认真检查其证件,并有礼貌地请旅游者本人填写委托书等表格,对客人不明白的注意事项耐心解释。如果委托书中有旅行社不能办到的事情应事先向旅游者说明,请其自行划除,并向其道歉。

③ 受理散客在本地的单项旅游委托业务。热情主动询问旅游者的要求,微笑、耐心地说明旅行社所能提供的各种服务项目和收费标准,拿出委托书请旅游者自行填写,当旅游者办妥单项委托服务手续后,礼貌地与旅游者道别,并及时通知有关部门。

(4) 特殊团队,特别对待。特殊团队就是指有别于一般旅游、观光,具有其自身特点的旅游团队。在组织接待安排时,不能等同于一般观光团的操作,应根据他们的自身特点,有针对性地组织操作和接待。参照洪美玉主编的《旅游接待礼仪》一书,具体如下。

① 新闻记者或旅游代理商接待礼仪。旅行社组织接待代理商或新闻记者参与旅游,目的是介绍自己组合的旅游线路,使其通过观察、了解并熟悉本社的业务和旅游目的地的旅游业情况,产生组团消费本社旅游产品的愿望,宣传并介绍本社的旅游业务。旅行社组织旅行代理商或新闻记者旅游需要注意以下几点:一是精心设计最佳的旅游线路。旅行社应派专人预先按线路采访一下,并落实各地的准备工作。每个地方突出什么,活动、交通、住宿、膳食怎样安排等,要反复检查确认。二是邀请团在考察过程的活动,尤其是交通、食宿、参观游览、文娱活动等,应与将来旅行社组团的活动基本一致。三是配备最佳导游。选择好导游是邀请团活动成功与否的关键。要选择有经验而又学识丰富的导游,讲解既深入浅出,又诙谐动听、妙趣横生,让代理商或记者感到是一次很好的艺术享受,回去后有助于更好地宣传,起到扩大影响、吸引游客的作用。

② 大型团队接待礼仪。接待大型团队的旅游活动,其难度及要求比一般旅游团队都要高。接待人员必须同时具备较高的业务水平、宏观的控制能力与严密的工作作风,才能够圆满完成接待任务。应注意与各有关单位确认活动日程和确切的时间,检查接待人员的精神准备和物质准备,通知每人车号、客人数、房号;部门经理亲临机场或码头察看迎接团队的场地、乐队站立的位置、停车点;事先安排专人下榻饭店,与饭店客房部经理等共同检查房间内各种设施是否完好可用;与车队联系好出车顺序,车上贴好醒目车号和标志。

③ 残疾人团队接待礼仪。接待残疾人旅游团队,最重要的是要有满腔热忱,随时注意保护其自尊心。在生活服务方面,一定要细心周到,想方设法为他们提供方便;在导游工作方面应尽量满足他们的要求;在日程安排方面,要考虑他们的身体条件和特殊需要,时间应宽松些,所去景点应便于残疾人活动。

2) 旅游产品推销礼仪

同其他实物产品一样,旅游产品这种特殊的商品也需要宣传和推销。旅游产品推销礼仪是指销售人员在推销过程中应遵循的行为规范与准则。它指导着销售人员的言行举止,是促成良好旅游商务关系的润滑剂。

(1) 约见客户礼仪。约见客户是指推销人员事先征得客户同意,面对面协调接触的活动。总体来说,销售员约见客户时,要事先联系好客户,征求对方同意后会面。约见时应从对方利益出发,多为客户着想,最好由客户决定约见的时间、地点等相关事宜。销售人员应视客户的具体情况，选择天气良好、对方时间宽裕、情绪好的时候进行约见，可以主动提出几种建议由客户定夺。约见时间一旦确定，销售人员就应按时到达，绝不可失约。约见地点的选择，最好尊重客户的意见，选择客户熟悉的地方，或者选择安全、轻松、无外界干扰、交通较为便利的场所，总之由客户选择约见地点比较礼貌。约见的形式可以多种多样，如电话预约、信函预约，也可以当面约见等。无论口头预约还是书面预约，都要注意措辞的礼貌、得体。

(2) 拜访客户礼仪。旅游产品的销售人员拜访客户要注意以下礼仪。

① 重视给顾客的第一印象。心理学调查表明，人们接触的最初两分钟，彼此印象最为深刻。因此，推销人员首先要特别注意自己的外貌，这是第一印象产生的最初原因，要热情开朗，诚恳自信，争取为顾客接纳而不产生排斥。其次要选择合适的服装。据研究初次见面给人印象的90%来自服装。当然，并不是说服装要多么高档和华丽，而是干净整洁，职业化是应当做到的。国外流行的TPO服装术，值得推销人员借鉴。只有在顾客心目中留下并保持良好的第一印象，才能为推销工作的进一步开展打下基础，赢得先机。

② 讲究见面礼节。旅行社的商务接洽人员，要时时保持饱满的精神和面带微笑，并持关心对方的态度。称呼对方要用尊称。与对方握手时姿势要端正，正视对方的眼睛，体现出礼貌和真诚。问候、说话要谦和亲切。

③ 讲究洽谈的礼仪。在旅行社的商务洽谈中，融洽友好的气氛是洽谈得以顺利进行的重要条件。旅行社业务人员必须使自己的语言表达文明礼貌、分寸得当，使洽谈双方始终处于一种尽可能的友好气氛中。出言不逊、恶语伤人，会引起对方的反感和不满，往往会给谈判造成障碍，甚至导致洽谈的破裂。要仔细倾听对方的发言，注意观察对方的举止、神情、仪态，以捕捉对方的思想脉络、追踪对方动机，还可以通过适当的语言表达投石问路、探视对方的想法，获得必要的信息，这是更为直接有效的方法。在洽谈中说话一定要注意分寸，留有余地，不能说“满口话”，要使说话具有一定的弹性，给自己留下可以进退的余地。洽谈中对某些复杂的事情或意料之外的事情不可能一下子做出准确的判断，可以运用模糊语言避其锋芒，做出有弹性的回答，以争取时间做必要的研究和制定应对方法。对一些很难一下做出回答的要求和问题，可以说“我们将尽快给你们答复”“我们再考虑一下”“最近几天给你们回音”等。这样留有余地的说法，可使自己避免盲目地做出反应而陷入被动的局面。洽谈中不要急于求成，始终保持一种平和心态，耐心等待；洽谈工作较为顺利时不要喜形于色；遇到客户推辞拒绝时，也不要垂头丧气。有涵养风度的接待人员，往往是先推销形象，再推销产品。

拜访结束，别忘记要礼貌地告别。

(3) 售后服务礼仪。对旅行社而言，售后服务主要包括处理顾客投诉和回访旅游者两个方面。刘长凤在其主编的《使用服务礼仪培训教程》(化学工业出版社，2007年)一书中对此进行了阐述，现录于此，供参考。

① 处理投诉礼仪。当接到旅游者投诉后，无论投诉对象是谁，都要认真听取旅游者投诉，要头脑冷静，面带微笑，对宾客遇到的不快表示理解，并致歉意。接受客人投诉时，应尽量避开人群较多的地方，避免影响其他客人。无论旅游者投诉态度如何、投诉与事实有多大出入，都要虚心接受。对旅游者的投诉，旅行社是否有过错都不要申辩，尤其是对

火气很大、脾气暴躁的旅游者先不要解释,可以先向客人说"对不起",表示安慰。如果事态较严重要立即上报主管经理,迅速了解旅游者投诉的具体内容、投诉对象,并立即将旅游者的投诉反映给被投诉对象的所在部门,请他们迅速调查,核实处理,并将调查处理结果尽快反馈给游客,若一时难以处理,也应将有关情况及时反馈给旅游者。如投诉对象是所在旅行社或者就是导游人员本人,导游人员更应微笑接待、认真倾听,最好当着旅游者的面认真做好记录,不可边听边反驳旅游者的投诉。对一些简单、易解决的投诉,要及时解决并征求旅游者对处理投诉的意见。对一些不易解决的投诉,首先要向旅游者道歉,并感谢旅游者对导游工作提出宝贵意见,向旅游者说明并及时向相关部门经理汇报。及时将处理结果通告旅游者,并再次道歉,以消除旅游者所遇到的不快。对于重大投诉或重要旅游者的投诉,要立即上报,及时处理,不得延误。一桩投诉处理完后,要注意详细记录投诉并写明处理结果,上报批示后归档。

② 旅游者回访礼仪。高度重视旅游者的意见和建议,及时沟通、解释、感谢或补救。旅行社可以设立奖励制度,对提出合理化建议和意见者给予适当的奖励。旅行社网址和游客意见箱,应该长期设置,并由专人负责,及时查看,及时回复和处理,并且长期实施。旅游者意见表由客人填写,可由导游人员直接带回并交给门市部。电话访问必须及时,应在行程结束后的两天之内完成。要简洁明了,主题突出,有针对性。回访旅游者只针对重要客户,行程结束后三天之内完成。以不打扰旅游者为前提,要耐心虚心听取他们的建议和意见。

2. 导游员接待服务礼仪

1) 导游员的素质要求

导游员通常都是独立工作,需要有较强的组织、协调、沟通、控制、调动情绪、处理突发事情的能力。导游员的素质要求主要包括以下几点。

(1) 热情友好、爱岗敬业。导游员应该性格开朗、待人热情、活泼睿智、富于幽默感。导游员在接待过程中应该热情地关心每一位游客,提供富有人情味的服务,使游客产生一种宾至如归的感觉。导游员应该具有强烈的敬业精神,热爱导游工作,真诚热情地为旅游者服务,精力充沛地投入旅游团的接待工作中。导游员应该积极发挥自己的聪明才智和主观能动性,不怕吃苦、任劳任怨,出色地完成旅游接待任务,让游客高兴而来,满意而归。

(2) 仪表端庄、仪容大方。整洁的衣着、端庄的仪表和潇洒大方的言谈举止,做到持证上岗、挂牌服务。这样在为游客提供服务时,会给导游员增添几分气度。而衣着不整、形象邋遢的导游员则使人感到不可信任。因此,导游员的衣着必须整洁、得体;表情要自然、诚恳、稳重,让人看上去总是精神饱满、朝气蓬勃;做到微笑迎客、主动热情、端庄大方。

(3) 态度乐观、不惧困难。导游员在旅游接待过程时,经常会遇到各种意料不到的困难。例如飞机航班延误、旅游途中遇到车祸、旅游团内有人生病、旅游团内个别旅游者对旅行社的某些安排表示强烈不满等。在困难面前,导游员应该表现出乐观的态度,让游客觉得困难并不像原先想象得那么严重,增加克服的勇气。因此,导游员必须是一个乐观主义者,在任何困难面前都不应丧失信心。那种一遇困难就惊慌失措、怨天尤人的人,绝不会成为一名合格的导游员。

(4) 意志坚定、处事果断。坚定的意志和处事果断的工作作风,是导游员成功地带领游客完成旅游活动的重要因素。无论担任领队、全程陪同还是地方陪同，导游员都必须在旅游者面前表现出充分的自信心和抗干扰能力。导游员应该坚定不移地维护游客和旅行社的正当权益，坚持要求有关方面不折不扣地执行事先达成的旅游合同或其他合作协议。在遇到比较棘手的问题时，导游员应保持冷静、头脑清醒，善于透过纷乱复杂的表面现象，迅速找到问题的实质，果断地采取适当措施，尽快将问题解决好。

(5) 待人诚恳、讲求信誉。导游员必须具有待人诚恳的品质，无论对游客还是对旅行社，都必须讲求信誉，做到言必行、行必果，一切事情必须光明正大，不得背着旅行社同游客、旅游中间商或其他旅行社做私下交易。导游员不应做假账，虚报各种开支，也不能欺骗旅游者，损害旅游者的利益。导游员不得讲有关他所服务的旅行社或旅游者坏话。这样既不公平又不明智，最终会让人对导游员产生恶劣的印象。

(6) 顾全大局、团结协作。导游员在接待过程中，不可避免地要同许多部门、单位、企业和个人进行合作，在合作的过程中，有时会因各种原因同这些部门、单位、企业和个人发生误会甚至冲突。当这种情况发生时，导游员应以大局为重，在一些非原则的问题上委曲求全，尽量向对方解释，设法取得谅解，以消除误会、加强合作。另外，导游员在接待过程中要经常注意游客的情绪，发现不和谐的苗头时，应及时加以调解，使整个旅游团在团结和睦的气氛中顺利度过旅游全过程，留下旅游活动的美好印象。

(7) 身体健康、性格开朗。导游员应该具有健康的身体和心理，精力旺盛、充满朝气。旅游接待工作既是一项十分繁重的脑力劳动，也是非常艰巨的体力劳动。导游员每天不仅要提供大量的导游讲解服务，还要从生活的各个方面照顾来自不同国家和地区，具有不同文化传统和生活习惯的游客。在旅游过程中，导游员经常是全团第一个起床和最后一个就寝的人，而且要经常面对各种意料不到的困难，需要不断地解决问题、调解各种纠纷、协调各方面的关系，这些工作会消耗导游员的大量脑力和体力，有时会弄得导游心力交瘁。

(8) 遵纪守法、依法办事。导游员应该成为遵纪守法的模范，尊重游客的宗教信仰、民族风俗和生活习惯，并主动运用他们的礼节、礼仪，表示对他们的友好和敬重。自觉维护国家的各种法律、法规，严格地按照旅行社的各项规章制度办事。导游员应该熟悉有关旅游行业和消费者权利的各项法规，能够运用法律保护旅行社和旅游者的正当权益，并勇于同各种违反国家法律和旅行社规章制度的行为做斗争。

(9) 勤奋好学、不断进取。导游员应该具有强烈的进取精神，勤奋好学，不断用各种知识充实自己的头脑。导游员不仅要学习书本知识，还要通过实践进行学习和锻炼，将书本知识同实践经验结合起来，提高自己的知识水平和业务能力。另外，导游员还应虚心地向他人学习，向同事学习，向旅游者学习。不仅学习他们的成功经验，还要了解他们的失败教训，避免重蹈他人的覆辙。

2）导游员讲解礼仪

(1) 讲解控制好声音、语速，选择好讲解的地点。在导游过程中，导游员要熟悉业务，知识面广。讲解内容健康、规范，热情介绍、答复游客的提问或咨询，耐心细致；对游客的提问，尽量做到有问必答、有问能答；对回答不了的问题，致以歉意，表示下次再来时给予满意回答；与游客进行沟通时，说话态度诚恳谦逊，表达得体，例如，“请您随我参观”“请您抓紧时间，闭馆时间到了”“欢迎您下次再来”等。

同时，导游讲解时声量过高会造成噪声，音量过大令人讨厌，说出外行话更让人瞧不起；音量过小，游客又听不清楚，“讲话的艺术在于适中”。导游在讲解时音量不可过高或过低，要以游客听清为准。因此，导游讲解的时间、位置都要注意选择。一般来说，导游要站在游客围成的扇面中心，这样有利于声音传播，使客人都能听到导游的讲解，导游也能听清客人的议论和问题。导游如果讲解得过快，游客听不清楚，精神高度紧张，容易引起疲劳。如果讲得过慢，又会耽误时间，影响游客观赏景物，让人感到不舒服。一般说来，需要特别强调的事情、容易招致疑惑误解的事情、重要的地名(人名、数字等)应放慢语速；众所周知的事情、不太重要的事情、故事进入高潮时要加快语速。当然，导游语言要讲究变化。“所应遵循的原则，就是随时注意变化”，要根据讲解内容，做到宜徐则徐、宜疾则疾、徐疾有致、快慢相宜。

(2) 导游语言表达符合要求。导游员讲解时语言要做到准确流畅、生动自然、条理灵活。

① 准确流畅是导游语言礼仪的核心。根据语言学的研究，导游语言是一种线性语言，讲解一定要流畅。一旦中断，就会影响意思表达，游客无法领会你想要表达的意思和感情，会产生诸如你准备不充分等其他不好的想法，伴随而来的是对导游的怀疑、不信任心理。因此，导游语言表达准确流畅，对导游人员来说至关重要。同一导游材料，不同导游去讲解，收到的效果会有所差别，甚至有天壤之别。我们在讲解之前，一定要把有关景点材料准备得滚瓜烂熟，并反复加以操练。同时，还要避免使用不良的习惯语，也就是我们平常所说的口头禅，诸如“这个……这个……这个……”“嗯……嗯……嗯……”之类，最影响讲解内容的连贯性。只有这样，才能达到“黄河之水天上来，奔流到海不复回”的境界，取得庐山瀑布“飞流直下三千尺”的效果。

② 生动自然是导游语言礼仪的特色。导游员在讲解内容准确的基础上，应以生动、有趣且具感染力的语言活跃气氛，增添游客的游兴，以趣逗人。如果讲解过度使用书面语言，照本宣科、死板老套不可取，“黄色幽默”和低级趣味的笑话更应杜绝。例如，在介绍千佛山公园概况时有位导游是这样讲的：“千佛山山脉来自岱麓，它翠峰连绵，树木蓊郁，松柏满谷，楼台高耸，殿宇错落，为济南天然屏障。”这段讲解由于玩弄华丽辞藻，过多使用书面语言而让人感到不自然，不能给游客以生动易懂、赏心悦目的感觉，无法实现导游讲解的目的。正确的办法是应将其修改为通俗、生动的口头语言。我们可以尝试着将上面的一段文字进行修改：“千佛山属于泰山的余脉，海拔258米。你看它东西横列，翠峰连绵，盘亘于济南市区的南面，被人形象地称为泉城的南部屏风。清朝著名文学家刘鹗在他的小说《老残游记》中，就有一段描述千佛山的话，他说从大明湖向南望千佛山，‘仿佛宋人赵千里的一幅大画，做了一架数十里长的屏风’，形容得十分贴切。”导游这样的讲解让游客仿若身临其境、回味无穷。

③ 条理灵活是导游语言礼仪的基本要求。条理清楚，是导游与游客沟通的根本。特别是对于内容丰富、复杂的景点，讲解必须有条理。先讲什么、后讲什么、中间穿插什么，都要事先组织好，否则会让人不知所云。导游要克服一些不良的口语习惯。有的导游用语暧昧、含糊不清，有的解说冗长啰唆、拖泥带水，这些不良习惯都会影响导游的表达能力，是应当想方设法克服的。导游语言运用要妥当、有分寸，以做到真正体现对游客的尊

重为前提。灵活强调的是导游员的语言表达应做到因人、因地、因时而异，导游员在讲解时必须充分考虑游客的文化背景、认知水平、兴趣爱好及职业特点等不同，并据此有针对性地决定内容的取舍和表达方式的选择，以提高游客的接受和理解能力。

3）导游迎送礼仪

旅游团队接送礼仪是导游人员的一项十分重要的工作，接团工作的礼仪是否周全，直接影响着旅行社和导游本人在客人心目中的第一印象；而送团则是带团的最后一项工作，如果前面的工作客人都非常满意，但送团工作出现了礼貌不周的问题，同样会破坏旅行社和导游人员在客人心目中的整体形象，并使陪团前期的努力前功尽弃。为此，在导游服务工作程序中，迎送礼仪是十分重要的。

(1) 导游迎接过程的规范礼仪，具体如下。

① 接站前导游人员到机场、车站、码头迎接游客，必须比预定的时间早到，等候客人，不能让游客等候接团导游员。

② 接团应事先准备好足够游客乘坐的旅游车，并督促司机将车身和车内清洗、清扫干净。

③ 导游员的导游证、旅行社的徽章，应佩戴在服装的左胸的正上方；制作好醒目的接团牌，要事先了解全陪的外貌特征、性别、装束等，当游客乘交通工具抵达后，举起接团的站牌，向到达的游客挥手致意。

④ 接到游客后，应说“各位辛苦了！”然后主动介绍自己的单位及姓名，尊重老人和妇女，爱护儿童，进出房门、上下车，要让老人妇女先行，对老弱病残的人要上前搀扶，主动给予照顾。

⑤ 介绍过后，迅速引导游客来到已安排妥当的交通车旁，指导游客有秩序地将行李放入行李箱后，再引导游客按次序上车；游客上车时，最好站在车门口，用手护住门顶以防游客碰头。

⑥ 游客上车后，待游客稍做歇息后，将旅游活动的日程表发到游客手上，以便让游客了解此行游程安排、活动项目及停留时间等。为帮助游客熟悉城市，可准备一些有关的出版物给游客阅读，如报纸、杂志、旅游指南等。

⑦ 注意观察游客的精神状况，如游客精神状况较好，在前往酒店途中，可就沿途街景做一些介绍；如游客较为疲劳，则可让游客休息。

⑧ 到达酒店后，协助游客登记入住，并借机熟悉游客情况，随后，将每个游客安排妥当。

⑨ 游客进房前先简单介绍游程安排，并宣布第二天日程细节。第二天活动如安排时间较早，应通知总台提供团队游客的叫早服务，并记住团员所住房号，再一次与领队进行细节问题的沟通协调。

⑩ 不要忘记询问游客的健康状况，如团队中有身体不适者，首先应表示关心，若需要应想办法为游客提供必要的药物，进行预防或治疗，以保证第二天游程计划的顺利实施。与游客告别，并将自己的房间号码告知游客。

(2) 导游送站过程的规范礼仪，具体如下。

① 游客活动结束前，要提前为游客预订好下一站旅游或返回的机(车、船)票；游客

乘坐的车厢、船舱尽量集中安排，以利于团队活动的统一协调。

② 为游客送行，应使对方感受到自己的热情、诚恳、有礼貌和有修养。临别之前应亲切询问游客有无来不及办理、需要自己代为解决的事情，应提醒游客是否有遗漏物品并及时帮助处理解决。

③ 火车、轮船开动或飞机起飞以后，应向游客挥手致意，祝他们一路顺风，然后再离开。

4）导游沟通协调礼仪

导游工作的性质与任务，不仅是景点介绍、讲解，还包括许多其他的工作，涵盖了旅游六大要素——吃、住、行、游、购、娱的方方面面。游客的兴趣、爱好、要求各不相同，素质参差不齐，要使每个团员满意确实相当不易。对于导游人员来说，要做好以下沟通协调工作。

（1）善于回答疑难问题。回答疑难问题可以运用下列礼仪技巧。

① 原则问题是非分明。游客提出的某些问题涉及一定的原则立场，一定要给予明确的回答。这些问题有些涉及民族尊严，有些涉及中国的国际形象，如中国香港的“一国两制”等，要是非分明、毫不隐讳，并力求用正确的回答澄清对方的误解和模糊认识。例如，西方游客在游览河北承德时，有人问：“承德以前是蒙古人住的地方，因为它在长城以外，对吗？”导游员答：“是的，现在有些村落还是蒙古名字。”又问：“那么，是不是可以说，现在汉人侵略了蒙古人的地盘呢？”导游答：“不应该这么说，应该叫民族融合。中国的北方有汉人，同样南方也有蒙古人。就像法国的阿拉伯人一样，是由于历史的原因形成的，并不是侵略。现在的中国不是哪一个民族的国家，而是一个统一的多民族国家。”客人听了都连连点头。

② 诱导否定。游客的性格各异，要求五花八门，有些合理要求作为导游人员应当尽量予以满足，而有些要求却不尽合理，按照礼貌服务的要求，导游不要轻易对客人说“不”。对方提出问题以后，不要马上回答，而是讲一点理由，提出一些条件或反问一个问题，诱使对方自我否定，自我放弃原来提出的问题。

③ 曲语回避。有些游客提出的问题很刁钻，使导游在回答问题时肯定或否定都有漏洞，左右为难，还不如以静制动，或以曲折含蓄的语言予以回避。有一位美国人问导游员：“你认为是毛泽东好，还是邓小平好？”导游巧妙地避开其话锋，反问道：“您能先告诉我是华盛顿好还是林肯好吗？”客人哑然。

④ 微笑不语。遭人拒绝是最令人尴尬难堪的事，为了避免遭遇这种难堪，一般人通常选择不轻易求人，所以，不论是何种情况，导游人员都不应直截了当地拒绝游客的要求。但有时游客提出的一些要求，我们又不得不拒绝，此时，微笑不语可谓是最佳选择。满怀歉意地微笑不语，本身就向游客表达了一种“我真的想帮你，但是我无能为力”的信号。微笑不语有时含有不置可否的意味。

⑤ 先是后非。在必须就某个问题向游客表示拒绝时，可采取先肯定对方的动机，或表明自己与对方主观一致的愿望，然后再以无可奈何的客观理由为借口予以回绝。例如，在故宫博物院，一批外国游客看到中国皇宫建筑的雄伟壮观，纷纷要求摄影拍照，而故宫的有些景点是不允许拍照的。此时，导游员应该诚恳地对客人说：“从感情上讲，我真想

帮助大家，但这里有规定不许拍照，所以我无能为力。”这种先“是”后“非”的拒绝法，可以缓解对方的紧张情绪，使对方感到你并没有从情感上拒绝他（她）的愿望，而是出于无奈，这样在心理上他们容易接受。

⑥ 婉言谢绝。婉言谢绝是指以诚恳的态度、委婉的方式，回避他人所提出要求或问题的技巧。即运用模糊语言暗示游客，或从侧面提示客人，其要求虽然可以理解，但却由于某些客观原因不便答复。为此只能表示遗憾和歉意，感谢大家的理解和支持。拒绝游客的方法还有不少，如顺水推舟法。即拒绝对方时，以对方言语中的某一点作为拒绝的理由，顺其逻辑性得出拒绝的结果。顺水推舟式的拒绝，显得极有涵养，既能达到断然拒绝的目的，又不至于伤害对方的面子。

（2）善于激发游客兴趣。游客游兴如何是导游工作成败的关键。游客的游兴可以激发导游的灵感，使导游在整个游程中与游客心灵相融，一路欢声笑语；相反，如果游客兴味索然，表情冷漠，尽管导游竭尽所能，也会毫无成效。激发游客游兴的礼仪包括两个方面：一是利用景观本身的吸引力；二是导游借助语言功能调动和引导的礼仪。

导游的景点介绍，一定要注意讲解的针对性、科学性和语言表达主动性的完美结合，应根据不同的景点（人文景观，如故宫、颐和园；自然景观，如桂林山水）进行详略不同介绍的礼仪；有的具体详尽；有的活泼流畅；有的构思严谨；有的通俗易懂。总之，景点介绍的风格特点和内容取舍，始终应以游客的兴趣为前提。

另外，在游览过程中，要善于变换游客感兴趣的话题，可根据不同游客的心理特点，选择以下话题：满足求知欲的话题、刺激好奇心理的话题、决定行动的话题、满足优越感的话题、娱乐性话题等。

（3）善于调节游客情绪。情绪是人对于客观事物是否符合本身需要而产生的一种态度和体验。旅游活动中，由于有相当多的不确定因素和不可控制因素，随时都会导致计划的改变。例如有时由于客观原因游览景点要减少，游客感兴趣的景点停留时间要缩短；预订好的中餐因为某些不可控制的因素，临时改变吃西餐；订好的机票因大风、大雾停飞，只得临时改乘火车，类似事件在接团和陪团时会经常发生。这些都会直接或间接影响到游客的情绪。例如，一个旅游团因订不到火车卧铺票而改乘轮船，游客十分不满，在情绪上与导游形成了强烈的对立。导游面带微笑，一方面向游客道歉，请大家谅解，由于旅游旺季火车的紧张状况导致了计划的临时改变；另一方面耐心开导游客，乘轮船虽然速度慢一些，但提前一天上船，并未影响整个的游程，并且在船上能够欣赏到两岸的风光，相当于增加了一个旅游项目。导游成功地运用不同的分析方法，以诚恳、冷静的态度，幽默、风趣的语言，很快化解了游客的不满情绪[①]。

调节游客情绪要注意以下几点。

① 避免以自我为话题中心。调解游客情绪时，最忌讳一方自以为是、夸夸其谈、炫耀自己，完全忽视他人。如果听者始终找不到机会参与谈话，心理上就会产生抵触情绪。为了促进双方情绪的沟通，在谈话中应尽量使对方多开口，借以了解对方，挖掘双方的共同点，找出双方共同的话题，不能一个人垄断话题，也不要放弃调节情绪的机会。

① http://www.canyin168.com/glyy/yg/ygpx/fwal/200707/7350_13.html.

② 谈论游客感兴趣的内容。在交谈中,应随时注意游客的反应,观察游客的表情、体姿,判断其对谈话的关注程度,并经常征询游客的意见,给予对方谈话的机会。如果一旦发现游客对话题不感兴趣,应立即停住并转移话题,调整谈话的内容和方式。交谈中不要涉及个人隐私、敏感问题,否则谈话会陷入难堪的局面。

③ 谈话内容应以友好为原则。在调节游客的情绪时,双方可能会因对问题的不同看法而发生争论。有时争论是有益的,但争论也容易导致友谊破裂、关系中断。因此,应防止或避免无意义的争论,尤其是不冷静的争论。一旦争执起来,如果对方无礼,不要以牙还牙、出言不逊、恶语伤人,也不要旁敲侧击、冷嘲热讽,而应宽容克制,尽可能地好言相劝,再寻找新的话题。

5) 处理突发事件的礼仪

由于旅游活动有较多的不确定因素,加之涉及需要协调、衔接的部门、环节较多,很难预料在组织游览过程中会发生怎样的突发事件。只有在服务的全过程中,具有预测和分析突发事件的能力,充分做好防范的准备,才能减少和杜绝那些影响服务正常运作的突发事件。导游员如何对突发事件做到防患于未然?常见的突发事件及其处置原则如下。

第一,尽量在带团出游前对游览计划、线路设计、搭乘交通工具、景点停留时间、沿途用餐地点等做出周密细致的安排,并根据以往的带团经验充分考虑容易出现问题的环节,准备好万一出现问题时所采取的对策及应急措施。

第二,应准备一些常用的药品、针线及日常必需品,将应付突发事件需要联系的电话号码(如急救、报警、交通票务服务、旅行社负责人、车队调度等)随时带在身上。

第三,出发前应亲切询问团队客人的身体健康状况,对老年团队成员尤其要细心。

第四,游览有危险因素的景点或进行有危险的活动,如爬山、攀岩、游泳等,一定要特别强调安全问题,并备有应急措施。

第五,事件发生以后要沉着冷静,既要安抚客人、稳定客人情绪,又要快速做出周密的处理方案和步骤,尽量减少事件带来的负面影响。

在具备了上述的基本条件后,可针对突发事件的性质和种类采取补救、协调、缓和、赔偿、行政手段、法律手段等相应的对策。一旦突发事件发生,导游应该如何面对呢?

(1) 路线与日程变更。应对此类事件时一定要讲究处理程序,具体要从以下方面着手。

① 如果遇到特殊情况需要改变旅游路线,包括增减或变更参观景点,增减旅行的天数或改变交通工具等,必须由领队提出,经与接团社研究认为有可能变更,并提出意见请示组团社后,导游才可实施新的旅游计划。

② 如个别游客要求中途离团或全团旅行结束后延长在旅游地时间,导游必须请示接团社、组团社后,方可同意。

③ 如遇上接团社没有订上规定的航班、车次的机票、车票、船票,而更改了航班车次或日期,应向游客做好解释,并提醒接团社,及时通知下一站做好准备。

④ 如雨天或其他不可抗力的原因临时取消航班,不能离开所在城市时,应注意争取领队、全陪人员的合作,稳定游客情绪,并立即与内勤人员联系,配合民航安排好游客当天

的食宿。

(2) 行李丢失和损坏。其处理程序如下。

① 在机场发生行李丢失,应凭机票及行李牌在机场行李查询处挂失,并保存好挂失单和行李单,与机场密切联系追查。

② 抵达饭店时才发现行李丢失,应按行李交接手续从最近环节查起。

③ 行李损坏,应掌握谁损坏谁赔偿的原则。一时查不清责任,应答应给受损失者修理或赔偿,费用掌握在规定的标准内,请客人留下书面说明,发票由地陪人员签字,以便向保险公司办理索赔。

(3) 游客病危或死亡。其处理程序如下。

① 游客病危时,全陪人员要及时向接团社汇报,积极组织抢救。如遇游客在乘火车途中发生急症,应及时与乘务员联系,进行抢救或通知前方站准备抢救。

② 如遇游客死亡,应立即报告接团社、组团社和保险公司,按照程序规定进行处理。

(4) 游客财物损失被盗。其处理程序如下。

① 游客丢失护照,领队应首先详细了解丢失情况,找出有关线索,努力寻找。如确实找不到,应尽快报告当地旅行社开具证明,由陪同人员协助游客快速照相,拿着照片去其护照国使、领馆办理临时护照,没有使、领馆的地区,到当地公安机关开具出境证明。

② 导游员迅速了解物品丢失前后经过,做出正确判断,是失主不慎丢失,还是被盗,并迅速报告公安部门,并协助查找。

(5) 交通事故。如果在旅途中发生交通事故,导游员不要惊慌,稳定游客情绪,并在第一时间通知旅行社和当地交通部门。导游员要采取下列措施。

① 要立即将伤员送往距出事地点最近的医院抢救。全陪人员应立即向组团社和接团社汇报,并请示事后处理意见。

② 保护现场,并尽快报告交通警察和治安部门。

③ 做好全团人员的安全工作,事故发生后,除有关人员留在医院外,应尽可能使其他团员按原定日程继续活动。

④ 做好事故善后工作。交通事故处理就绪或该团接待工作结束后,导游应立即写出事故发生及处理的书面报告。

10.2 能力开发

10.2.1 案例讨论

案例 1

审　视

南方某星级饭店,客人李先生急着赶飞机,提着旅行包从房间匆匆走出,他来到服务台,对值班服务员说:“小姐,房间钥匙交给您,我这就下楼去总台结账。”却不料服务员小王不冷不热地说："先生，请您稍等，等查完您的房后再走。"一面即拨电话召唤同伴。李先生顿时很尴尬，心里很不高兴，只得无可奈何地说："那就请便吧。"这时，另一位服务员小张从工作间出来，走到李先生跟前，将他上下打量一番，又扫视一下那只旅行包，李先生觉得受到了侮辱，气得脸色都变了，大声嚷道："你们太不尊重人了！"小张也不搭理，拿了钥匙，径直往房间走去。她打开房门，走进去仔细地搜点：从床上用品到立柜内的衣架，从储物柜里的食品到盥洗室的毛巾，一一清查，还打开电视机开关看了看屏幕。然后，她来到服务台前，对李先生说："先生，您现在可以走了。"李先生早就等得不耐烦了，听到了她放行的"关照"，非常气恼地离开了酒店。

(资料来源：佚名. 客户服务模拟试卷[EB/OL]. [2019-07-15]. https://www.doc88.com/p-2438776846521.html.)

思考题：

(1) 服务员小王、小张按程序办事，为何惹恼了客人？

(2) 本案例对你有何启示？

案例 2

送礼别人不拿真的怪吗

国内某家专门接待外国游客的旅行社，有一次在接待来华的意大利游客时准备送每人一件小礼品。于是，该旅行社订购了由杭州名厂生产的一批纯丝手帕，每个手帕上绣着花草图案，十分美观大方。手帕装在特制的纸盒内，盒上又有旅行社社徽，显得很珍贵。中国丝织品闻名于世，料想会受到客人的喜欢。

旅游接待人员带着盒装的纯丝手帕，到机场迎接来自意大利的游客。欢迎词热情、得体。在车上他代表旅行社赠送给每位游客两盒包装甚好的手帕，作为礼品。

没想到车上一片哗然，议论纷纷，游客显出很不高兴的样子。特别是一位夫人表现极为气愤，还有些伤感。旅游接待人员心慌了，好心好意送人家礼物，不但得不到感谢，还出现这般景象。中国人总以为给别人送礼不会被责怪，这些外国人是怎么了？

(资料来源：王连义. 怎样做好导游工作[M]. 北京：中国旅游出版社，1993.)

思考题：

(1) 外国游客接到礼物为何反应异常？

(2) 从本案例中服务行业从业人员学到了什么？

10.2.2 实训项目

项目 1　门厅迎送服务

实训目标：熟练掌握门厅迎送服务的礼仪和流程。

实训学时：1 学时。

实训地点：大教室或实训室。

实训准备：模拟汽车、前台、行李等。

实训方法：每 5 个学生一组，分别扮演 2 位迎宾员和 3 位客人，轮换角色操作门厅迎送客人服务的流程，按照教师要求和示范，掌握散客、团队客人和重要客人的门厅迎送服务的礼仪，评出“最佳迎宾员”。

训练手记：通过训练，我的收获是______________________________。

项目2 入住接待服务

实训目标：在入住接待服务中根据客人的不同要求，合理分配客房，快速高效地为客人办理入住登记手续。

实训学时：2学时。

实训地点：实训室。

实训准备：计算机、入住登记单、有效证件、标牌、模拟大堂等。

实训方法：每7个学生一组，分别扮演前台服务员、散客、VIP客人、团队客人等，轮换角色操作入住登记手续服务的流程，评出“最佳前台服务员”。

训练手记：通过训练，我的收获是______________________________。

项目3 接转电话与留言服务

实训目标：熟练掌握接转电话及留言服务的有关知识及操作步骤。

实训学时：1学时。

实训地点：教室或实训室。

实训准备：电话交换机、计算机、话务台等。

实训方法：每2个学生一组，分别扮演话务员和客人，轮换角色操作接转电话及留言服务，评出“最佳话务员”。

训练手记：通过训练，我的收获是______________________________。

项目4 楼层迎宾服务

实训目标：熟练掌握楼层迎宾服务的礼仪流程。

实训学时：1学时。

实训地点：大教室或实训室。

实训准备：模拟电梯门、住宿凭证、行李等。

实训方法：每3个学生一组，分别扮演1位楼层服务员和2位客人，轮换角色操作楼层接待服务的流程，按照教师要求和示范，掌握散客、团队客人和重要客人的楼层迎宾服务的礼仪，评出“最佳楼层服务员”。

训练手记：通过训练，我的收获是______________________________。

项目5 客房清洁整理服务

实训目标：熟练掌握客房清洁与整理的工作流程及服务技巧。

实训学时：2学时。

实训地点：实训室或模拟客房。

实训准备：工作车、吸尘器、抹布、客房清洁工作表等。

实训方法：每2个学生一组，分别扮演客房服务员与客人，轮换角色操作客房清洁整理服务的流程，评出“最具行动力客房服务员”。

训练手记：通过训练，我的收获是______________________________。

项目 6　针对特殊客人的服务

实训目标：设置情境，锻炼学生临场应变以及解决问题的能力。

实训学时：2 学时。

实训地点：模拟客房。

实训准备：课前针对不同课题上网查询相关资料，并分组排练服务小品。

实训方法：把全班学生分成 A、B、C 三组，每组分配一个课题，A 组负责醉酒客人的服务；B 组负责残疾客人的服务；C 组负责生病客人的服务，先分组讨论服务措施及应对技巧，把解决方案整理成文，再派代表现场表演服务小品，表演完后进行总结，并写出实训报告。

训练手记：通过训练，我的收获是______________________________。

项目 7　餐厅领位服务

实训目标：熟练掌握餐厅领位服务的礼仪流程。

实训学时：1 学时。

实训地点：大教室或实训室。

实训准备：模拟服务台。

实训方法：每 5 个学生一组，分别扮演 1 位领位服务员和 4 位客人，轮换角色操作领位服务的流程，评出“最具亲和力领位服务员”。

训练手记：通过训练，我的收获是______________________________。

项目 8　中餐值台服务

实训目标：熟练掌握点菜、斟酒、上菜、撤盘、结账等服务技巧。

实训学时：2 学时。

实训地点：实训室或餐厅。

实训准备：菜单、餐具、托盘、酒瓶等。

实训方法：每 9 个学生一组，分别扮演餐厅服务员与客人，轮换角色操作餐饮服务的各个环节，评出“最受欢迎服务员”。

训练手记：通过训练，我的收获是______________________________。

项目 9　西餐服务

实训目标：掌握西餐服务技巧。

实训学时：2 学时。

实训地点：实训室或西餐厅。

实训准备：西餐餐具等。

实训方法：先参观西餐厅，再把学生分成若干小组，在酒店资深西餐服务员的带领下进行西餐服务技能训练。

训练手记：通过训练，我的收获是______________________________。

项目 10　健身房服务

实训目标：熟练掌握健身房服务的礼仪流程。

实训学时：1 学时。

实训地点：学校健身房。

实训准备：模拟服务台等。

实训方法：每 5 个学生一组，分别扮演 1 位健身房服务员和 4 位客人，轮换角色操作健身房服务的流程，评出“最专业服务员”。

训练手记：通过训练，我的收获是________________________________。

项目 11　保龄球服务

实训目标：熟练掌握保龄球服务技巧。

实训学时：2 学时。

实训地点：实训室或保龄球馆。

实训准备：模拟服务台等。

实训方法：每 3 个学生一组，分别扮演服务员与客人，轮换角色操作保龄球服务的各个环节，评出“最受欢迎服务员”。

训练手记：通过训练，我的收获是________________________________。

项目 12　旅游门市接待模拟训练

实训目标：掌握旅游门市接待的礼仪规范。

实训学时：1 学时。

实训地点：教室。

实训准备：布置旅游门市接待现场，准备必要的办公用品。

实训方法：学生分成若干个组，分角色模拟练习，分别扮演旅游门市接待人员和旅游者。最后，师生共同讲评。

训练手记：通过训练，我的收获是________________________________。

项目 13　地接生活服务中的礼仪活动

实训目标：通过接站服务中的程序、礼仪训练，学生熟练操作接站服务程序。

实训学时：2 学时。

实训地点：多功能餐厅教室或者流动教室——校园汽车大巴上。

实训准备：接站旗、接站牌、游客资料、数码摄像机或照相机等。

实训方法：将全班学生分为 3 个组，12 人为一个合作单位，团体分工合作。并进行接站程序和接站礼仪训练，确认团队—核对人数—集中清点行李—集合登车—致欢迎词—酒店入住。

训练活动程序：

(1) 手拿接站牌和旅行社旗，模拟一个团队，如北京第三中学师生 20 人团队。

(2) 地接人员与全陪人员相互介绍确认。

(3) 核对人数，确认与接待计划有没有变化。

(4) 清点行李物品。

(5) 引导游客上车，地陪人员站在车门，微笑提示晕车靠前座。

(6) 车上致欢迎辞。

(7) 教师注意提示学生训练程序、礼仪要点。

然后，用数码摄像机(或数码照相机)记录整个过程，再进行大屏幕回放。学生做自我评价，授课教师总结、点评学生存在的个性和共性问题，最后评选“最佳设计团队”。

训练手记：通过训练，我的收获是________________________________。

项目14 模拟导游讲解服务中的礼仪活动训练

实训目标：通过定点导游讲解的训练，学生在接老年团和学生团后，能灵活、有针对性地进行礼仪服务。

讲解景点：大连星海广场。

情景模拟：

一是模拟一个老年旅游团队，让学生联系讲解针对老年团的星海广场的导游词。注意提醒学生训练时，第一，在语速、语调上注意适合老年人接受的特点；第二，在内容的选取上，要以历史沿革为主要线索，能够引起老年人回忆、共鸣。

二是模拟一个学生团队，让学生结合自身的特点，讲解星海广场的导游词，提醒他们讲解时注意强调时尚、超前和各种刺激性的游乐项目内容，要能引起学生的广泛兴趣。

实训学时：2学时。

实训地点：多媒体教室。

实训方法：播放星海广场的影像资料，让学生对照影像进行训练讲解。

内容与时间：讲解星海广场景点内容、特色、周边的交通环境。每位学生3～5分钟，然后用数码摄像机(或数码照相机)记录整个过程，再进行大屏幕回放。学生做自我评价，授课教师总结、点评学生存在的个性和共性问题，最后评选"最佳讲解员"。

训练手记：通过训练，我的收获是________________________________。

课后练习

1. 个别客人在临走时出于贪小便宜，或是为了留个纪念等心理，常会顺手拿走酒店客房的茶杯、毛巾等用品，碰到这种情况，服务员该如何处理？

2. 下面是某星级酒店对客房服务员的工作要求，对照各条自查一下，看你能否做到。

"三轻"：即要求客房服务员工作时，要说话轻、走路轻、操作轻。

"六无"：即客房卫生要做到无虫害、无灰尘、无碎屑、无水迹、无锈蚀、无异味。

"五声"：宾客来店有欢迎声、宾客离店有告别声、宾客表扬有致谢声、工作不足有道歉声、宾客不适有慰问声。

"五个服务"：包括主动服务、站立服务、微笑服务、敬语服务、灵活服务。

"八字"：要求客房服务员从宾客进店到离店，从始至终要做到迎、问、勤、洁、灵、静、听、送八个字。

- 迎：客人到达时要以礼当先，热情迎客；
- 问：见到客人要主动、热情问候；
- 勤：服务员在工作中要勤快、迅速稳妥地为宾客提供准确无误的服务，不图省事，不怕麻烦；
- 洁：房间要清洁，勤整理，做到每日三次进房检查整理房间。坚持茶具消毒，保证宾客身体健康；

- 灵：办事要认真，机动灵活，眼观六路，耳听八方，应变能力强；
- 静：在工作中要做到说话轻、走路轻、操作轻，保持楼层环境的安静；
- 听：在工作中要善于听取客人意见，不断改进工作，把服务工作做在客人提出之前；
- 送：客人离店送行，表示祝愿，欢迎再次光临。

3. 某烹饪协会理事认为：餐饮服务员不仅要懂服务，还要懂菜肴，要弄懂不同菜肴的原材料、价格、营养成分、制作程序及其色、香、味等特点。你是否赞同这个观点？说说你的看法。

4. 中国是一个餐饮文化大国，长期以来在某一地区由于地理环境、气候物产、文化传统以及民族习俗等因素的影响，形成有一定亲缘承袭关系、菜点风味相近、知名度较高，并为部分群众喜爱的地方风味著名流派。其中，粤菜、川菜、鲁菜、淮扬菜、浙菜、闽菜、湘菜、徽菜被称为“八大菜系”。你了解“八大菜系”的特点吗？请把你掌握的信息跟同学们分享一下。

5. 通过网络搜索或实地参观，了解一下现代酒店的各种康乐设施。

6. 走访本地的几家旅行社，了解他们的规模、经营业务范围，感受旅行社的氛围。

7. 走访所在地区的几家旅行社，向旅行社工作人员了解他们主要有哪些旅游产品或旅游线路。

8. 设定几个消费群体，为他们设计旅游线路或旅游产品，并向他们模拟推销这些旅游线路和旅游产品。

9. 模拟导游。由学生扮演导游和游客在校园进行导游带团的服务礼仪演示，师生现场观摩评议。

10. 由教师预先设计数个景点，写在纸上，学生抽取，对景点进行讲解。

11. 由教师预先设计数个旅游“突发事件”，写在纸上，学生抽取，说出如何预防或处理该情况。

参考文献

1. 褚倍. 商务礼仪[M]. 北京：清华大学出版社，2020.
2. 曹华. 社交礼仪[M]. 北京：清华大学出版社，2019.
3. 赵颖. 社交礼仪[M]. 北京：中国人民大学出版社，2017.
4. 赵敏，王辉. 商务礼仪[M]. 北京：人民邮电出版社，2017.
5. 魏丽平. 学生现代文明礼仪实用教程[M]. 成都：西南财经大学出版社，2014.
6. 高慕婵. 礼仪教程[M]. 西安：西安电子科技大学出版社，2014.
7. 于丽新. 礼仪文化教程[M]. 南京：南京大学出版社，2013.
8. 王莲华. "礼"所应当——大学生文明礼仪读本[M]. 上海：上海学林出版社，2012.
9. 王玉霞，佟怡. 实用职业礼仪[M]. 北京：清华大学出版社，2011.
10. 聂敏. 现代实用礼仪[M]. 大连：大连理工大学出版社，2011.
11. 梁兆民，张永华. 现代实用礼仪教程[M]. 西安：西北工业大学出版社，2010.
12. 王振林. 现代礼仪[M]. 上海：立信会计出版社，2009.
13. 吴运慧，徐静. 现代礼仪实务[M]. 上海：上海交通大学出版社，2008.
14. 林友华，杨俊. 公关与礼仪[M]. 北京：高等教育出版社，2008.
15. 谢迅. 商务礼仪[M]. 北京：对外经济贸易大学出版社，2007.
16. 刘长凤. 实用服务礼仪培训教程[M]. 北京：化学工业出版社，2007.
17. 吕维霞，刘彦波. 商务礼仪[M]. 北京：清华大学出版社，2007.
18. 徐克茹. 商务礼仪标准培训[M]. 北京：中国纺织出版社，2007.
19. 牟红，杨梅. 旅游礼仪实务[M]. 北京：清华大学出版社，2007.
20. 彭红. 交际口才与礼仪[M]. 上海：华东师范大学出版社，2007.
21. 陈秀泉. 实用情境口才——口才与沟通训练[M]. 北京：科学出版社，2007.
22. 彭澎. 礼仪与文化[M]. 北京：清华大学出版社，2007.
23. 李莉. 实用礼仪教程[M]. 北京：中国人民大学出版社，2006.
24. 唐树伶，等. 服务礼仪[M]. 北京：清华大学出版社，北京交通大学出版社，2006.
25. 杨海清. 现代商务礼仪[M]. 北京：科学出版社，2006.
26. 冯玉珠. 商务宴请攻略[M]. 北京：中国轻工业出版社，2006.
27. 李嘉珊，刘俊伟. 旅游接待礼仪[M]. 北京：中国人民大学出版社，2006.
28. 马志强. 语言交际艺术[M]. 北京：中国社会科学出版社，2006.
29. 韦克俭. 现代礼仪教程[M]. 北京：清华大学出版社，2006.
30. 沈杰，方四平. 公共关系与礼仪[M]. 北京：清华大学出版社，2006.
31. 田长军. 有礼任走天下[M]. 广州：中山大学出版社，2006.
32. 胡晓涓. 商务礼仪[M]. 北京：中国人民大学出版社，2005.
33. 孙乐中. 导游实用礼仪[M]. 北京：中国旅游出版社，2005.
34. 黄琳. 商务礼仪[M]. 北京：机械工业出版社，2005.